Franz Josef Mehr

Spreadsheets

Franz Josef Mehr

Spreadsheets

Tabellenkalkulation
für Naturwissenschaftler

Das in diesem Buch enthaltene Programm-Material ist mit keiner Verpflichtung oder Garantie irgendeiner Art verbunden. Der Autor und der Verlag übernehmen infolgedessen keine Verantwortung und werden keine daraus folgende oder sonstige Haftung übernehmen, die auf irgendeine Art aus der Benutzung dieses Programm-Materials oder Teilen davon entsteht.

Gedruckt auf säurefreiem Papier

ISBN-13: 978-3-528-05256-0   e-ISBN-13: 978-3-322-83863-6
DOI: 10.1007/ 978-3-322-83863-6

Inhaltsverzeichnis

3 Iterationen, Reihen und erste Makros

4 Regression und Interpolation

5 Simulation dynamischer Systeme
(Differentialgleichungen 2.Ordnung)

6 Simulation dynamischer Systeme
(Differentialgleichungen 1.Ordnung)

7 Anhang

Vorwort

Am Anfang war
VISICALC

1978 wurde VISICALC geboren, und seither sind die Tabellenkalkulationsprogramme (welch ein Wort!) unter uns.
Bei VISICALC handelte es sich um ein großes zweidimensionales Gitter, dessen Spalten mit Hilfe von Buchstaben und dessen Zeilen mit Hilfe von Zahlen angesprochen wurden.An diesem Konzept hat sich bis heute nicht viel geändert- wohl aber an seiner Ausformung.
Alle elektronische Rechenblätter oder Spreadsheets erlauben den Eintrag von Text, Zahlen und Formeln. Gerade die Möglichkeit, in einer Zelle eine Formel zu verstecken, die es erlaubt, benachbarte Zellen fast beliebig miteinander zu verknüpfen, ist es, was Spreadsheets von kariertem Papier so wesentlich unterscheidet.
Schon lange vor dem Auftauchen der Tabellenkalkulationen benutzten Mathematiker die Gitterstruktur beim numerischen Lösen von Differentialgleichungen. So löste man z.B. die Wärmeleitungsgleichung dadurch, daß man die Fläche, auf der man die Temperaturverteilung berechnen wollte, mit einem möglichst engen Gitter überzog. Die Temperatur in einer Zelle ergibt sich einfach als Mittelwert der Temperaturen von vier Nachbarzellen.

Spreadsheets
sind Werkzeuge

Dieses und viele ähnliche Beispiele, z.B. auch das LIFE-Spiel, zeigen, daß Spreadsheets ein natürliches Werkzeug im Bereich der Naturwissenschaften sind. Tatsächlich werden sie in USA immer mehr in Unterricht und Forschung eingesetzt, die steigende Zahl der Spreadsheet-Publikationen beweist es. Leider aber sind die Tabellenkalkulationsprogramme immer noch zu stark umhüllt vom Geruch rein kaufmännischer Anwendungen. Natürlich sind sie ein großartiges Werkzeug für Büroanwendungen, aber man vernachlässigt (in Deutschland) ihre Anwendung im naturwissenschaftlich-mathematischen Bereich doch allzu sehr.

Spreadsheets sind nicht die schnellsten Werkzeuge zur Simulation dynamischer Systeme, aber sie sind sehr vielseitig einsetzbar. Ihre Verwertbarkeit als universelle Graphikwerkzeuge zur Darstellung mathematischer Funktionen wird kaum genutzt. Neben ihrer enormen Rechenleistung bieten die neueren Spreadsheet-Programme eine umfangreiche Palette grafischer Möglichkeiten.

Vergleiche

Alle Tabellenkalkulationsprogramme haben dieselben Grundfunktionen, die sich meist schon bei VISICALC fanden: Zellbelegung mit Konstanten und Formeln, relative und absolute Adressierung, Kopieren, Verschieben, Löschen usw. Dabei ist besonders zu betonen, daß sich seit VISICALCs Zeiten eine fast einheitliche Technik der Bedienung herausgebildet hat. Wenn man will, so kann man heute zwei große Familien unterscheiden: die LOTUS-Familie mit LOTUS 1-2-3, QUATTRO PRO, AS-EASY-AS usw. Sodann Produkte mit (deutlich?) neuerer Prägung. Dazu gehören die Microsoft Produkte EXCEL und WINWORKS , ferner WINGZ und sicherlich noch andere.

Alle sind ähnlich

Wer LOTUS 1-2-3 bedienen kann, kennt sich schnell in QUATTRO PRO oder EXCEL aus. Jeder Neuanbieter muß eben darauf Rücksicht nehmen, daß neue Kunden nicht gerne einmal erlernte Techniken aufgeben.

Alle sind gut

Die verschiedenen Produkte unterscheiden sich sicher im Leistungsumfang, aber die Dinge, auf die man bei naturwissenschaftlichen Anwendungen Wert legt, sind bei fast allen zu finden.

Was will dieses Buch?

Ich wollte jedem, der sich mit naturwissenschaftlichen Problemen beschäftigt, ein Werkzeug vorstellen, mit dem er viele seiner Aufgaben einfach, schnell und elegant lösen kann.
Die Tabellenkalkulationsprogramme führen die Berechnungen sehr schnell und mit hoher Genauigkeit aus. Sie erzeugen ausgezeichnete Grafiken, die direkt an ein Textverarbeitungsprogramm geschickt werden können. Dabei ist es im Grunde egal, welches Programm man verwendet.

Wie ist der Aufbau?   Ich habe das Buch so aufgebaut, daß man sofort mit sinn-
vollen Beispielen arbeiten kann. Die nötigen Spreadsheet-
Techniken werden von Fall zu Fall eingeführt. Nach Durch-
nahme des ersten Kapitels kennt der Leser die meisten Befehle, die für wissenschaftliches Arbeiten relevant sind. Es ist
also einerseits eine Sammlung sofort einsetzbarer Programme
zur Lösung naturwissenschaftlicher Probleme, andererseits
eine Einführung in den Umgang mit Spreadsheets.
Mir schien es unpraktisch zu sein, die Spreadsheeteingaben
in einer Art Metasprache zu beschreiben. Da fast alle Programme mehr oder weniger die gleiche Sprache sprechen,
habe ich mich für eine entschieden: die von QUATTRO PRO.
Demnach können QUATTRO PRO–Benutzer sofort starten. Um
aber den Benutzern von EXCEL einen leichten Einstieg zu er-
möglichen, habe ich die Befehlseingaben des ersten Kapitels
auch in dieser Sprache formuliert. Sie wurden mit einem

   markiert.

Was wird geboten? ● Im **ersten** Kapitel werden elementare Spreadsheet–Techniken
dargestellt. Dabei werden nur solche Methoden berücksich-
tigt, die für naturwissenschaftliche Anwendungen von Bedeutung sind. Im wesentlichen geht es um die graphische
Darstellung von Funktionen und deren Überlagerungen.
Magnetfeld in einem HELMHOLTZ–*Spulenpaar, Beugung an
N Spalten, Schwebungen,* VAN DER WAALS*sche Zustands–
gleichung, usw.*

● Im **zweiten** Kapitel werden *geschlossene* Graphen und Spira-
len gezeichnet.
LISSAJOUS–*Figuren, Zyklotronbahnen, Bahnen geladener
Teilchen im Raum (3D–Darstellungen), usw.*

● Im **dritten** Kapitel wird gezeigt, wie man mit Tabellenkalkulationsprogrammen Iterationen behandelt. Dabei werden
die ersten Makros entwickelt.
Lösung transzendenter Gleichungen, GAUSS–SEIDEL–*Verfahren. Auswertung von Reihen, Methoden zur Berechnung von*
π, *Numerische Integration und* FOURIER–*Analyse.*

- Im **vierten** Kapitel wird die Anwendung von Rechenblättern bei statistischen Auswertungen gezeigt.
  Datenanalyse (Regressions–Analysen), Interpolation nach LAGRANGE.

- Im **fünften** Kapitel werden Simulationen betrachtet. Im wesentlichen stehen Differentialgleichungen 2. Ordnung zur Diskussion.
  Wurfbahnen, harmonischer Oszillator, gekoppelte Pendel, Phasendiagramme, Planetenbahnen.

- Im **sechsten** Kapitel geht es um die Simulation dynamischer Systeme, die auf lineare Differentialgleichungen führen.
  Logistisches Wachstum, radioaktiver Zerfall, Attraktoren, Grenzzyklen, Räuber–Beute–Wechselwirkung, usw.

Alles wird begründet

Alle Beispiele werden theoretisch vorbereitet. Die eingesetzten Algorithmen werden erklärt. Der Aufbau der Arbeitsblätter wird jedesmal ausführlich dargestellt, sodaß der Anwender sehr schnell ein Ergebnis vor sich hat. Zu fast allen Beispielen gibt es eine oder mehrere Übungen mit Lösungen und Hilfen. Nach Möglichkeit werden die Beispiele in einen sachlichen Zusammenhang gestellt.

Auf keinen Fall ist es nötig, zuerst dickleibige Handbücher zu studieren, um die Beispiele und Aufgaben zu bearbeiten. Speziell im ersten Kapitel werden die nötigen Techniken schrittweise eingeführt.

Das erste Kapitel nicht überspringen!

Es wird daher empfohlen, das erste Kapitel ganz durchzuarbeiten.

Die restlichen Kapitel können dann je nach Interessenlage studiert werden.
Die Eingabebeschreibungen sind nicht nur in den ersten Beispielen sehr ausführlich gehalten. Um ein lästiges Nachschlagen zu vermeiden, werden diese Hilfen zum Aufbau der Rechenblätter bis zum letzten Beispiel beibehalten.

Es gibt ein
Minitutorial

Eine kleine allgemeine Einführung in den Umgang mit elektronischen Rechenblättern wird gleich zu Beginn angeboten.

Man sollte nicht übersehen, daß die meisten Spreadsheet-Möglichkeiten für mathematisch naturwissenschaftliche Anwendungen von weniger großem Nutzen sind. Sie werden daher sehr schnell feststellen, daß sich die Techniken auf einige wenige "Handgriffe" beschränken– die man schnell gelernt hat.

Ich möchte hier noch auf ein Buch von Oleg D. JEFIMENKO hinweisen: SCIENTIFIC GRAPHICS WITH LOTUS 1–2–3.
Diese Veröffentlichung, 1987 erschienen, hat mich in meinen eigenen Bemühungen sehr beeinflußt. Leider erschien das Buch in einem recht unbekannten Verlag: Electret Scientific Company, Star City. In kleinerem Rahmen stellt JEFIMENKO die naturwissenschaftliche Spreadsheet-Anwendung ähnlich dar wie in diesem Buch.
Ich denke, daß die Spreadsheet-Programme noch manchen Schatz bergen. Man braucht ihn nur zu heben. Insofern kann man dem Verkaufsslogan "The only limit is your own imagination" nur zustimmen.

Gibt es Fehler?

Im Prinzip nein, denn mein Sohn Robert hat alle Eingaben sorgfältig nachvollzogen –und notfalls korrigiert! Sollte ich dennoch nicht richtige Angaben gemacht haben, so bitte ich dies als eine unbeabsichtigte Irreführung des Lesers zu entschuldigen.

Mein Dank

geht vor allem an meine Frau, die mir bei der Durchführung dieses Projekts stets alle erdenkliche geistige und technische Hilfe gewährt hat.
Außerdem möchte ich mich bei Herrn Dr. Klockenbusch vom VIEWEG-Verlag für manchen guten Rat und für seinen stetigen und freundlichen Druck bedanken, mit dem er meine Arbeit begleitet hat.

Kleinniedesheim, im Mai 1992   Franz Josef Mehr

Minitutorial

In dieser Kurzeinführung in die Bedienung von Tabellenkalkulationsprogrammen werden Methoden besprochen, die sich in den meisten Programmen dieser Art wiederfinden.
Fast identisch im Gebrauch der Befehle sind LOTUS 1-2-3 QUATTRO PRO und AS-EASY-AS. (Statt Tabellenkalkulationsprogramm würde ich ja sagen TaKu oder TaKu Pro, aber das erste erinnert mich zu sehr an ein peruanisches Bohnengericht, und beim zweiten, das mit dem Pro, gibts eventuell Ärger mit Borland. Ich werde also meist Spreadsheet, Arbeitsblatt oder Rechenblatt sagen. Die Sprechweisen sind in der Literatur oft recht salopp. Man sagt Tabellenkalkulation und weiß nicht genau, ist das Programm gemeint oder das Arbeitsblatt.)
Die folgenden Beispiele beziehen sich auf QUATTRO PRO, der Unterschied zu anderen Programmen ist jedoch geringfügig. Wir starten sofort mit einem

Beispiel 1

Schreiben Sie eine 1 in die Zelle A1, dann noch eine 1 in A2. Wie berechnen wir nun 1+1? Einfach: in A3 schreiben wir die Formel **+A1+A2**. (Stünde kein **+** vor A1, so würde das Gebilde nicht als Formel verstanden, es wäre einfach das Wort **A1+A2**). Nach dem Drücken der EINGABETASTE erscheint ganz unerwartet eine 2 in A3. (Stellen Sie sich vor, daß unter der sichtbaren Tabelle, also unter dem Bildschirm, eine weitere unsichtbare Tabelle liegt, die die Formeln aufbewahrt. Wenn Sie mit Hilfe der Pfeiltasten die einzelnen Zellen aufsuchen, so zeigt Ihnen die Eingabezeile an, welche Formel in der jeweiligen Zelle verborgen ist.)

Wir machen die Sache nun doch etwas spannender. Wir sagen dem Programm, daß es in allen Zellen von A3 bis A10 die Summe der beiden darüberstehenden Zahlen schreiben soll.

Zellen enthalten Wünsche...

Diesen Wunsch müssen wir in jeder Zelle deponieren.
Da wir ihn bereits in A3 stehen haben, brauchen wir ihn nur noch in die anderen Zellen zu *kopieren*. Kopiert wird so: Drücken Sie **F3**, BEARBEITEN, *Kopieren*, –oder einfach die **Strg**-Taste gedrückt halten und **K** drücken (kurz: **Strg+K**).

Nun sollen Sie den Bereich angeben, aus dem zu kopieren ist (*Quellbereich*). Geben Sie A3 ein, oder einfach die EINGABE-TASTE (RETURN) drücken. Als *Zielbereich* geben Sie A3 ..A10 ein. RETURN.

Auf dem Bildschirm erscheint blitzschnell die Zahlenfolge:

$$1\ 1\ 2\ 3\ 5\ 8\ 13\ 21\ 34\ 55$$

(Daß die FIBONACCI-Folge erscheinen mußte, war eigentlich zu erwarten, schließlich steht doch in jeder Zelle das Bildungsgesetz dieser Folge: $a_{n+2}=a_{n+1}+a_n$)

Löschen

Hätten wir beim Kopieren als Zielbereich nur A10 geschrieben, so wäre die Formel aus A3 nur in das Feld A10 kopiert worden. Da in A8 und A9 jeweils nur nichts stand (für das Programm ist nichts dasselbe wie Null), erscheint in A10 in diesem Falle nur **0**. (Man **löscht** einen Block von Zellen mit **Strg+L**; den Inhalt *einer Zelle* löschen Sie am einfachsten mit der **Entf**-Taste. Haben Sie eine Eingabe zu korrigieren, man sagt wohl *editieren*, so drücken Sie die Taste **F2**. In der Eingabezeile, das ist die zweite von oben, erscheint dann Ihre editierbereite Eingabe.)

*Mit **F3** oder / ins Menü*

Merken Sie sich bitte, daß alle Befehle mit **F3** oder mit dem Schrägstrich / aufgerufen werden. (So funktioniert es bei LOTUS 1-2-3, QUATTRO PRO, bei AS-EASY-AS und auch bei EXCEL.)

Nun kommt etwas Wichtiges: Wiederholen Sie das Beispiel genauso, wie vorhin beschrieben, aber geben Sie in A3 folgende Formel ein: **+A\$1+A\$2,** und kopieren Sie sie bis A10.

Ergebnis: 1 1 2 2 2 2 2 2 2 2

Was ist geschehen? Nun, wir haben durch das Einfügen der Dollarzeichen in die Zellennamen dem Programm zu verstehen gegeben, daß es immer nur 1 + 1 rechnen soll, und nicht, wie vorhin, die Summe aus den beiden Vorgängern.

Man nennt die Adressierung mit dem eingeschobenen Dollarzeichen eine **absolute** Adressierung. Ohne $ ist sie **relativ**.

Nachdem Sie mit **F3 D I** (Inhalt löschen) oder **F3 D Neu** den alten Bildschirm gelöscht haben, noch ein

Beispiel 2

Belegen Sie A1 mit der Formel **+0,01*A3**, A2 mit 100 und A3 mit **+A1+A2** .

Zirkularbeziehung

Was soll hier gerechnet werden?
Offenbar verlangt <A1=0,01*A3> doch den noch nicht berechneten Wert von A3. Was macht das Programm in diesem Fall?
Vermutlich wird es zuerst das ausrechnen, was es ausrechnen kann, dann erst geht es an die noch offenen Berechnungen. (Man nennt eine derartige Aufgabe eine Zirkularbeziehung.)
Das beste wird sein, wir probieren es aus.

*Vergrößern
der Spaltbreite*

Vergrößern wir zuerst einmal die Breite aller Spalten von 9 auf 20 Positionen, denn wir wollen wenigstens 6 Nachkommastellen sehen. Die Vergrößerung der Spaltbreite erreichen Sie mit der Eingabe **F3 O F S 20**, oder etwas kürzer geschrieben: **/OFS 20**. (Wollen Sie nur die Breite einer einzelnen Spalte verändern, so geben Sie ein: **/LS n**, n= Spaltbreite.)
Die Zahl der Nachkommastellen wird in den OPTIONEN eingestellt. Geben Sie ein: **F3 O F D F 6**.

Nachdem Sie die Spaltbreite auf 20 eingestellt haben, belegen Sie Zellen so, wie oben angegeben wurde.
Mit **F9** rechnen Sie schrittweise die drei Anweisungen durch. (**F9** ist die *Rechentaste*.)
Sie sollten nach einmaligem Drücken von **F9** die drei Zahlen

1	100	101	sehen.

Nach zweimaligem Drücken:

	1,01	100	101,01.
Dann	1,0101	100	101,0101
und	1,010101	100	101,010101

nach viermaligem Drücken von **F9**.

In diesem Beispiel war nichts zu kopieren, aber im folgenden Beispiel sollen Sie das PASCALsche Dreieck auf den Bildschirm zaubern– und hier müssen wieder Zellinhalte kopiert werden.

Beispiel 3

Das bekannte Dreieck

			1			
		1		1		
	1		2		1	
1		3		3		1

usw.

soll dargestellt werden.

Offenbar handelt es sich wieder um ein Beispiel mit **relativer** Adressierung.

Damit wir hinreichend viel vom Dreieck sehen, verringern wir die Spaltweite auf 4 und wählen 0 Dezimalstellen. Also **/OFS 4** und **/OFDF 4** . Die 1 an der Spitze tragen wir in K1 ein.

Die Sprungtaste **F5**

(Wenn Sie die Taste **F5** (= Sprungtaste) drücken und als *anzuspringende Adresse* K1 eingeben, landen Sie blitzschnell in K1. Nachteil: was links von K1 steht, sehen Sie nicht. **F5** kann man immer benutzen, wenn man eine Zelle absolut anspringen will.)

Links und rechts unter der 1 von K1, also in J2 und L2, kommt ebenfalls je eine 1. Nun tragen wir in K3 unseren Wunsch ein: *addiere die beiden Zahlen, die links und rechts direkt über mir stehen:* **+J2 +L2** . Dieser Wunsch soll an alle Zellen im Bereich von A3 bis T10 gehen. Um dies zu bewerkstelligen, haben wir den Zellinhalt von K3 in alle Zellen des Blocks A3..T10 zu kopieren:

Strg+K *Quellbereich:* K3; *Zielbereich:* A3..T10 (Sie brauchen nur einen Punkt zwischen A3 und T10 zu setzen.) Gleich nach dem Kopieren erscheint das Dreieck auf dem Bildschirm. (Leere Stellen werden von Nullen besetzt.)

Kursor oder Zellzeiger?

Ein Wort zur **Terminologie**: Es dürfte den meisten Benutzern von Tabellenkalkulationsprogrammen bekannt sein, daß mit RETURN die EINGABETASTE gemeint ist. Eine weitere Bezeichnung, die wir des öfteren gebrauchten, ist KURSOR. Aber im Bereich der Tabellenkalkulationen ist diese Bezeichnung weniger üblich.

LOTUS 1–2–3 und QUATTRO PRO verwenden den Begriff ZELLZEIGER. EXCEL dagegen benutzt den Ausdruck AKTIVE ZELLE.

Wie wird gedruckt?

Nun wollen wir aber auch noch lernen, wie man den Bildschirm ausdruckt. Schreiben Sie: **F3 A B** (= Block markieren). Da wir alles zwischen A1 und T10 ausgedruckt haben wollen, geben wir als zu druckenden Bereich A1.T10 ein. Dann können Sie mit **D** den Ausdruck starten.

Beispiel 4

Nach dem PASCALschen Dreieck soll jetzt ein richtiges Dreieck gezeichnet werden. Wie kann man die *Abbildung 0–1* erzeugen? Natürlich müssen wir zuerst die Koordinaten der drei Eckpunkte eingeben. Die drei x–Koordinaten geben wir in A1 bis A3 und die drei y–Koordinaten in B1 bis B3. Damit sich das Dreieck schließt, ist noch ein 4. Punkt einzugeben, der dieselben Koordinaten erhält wie der Ausgangspunkt.

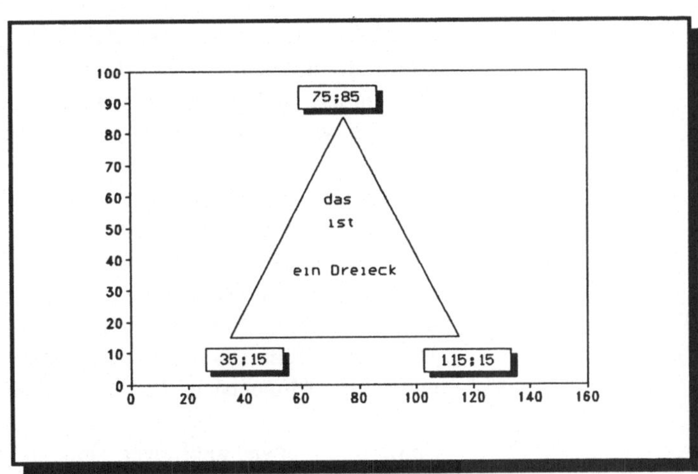

Abb.0–1

X–Y–Grafik

Wir erstellen fast immer sogenannte **X–Y**–Grafiken. Das sind die üblichen Grafiken der Naturwissenschaften. Sie müssen dazu mit **/G** ins Grafik–Menü gehen und unter Diagrammtyp **X–Y**–Diagramm auswählen. Künftig werde ich

meist einfach **/GDX** für diese Auswahl schreiben.
Nachdem Sie sich für den **X–Y**-Grafiktyp entschieden haben, müssen Sie noch den *Wertebereich* festlegen.
Bei Wertebereiche geben Sie als *1.Wertebereich* die y-Koordinaten ein, also B1..B4.

Die x–Achse

Die x-Koordinaten werden unter *X–Achsenwerte* eingetragen: A1..A4, *Zurück*. Wählen Sie **X–Achse**, *Skalierung, manuell*. Bei manueller Skalierung können Sie selbst die Achseneinteilung vornehmen. Dann ist *Kleinster Wert* anzugeben. Schreiben Sie: 0. Bei *Größter Wert* geben Sie 150 ein. *Wertzuwachs:* 10. *Zurück*, oder **Esc**.

Die y–Achse

Bei der Y-Achse verfahren Sie ebenso. Als größten Wert geben Sie hier 100 ein.

F10 *ist die Anschautaste*

Ihren Graphen sehen Sie nach Drücken der **F10**-Taste, der Anschautaste. Mit **Esc** kommen Sie wieder ins Arbeitsblatt zurück.

Der Grafikeditor

QUATTRO PRO besitzt einen kleinen, objektorientierten Grafikeditor, mit dem Sie Ihre Grafik *bearbeiten* können. D.h. Sie können nachträglich einen Pfeil zeichnen, der auf den Graphen weist, Sie können die Graphen mit verschiedenen Schriftarten beschriften, usw.
Bleiben Sie im Grafik-Menü, und wählen Sie *Bearbeiten*. Sie sehen erneut Ihr Dreieck, aber in anderer Umgebung. Hier können Sie der Figur einen individuellen Touch geben. Klicken Sie das Textsymbol (ein **T**) an. Im Auswahlmenü, das am rechten Rand erscheint (Text-Box), können Sie Schriftbild, Rahmenart usw. festlegen. In der Abbildung ist die Schrift Monospace, 18 Punkt gewählt worden.

Sollte Ihnen etwas mißlungen sein, so klicken Sie zuerst den Pfeil oben links (**W**) an und dann den Text (Objekt), den Sie entfernen wollen. (Sie können die Objekte auch mit der Tabulatortaste auswählen.)
Drücken der **Entf**-Taste läßt das unerwünschte Objekt verschwinden. Danach wieder **T** anklicken.
Sind Sie mit Ihrem Werk zufrieden, so klicken Sie oben rechts das Feld mit ENDE (**Z**) an. Sie kommen dann wieder in den alten Bildschirm zurück.

Ich habe in der Abbildung 0–1 die Rasterlinien entfernt. Das ging so: im Grafik–Menü *Layout, Rasterlinien, entfernen* auswählen, dann zweimal **Esc** (oder *Zurück*) betätigen.

Als Datei speichern

Wenn Sie vorhaben, das Dreieck in einer Textdatei zu verwenden, so wählen Sie AUSDRUCK, *Grafik–Druck, Datei, Pic.* Dann haben Sie nur noch einen Namen zu suchen, etwa D:\DATEN\GEOMETRIE\DREIECK. Die Kennung PIC fügt QUATTRO PRO automatisch hinzu.
Neben dem Format PIC bietet QUATTRO PRO noch das EPS–Format an.

Das Arbeitsblatt speichern

Das Arbeitsblatt selbst, zusammen mit der Grafik, können Sie auch speichern, z.B. E:\TABELLEN\DREIECK.WQ1. Die Endung,hier **WQ1**,wird von QUATTRO PRO hinzugesetzt. Wenn Sie das Arbeitsblatt mit der Endung **WK1** speichern, so kann es auch von EXCEL gelesen werden. Allerdings gehen dabei alle Zusätze verloren, die Sie mit dem Grafikeditor erzeugt hatten. Auch Symbole oder eine zweite y–Achse sind nachher nicht mehr zu sehen. (Mit der Kennung WK1 wird das Arbeitsblatt für LOTUS 1–2–3 lesbar gemacht. Aber EXCEL kann LOTUS–Dateien lesen, daher...)

Komprimieren?

Eine WQ1–Datei ist nicht komprimiert. Das Arbeitsblatt des Dreiecks belegt 2318 KByte. Sie können sehr viel Plattenspeicher sparen, wenn Sie das Arbeitsblatt mit der Kennung **WK!** ablegen. Unser Dreieck belegt dann nur noch 756 KByte – aber: alles, was Sie bei der Bearbeitung der Grafik hinzugefügt haben, geht verloren! Es bleibt nur das nackte Dreieck.

Das muß reichen

Hier endet das Minitutorial schon. Sie haben– wenn Sie es nicht längst wußten– die ersten Handgriffe für den Umgang mit Tabellenkalkulationsprogrammen kennengelernt. In den Beispielen der folgenden Kapitel werden weitere Einzelheiten dann erklärt, wenn sie benötigt werden. Aber bedenken Sie: von der Vielfalt der Tabellenkalkulationsmöglichkeiten werden wir nur eine kleine Auswahl einführen. Vergessen Sie nicht, gelegentlich ins Handbuch zu schauen!
Sie sollten sich jetzt dem ersten Kapitel zuwenden, um Ihre Kenntnisse zu vertiefen. Hoffentlich macht es Ihnen ein wenig Spaß.

1 Grundlagen

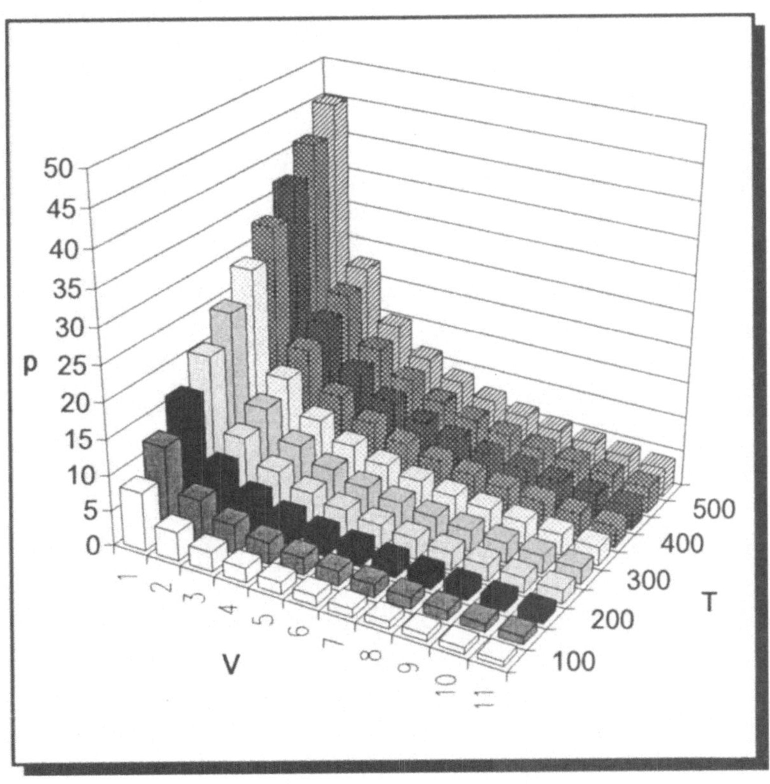

1.0 Einleitung

Im ersten Kapitel sollen die wichtigsten Werkzeuge des naturwissenschaftlichen Anwenders von Tabellenkalkulationsprogrammen eingeführt und eingeübt werden.

Wenngleich die Probleme beim Einstieg in den Umgang mit Spreadsheet–Programmen nicht mit den Schwierigkeiten zu vergleichen sind, die der Neuling beim Erlernen einer höheren Programmiersprache zu bewältigen hat, so muß man dennoch bereit sein, wenigstens einige Stunden der Einarbeitung zu investieren.

Außerdem ist der Leser dieses Buches selten alleingelassen. Die detaillierten Eingabeanweisungen sollten ihn immer zu einer Lösung des Problems führen. Dennoch ist es ratsam, bald eigene Lösungswege anzustreben.

Ich habe versucht, das Stichwortverzeichnis hinreichend ausführlich zu gestalten. Im Zweifelsfall sollte man dort nachschlagen, um bei der Anwendung eines Befehls Hilfestellung zu finden. Letzte Instanz für die Aufklärung nagender Zweifel muß selbstverständlich das Handbuch sein.

Die auf dem Markt befindlichen Programme stimmen natürlich nicht alle in der Art der Bedienung überein. Dennoch werden Sie schnell herausfinden, daß die wenigen Befehle und Funktionen, die wir im naturwissenschaftlichen Bereich verwenden werden, sich kaum von Programm zu Programm unterscheiden. Wir verwenden die Sprache von QUATTRO PRO, die sich wenig von der LOTUS 1–2–3–Sprache unterscheidet. Auch die EXCEL–Sprache ist keine neue Welt. In diesem ersten Kapitel wird für EXCEL–Benutzer der Programmcode zusätzlich angegeben.

Nun kann ich Ihnen nur noch frohen Start und freudebringende Erfolge wünschen.

1.1 Wir starten mit Sinus

Der Graph der Funktion $y=\sin(x)$ soll zwischen 0 und $2*\pi$ gezeichnet werden.

Vorbereitung

Um einen hinreichend glatten Kurvenverlauf zu erhalten, werden wir 100 Kurvenpunkte verwenden. Als Schrittweite wählen wir demnach **$2*\pi/100$**, (2*@PI/100; ca.0.063). Die x–Werte tragen wir in die Zellen A1 bis A101 ein (**F3 B F**). Die zugehörigen y–Werte speichern wir in den Zellen B1 bis B101.

Eingaben

1.   **F3 B F** oder **/ B F**
2.   A1.A101 eingeben
3.   *Startwert*: 0
4.   *Schrittwert*: **$2*\pi/100$** (=2*@PI/100)
   Stoppwert einfach mit RETURN (EINGABETASTE) beantworten.
5.   Zellzeiger auf B1 setzen und **@sin(A1)**
   schreiben; RETURN drücken.
6.   Mit **Strg+K** die Formel bis B101 kopieren:
        Quellbereich: B1   RETURN
        Zielbereich :   B1.B101   RETURN
7.   **/ G D X W** (Grafik,Diagrammtyp,X–Y–Diagramm, Wertebereiche). Wir werden immer mit einem X–Y–Diagramm arbeiten.
   1.Wertebereich (y–Bereich) B1.B101 eingeben; *X–Achsenwerte*: A1. A101 eingeben. *Zurück* (oder **Esc**).
   X–Achse *Skalierung: manuell.*
   Kleinster Wert: 0; *Größter Wert*: 6,4
   Wertzuwachs: 1,6; **Esc.**
   Y–Achse *Skalierung: manuell.*
   Kleinster Wert: –1; *Größter Wert*: 1; *Wertzuwachs*: 0,5; **Esc**
   Mit **Einstellungen Linien & Symbole** kann die Linienart für

den 1.Wertebereich ausgesucht werden. Geben Sie A (= durch-gezogen) ein. Viermal **Esc** drücken.
Diese Parameter können gespeichert werden. / OPTIONEN, *Parameter speichern*.

8. Mit /G Ansicht oder **F10** kann man sich den Graphen auf dem Bildschirm ansehen.

9. Mit **Esc** den Graphen verlassen. Soll das Arbeitsblatt **gespeichert** werden, so ist / **D U** (Speichern Unter) zu wählen. Mit A:\UEBUNG\ SINUS können Sie es z.B. auf einer Diskette im Laufwerk A unter dem Namen SINUS im Verzeichnis UEBUNG ablegen. Die "Kennung" WQ1 wird automatisch an-gehängt. Soll die Arbeit *komprimiert* gespeichert werden, so ist die Kennung **WK!** zu wählen. Allerdings werden dabei Zusätze, die mit dem *Grafikeditor* erzeugt wurden, gelöscht.

10. Mit **Strg+X** verlassen Sie das Programm.

Anmerkung

Will man die in 9. gespeicherte Tabelle **laden**, so gibt man / **D** Ersetzen ein. Um den Graphen auszudrucken, gibt man ein: / **A** Grafik–Druck, Ausgabeziel: Grafik–Drucker, Start.
Wählt man unter /A Grafik–Druck Layout aus, so kann man noch Lage und Größe des zu druckenden Graphen festlegen. Um den Graphen in einem Textprogramm verwenden zu können, z.B. in WORDPERFECT 5.1, druckt man ihn in eine *PIC–Datei*. Wählen Sie /A Grafik–Druck, Datei, Pic-Datei. Nun müssen Sie noch einen *Dateinamen* eingeben. Speichern Sie z.B. alle QUATTRO PRO–Graphen im D–Teil der Festplatte im Verzeichnis DATEN\PIC ab, so geben Sie ein: D:\DATEN\PIC\SI-NUS. Die Extension **PIC** wird automatisch angehängt.

In den folgenden Graphen haben wir noch einen **Titel** (1.Zeile) und einen Untertitel (2.Zeile) eingefügt. Ferner wurden die Achsen mit X bzw. Y bezeichnet. Geben Sie ein: /GT (Grafik,Text). *1.Zeile:* y=sin(x); *2.Zeile:* (Uebung). **X**–Titel: x   **Y**–Titel: y.
Mit Schriftbild wählen Sie die Schriftart und die Größe aus(in *Punkt*).

Damit die *Rasterlinien* und Koordinatenachsen des Graphen auch im Textprogramm sichtbar werden, hat man als *Rasterfarbe* schwarz zu wählen. Die *Füllfarbe* sollte weiß sein. Wählen Sie Grafik,Layout, Rasterlinien, Beide, Rasterfarbe: A–Schwarz, Füllfarbe H–Weiß.

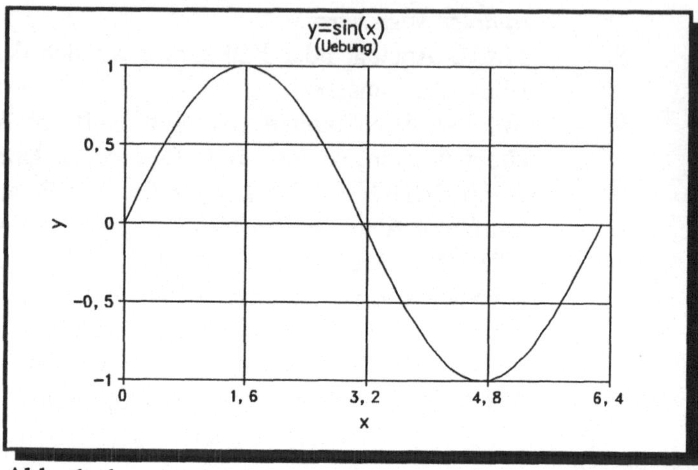

Abb. 1–1

Nun werden die Schritte zur Erzeugung der Graphik in EXCEL beschrieben:

1. Geben Sie 0 in A1 ein; sodann **+A1+0,063** in A2.

2. Die Formel in A2 muß bis A101 kopiert werden. / **B K** eintippen und mit der Maus bis A101 fahren.(Natürlich kann man auch mit der Maus BEARBEITEN anklicken und *Kopieren* wählen). Oder bewegen Sie den Zellzeiger bei gedrückter UMSCHALTTASTE mit der Pfeiltaste NACH–UNTEN bis A101. EINGABETASTE drücken. Mit **Strg+Pos1** kommen Sie wieder nach A1 zurück.

3. Zellzeiger auf B1 setzen und @SIN(A1) eingeben.

4. / **B K** schreiben und bis B101 kopieren. RETURN. Mit **Strg+ Pos1** zurück nach A1.

5. Zur Vorbereitung der graphischen Darstellung muß der zu zeichnende Block **markiert** werden. Dazu wird mit der Maus bei gedrückter linker Taste der Block A1..B101 überstrichen (oder mit der NACH–UNTEN–Taste bei gedrückter UMSCHALT–

TASTE).
Danach nicht die EINGABETASTE drücken.

6. / D N *Diagramm* auswählen. Es erscheint eine Dialogbox. Für
    XY–Diagramme (in EXCEL heißen sie Punktdiagramme) ist der
    Kreis mit 'X–Werte' anzuklicken (oder einfach X eintippen). Es
    wird ein Diagramm gezeichnet.
    (Der Diagrammtyp **Punktdiagramm** wird mit dem Befehl
    Punkt aus dem Menü *Muster* ausgewählt).

7. EXCEL bietet eine enorme Fülle an Gestaltungsmöglichkeiten für
    Achseneinteilung, Lage der Achsen, Teilstriche usw. Soll die
    Teilung der Achsen geändert werden, so klickt man eine Achse
    an (oder man drückt mehrmals auf die Pfeiltasten) und wählt
    FORMAT *Teilung*. (Z.B. mit / T E . Im Menü FORMAT muß das
    t gewählt werden, im Befehl *Teilung* das **e**, beide Buchstaben
    sind unterstrichen). Das sich dann öffnende Dialogfeld enthält
    eine Reihe von Punkten: Kleinstwert, Höchstwert, Hauptinter-
    vall usw. Sie sind leicht verständlich. Man muß sie einfach
    einmal alle ausprobieren!
    Sollte Ihnen die **Punktmarkierung** nicht gefallen, so klicken
    Sie den Graphen an und wählen *Muster* aus dem Menü FORMAT
    (/ T M). Wieder werden die verschiedensten Optionen angebo-
    ten, –die man auch alle einmal auswählen sollte.

8. Die Speicherung des Arbeitsblattes geht über den DATEI-Befehl

9. Zum Einfügen von **Text** in die Graphik bietet EXCEL zwei
    Methoden an: **zugeordneter** Text und **nichtzugeordneter** Text.
    Den nichtzugeordneten Text tippen Sie einfach ein und drücken
    anschließend die EINGABETASTE. Ihr Text erscheint in einem
    Rahmen, den Sie plazieren können, wohin Sie wollen. Wollen
    Sie die Schriftart wechseln, so klicken Sie Ihren Text an (mar-
    kieren) und wählen aus dem Menü FORMAT den Punkt *Schrift-
    art*. Wenn Sie den Punkt *Text* auswählen, so können Sie auch
    die Schreibrichtung festlegen.
    Wollen Sie **zugeordneten** Text einfügen, den Sie dann nicht
    mehr verschieben können, so wählen Sie *Text zuordnen* aus
    dem Menü *Diagramm*.
    Wollen Sie Text **löschen**, so markieren Sie ihn (draufklicken,
    RÜCKTASTE- und anschließend die EINGABETASTE drücken).

Alternativen

Der vorhin geschilderte Weg, um die Werte für die X–Achse einzutragen, ist umständlich. EXCEL kennt eine direktere Methode. Das gilt auch für das Markieren, Kopieren und Verschieben von Zellbereichen.

Ich stelle hier das Wichtigste zusammen:

Anlegen der X–Achse:

- Startwert in A1 eingeben, Zelle A1 markiert lassen.
- /AR (*Daten Reihe berechnen*). Im Dialogfeld *Spalten* auswählen. Bei *Inkrement* muß ein fester Wert eingegeben werden, also 0,1 oder 0,063. (Ein Term wie 2*Pi/100 wird nicht angenommen). Bei *Endwert* tragen Sie z.B. 10,1 oder 6,3 ein. Mit OK abschließen. Dies entspricht dem Zellenfüllen nach LOTUS–Art.

Anlegen der Y–Achse:

- In B1 den Funktionsterm eintragen, also @SIN(A1). RETURN
- Nun *der neue Weg* beim **Markieren** ohne Maus und Zeiger: **F8** und dann **F5** drücken. Bei *Bezug* die Endzelle eintragen, z.B. wie oben B101.
- Und hier ist der neue **Kopier**-Befehl: /BU (*Bearbeiten Unten Ausfüllen*)

Verschieben eines Zellbereiches:

- Gehen Sie nach A1 und markieren Sie mit **F8 F5** –> B101 das ganze Feld von A1 bis B101.
- Führen Sie den Befehl *Bearbeiten Ausschneiden* aus (oder UMSCHALTTASTE + ENTF).
- Zeigen Sie auf die linke obere Ecke des Zielbereiches (mit **F5**), –etwa auf A2, wenn man alle Zellen um eine Zeile nach unten verschieben will.
- Wählen Sie *Bearbeiten Einfügen* (oder UMSCHALTTASTE + EINF).
- Nun können Sie in B1 einen Spaltenkopf eintragen, z.B. sin(x).

Er erscheint später als *Diagrammtitel*. Gibt es mehrere Spaltentitel, so werden sie als *Legende* übernommen.

Grafik:

- Bevor mit **/DN** Diagramm auf Grafik umgeschaltet werden kann, muß der darzustellende Tabellenbereich markiert werden. Das macht man, wie vorhin erwähnt, am schnellsten mit **F8 F5**. Dabei steht der Zellzeiger in A1, und man gibt nur die letzte Zelle des Bereichs ein, z.B. B101.
- Nachdem Sie mit **/MP** das 2. Bild gewählt haben, ist noch **/TM** anzuwählen, um sich für **keine** Punktmarkierung zu entscheiden (**Alt+N**). (Den Graphen vorher anklicken!).
  Wenn mehrere Graphen gezeichnet wurden, ist noch das Feld *Allen zuweisen* zu markieren, da sonst nur der bezeichnete Graph als einfache Linie gezeichnet wird.
- Aus dem Menü *Diagramm* kann man den Punkt *Legende einfügen* wählen, falls man mehrere Spalten bezeichnet hat. Sie wird an die rechte Diagrammseite gesetzt. Um die Legende an anderer Stelle unterzubringen, klicken Sie sie an (Sie markieren sie) und rufen FORMAT *Legende*(/TL).Nun können Sie sich z.B. für *unten* entscheiden.Die Schriftgröße kann geändert werden.

Wieder für QUATTRO PRO

Aufgabe

Erstellen Sie ein Arbeitsblatt, das Ihnen erlaubt,die Funktionen y=sin(x) und y=cos(x) gleichzeitig darzustellen. Arbeiten Sie einmal mit automatischer Skalierung und dann mit manueller Skalierung.

Hilfen

Diesmal in C1.C101 die y−Werte des 2.Wertebereiches.

1. **@cos(A1)** in C1
2. Mit **Strg+K** von C1 nach C1..C101 kopieren.
   (*Quellbereich* ist also C1; *Zielbereich* ist C1..C101; man kann kürzer C1.C101 schreiben, also mit nur einem Punkt).

3.   **/ G D** : X; **W** : 1. W.B. (Block für 1.W.B.: B1.B101)
                            2. W.B. (Block für 2.W.B.: C1.C101).
       X–Achsenwerte: A1.A101   **Esc**

4.   Ansicht (Die alte Beschriftung vorher entfernen).

5.   Man kann mit **/ G** Layout noch *Rasterlinien* anwählen und deren Farbe bestimmen, z.B.: schwarz. Die Füllfarbe: weiß.

6.   **/ G** Bearbeiten: klicken Sie die Textbox **T** an, setzen Sie die *Schriftfarbe* auf schwarz, wählen Sie ein *Schriftbild*, z.B. Sans Serif mit der Punktgröße 24 Punkt. Ausrichtung: *zentriert*. Schreiben Sie "Sinus" an die dafür vorgesehene Stelle, und wählen Sie die Pfeilbox **P**. Nun können Sie vom Label "Sinus" aus einen *Pfeil* bis zum Graphen der Sinusfunktion ziehen. Ebenso für "Kosinus". *Ende* anklicken, **F10**.

7.   Wollen Sie den Graphen in einer *PIC–Datei* speichern, so geben Sie ein **/ A G D** Pic. Dann nach Drücken der ESC–Taste den *Dateinamen* eingeben, z.B.: D:\AUFSATZ1\PIC\Q2SIN Die Spreadsheet–Tabelle mit allen Informationen speichern Sie mit **/ D** Unter.... ab.

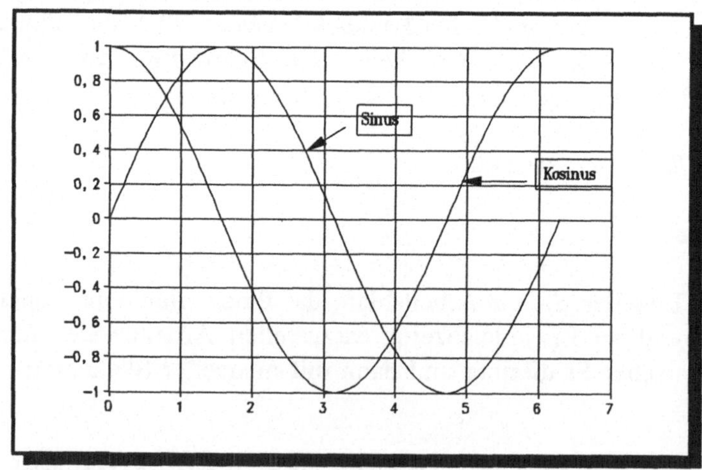

Abb.1–2

1.2 Konstanten können Namen haben

Der Graph der Funktion $y = \sin(\omega x)$ soll zwischen 0 und 2π gezeichnet werden.

Vorbereitung

Wir verfahren wie in Beispiel 1. Die Konstante **Omega** speichern wir in der Zelle E1. Damit wir sofort den Inhalt von E1, z.B.: 2, identifizieren können, speichern wir davor in D1 den Text (Label): **Omega=**
Um nun **Omega** in die Formel zu übernehmen, stehen uns zwei Möglichkeiten zur Verfügung:
a. Wir geben in B1 einfach ein: @sin(E$1*A1)
b. Wir schreiben in B1: @sin($Omega*A1)
   Das setzt aber voraus, daß wir die Konstante
   in E1 zuvor in **Omega** umbenannt haben.
Wie soll das geschehen?. Wir gehen mit **F3** oder / in Bearbeiten Namen, wählen **Block benennen: Omega**, und bei Block angeben (steht in der 2.Zeile, der Eingabezeile) schreiben wir **E1.E1**. Mit dem $-Zeichen vor **Omega** wird festgelegt, daß es sich um eine *absolute* Adresse handelt. Es ist jedoch nicht nötig, das $-Zeichen zu setzen.
Sollten Sie **Omega=** *linksbündig* eingetragen haben, also als 'Omega=, und wollten es aber eigentlich rechtsbündig sehen, so fahren Sie mit dem Zellzeiger nach D1, dort steht ja 'Omega=, und drücken die Editiertaste **F2** . In der Eingabezeile erscheint nun das alte 'Omega=. Fahren Sie auf das '-Zeichen, löschen es und schreiben stattdessen das Zeichen ". In der Form "Omega= wird das Label **Omega=** *rechtsbündig* eingesetzt. Mit ˆ können Sie eine Eingabe *zentrieren*.

Eingaben

1.   **F3 B F**
2.   A1.A101
3.   *Startwert*: 0

4.   *Schrittwert*:   **2*π/100**   ; *Stoppwert*: RETURN

5.   Zellzeiger auf B1 setzen, **@sin($omega*A1)** eintragen.(Groß–
oder Kleinschreibung ist erlaubt).

6.   Mit **Strg+K** die Formel bis B101 kopieren:
       Quellbereich: B1   RETURN
       Zielbereich: B1.B101 RETURN

7.   **/ G D X W**
       Als   *1. Wertebereich* B1.B101 eingeben.
       X–Achsenwerte: A1.A101, zweimal **Esc** drücken.

8.   Mit **F10** den Graphen anschauen. Haben Sie in E1 2 gewählt,
so sehen Sie zwei volle Sinusschwingungen .

9.   Verlassen Sie nun den Graphen mit **Esc** und geben Sie einmal
andere Werte in E1 ein, z.B. 4,6 oder 8. Sobald Sie den Wert
mit RETURN gespeichert haben, berechnet das Programm (sehr
schnell!) die neuen y–Werte in B1 bis B101.
Mit **F10** können Sie den neuen Graphen anschauen.
Sie werden merken,daß die Graphen ab Omega=4 nicht mehr
schön sind: es fehlen ihnen Punkte. Es wäre dann besser, 200
Punkte für den Graphen zu berechnen (A1.A201 und B1.B201
mit der Schrittweite $2*\pi/200$).
Hier ist nun der Graph von $y = \sin(4x)$:

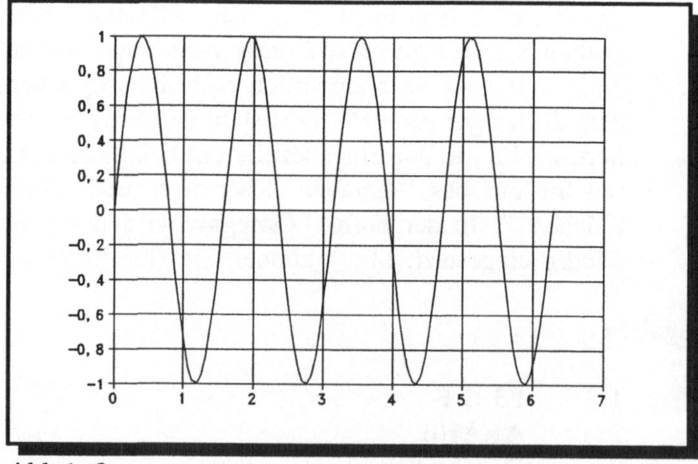

Abb.1–3

Sollte Ihnen die y–Achse zu sehr unterteilt sein, so können Sie mit / **G** Y–Achse *Skalierung, manuell* wählen. Geben Sie –1 als kleinsten und 1 als größten Wert ein. Der Wertzuwachs könnte etwa 0,5 sein.

Anweisungen für EXCEL–Benutzer:

1. In D1 den Text **Omega=** eintippen. Wenn Sie anschließend in der Symbolleiste das Symbol für *rechtsbündig* anklicken, rutscht der Text nach rechts.

2. Zelle E1 markieren, 4 eingeben.

3. **/RF** (Namen festlegen). In das Namen–Feld den Text **Omega** schreiben, OK drücken. (Da in D1 bereits "Omega=" steht, schlägt EXCEL dies als Namen vor, man hat nur noch OK zu "sagen").

4. A1: 0; **/AR**; ALT S ; ALT I: 0,063; ALT E: 6,3 ; OK

5. In B1 eingeben: **@SIN(OMEGA*A1)**

6. Kopieren bis B101 in zwei Schritten:

> a. **F8 F5** (markieren); Bezug: B101
> b. **/BU** (bis "Unten" kopieren)

7. **Strg+Pos1**; A1 bis B101 markieren: **F8 F5** : B101

8. **/DND X** ; OK

9. **/MP** (Muster Punkt); Bild 2 wählen; OK

10. Graph anklicken und **/TM** wählen. Im Dialogfeld unter Punktmarkierung *keine* wählen (man erhält einfache Linien–Graphik). Bei mehreren Graphen das Feld *Allen zuweisen* ankreuzen. OK

11. Den Text **sin4x** eingeben und an gewünschte Stelle plazieren. Mit **/TS** Schriftart festlegen. Ein Rahmen (**/TM**) kann automatisch gezeichnet werden. Man kann auch den Punkt *Benutzerdefiniert* aussuchen.

Aufgabe

Versuchen Sie, das Arbeitsblatt zum Graphen der folgenden Abb.1–4 aufzubauen.

Es handelt sich um die Funktion $y = e^{-kt}\sin(\omega t)$

Die Dämpfungskonstante ist k=0,15. Für Omega können Sie 2 wählen. Wählen Sie 120 Kurvenpunkte.

Formel: **@exp(–k*A1)*@sin(Omega*A1)**.

(Von B1.B121 kopieren; *Schrittweite*: $8*\pi/120$ Beachten Sie, daß QUATTRO PRO die Konstanten auch ohne vorgesetztes $-Zeichen als absolute Adressen betrachtet). Skalieren Sie beide Achsen von Hand.

Lösung

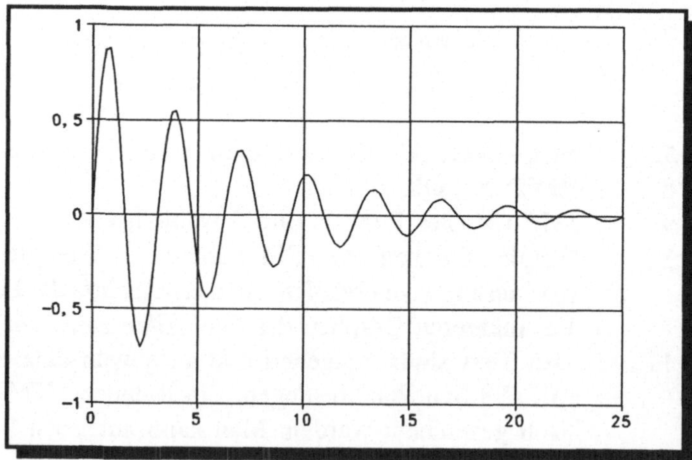

Abb.1–4

1.3 Kurven werden addiert, Schwebungen

Wir wollen uns die Aufgabe stellen, die folgende Abbildung zu erzeugen:

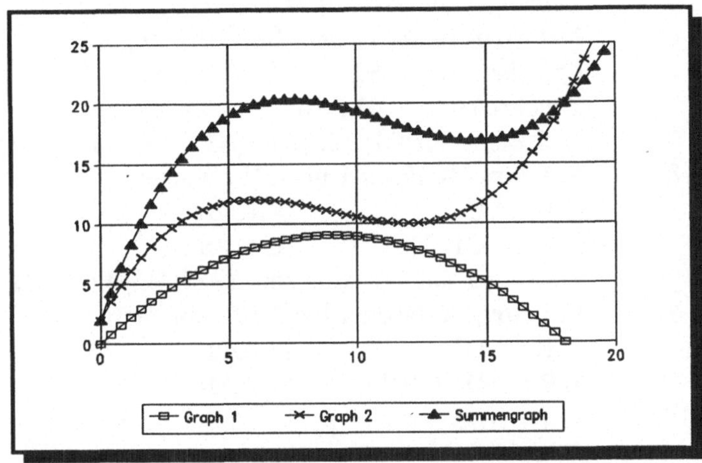

Abb.1–5

Es handelt sich dabei um die Addition zweier Funktionen unter Verwendung der Funktion @SUMME

Vorbereitung

$$f(x)=-\frac{1}{9}x^2+2x \quad und \quad g(x)=\frac{1}{54}x^3-\frac{1}{2}x^2+4x+2$$

Dies sind die Gleichungen der darzustellenden Funktionen.
Wir wählen wieder je 100 Kurvenpunkte bei einer Schrittweite von 0,4.
Die Funktionswerte für f speichern wir in B1.B101, die für g in C1.
C101. In D1.D101 werden wir die Summenwerte haben. Die Skalierung
der Achsen führen wir manuell durch. Neu ist die Verwendung von
Symbolen zusammen mit den durchgezogenen Linien. Wir finden dies
unter **Einstellungen** im Grafik-Menü.

Eingaben

1.	/ **B F**	
2.	A1.A101	
3.	*Startwert*:	0
4.	*Schrittwert*:	0,4; *Stoppwert*: RETURN
5.	Zellzeiger auf B1; Eingabe:(−(A1^2)/9+2*A1)	
6.	Mit **Strg+K** die Formel bis B101 kopieren	
	Quellbereich: B1	RETURN
	Zielbereich : B1.B101	RETURN
7.	Zellzeiger auf C1; Eingabe:(A1^3/54−A1^2/2+4*A1+2)	
8.	Mit **Strg+K** Formel bis C101 kopieren	
	Q.B.: C1	RETURN
	Z.B.: C1.C101	RETURN
9.	Zellzeiger auf D1; Eingabe: **@SUMME(B1.C1)**	
10.	Mit **Strg+K** Formel bis D101 kopieren	
	Q.B.: D1	RETURN
	Z.B.: D1.D101	RETURN

Schnelleres Kopieren

Das dreimalige Kopieren (6.,8.,10.) kann durch einen einzigen Kopiervorgang ersetzt werden:

       Strg+K   *Quellbereich*: B1.D1

                     Zielbereich : B1.D101

11.	/ **G D X W**	
	1.Wertebereich:	B1.B101
	2.Wertebereich:	C1.C101
	3.Wertebereich:	D1.D101
	X−Achsenwerte:	A1.A101
12.	Auswahl der Symbole:	

/ **G** Einstellungen Linien & Symbole
Zuerst die **Markierungen** vornehmen,d.h. man wählt die Symbole aus. Anschließend geht man zu FORMAT. Hier kann man
nun einfach *Grafik beide* auswählen. Die Graphen werden dann
durchgezogen und außerdem mit den Symbolen belegt (beide).

13.   Wählen Sie / **G** Text Legenden. Hier tragen Sie für die 3 Graphen die Bezeichnungen ein, z.B.: Graph 1, Graph 2, Summen−

graph. Unter *Position* können Sie *unten* oder *rechts* wählen. Ich habe *unten* ausgesucht.

14. Mit / **G** X–Achse Skalierung wählen Sie die manuelle Skalierung der X–Achse. *Kleinster Wert*: 0, *Größter Wert*: 20, *Wertzuwachs*: 5
Ebenso verfahren Sie mit der Y–Achse, allerdings *Größter Wert*: 25.

Anweisungen für EXCEL–Benutzer:

1. A1: x(oder ein anderes Zeichen);
B1: Graph1; C1: Graph2; D1: Summengraph
2. A2: 0; /AR; Alt+S; Alt+I: 0,4; Alt+E: 20
3. **F5 B2;**   B2: –(A2^2)/9+2*A2
C2: (A2^3/54–A2^2/2+4*A2+2)
D2: @SUMME(B2:C2)
4. Formeln bis Zeile 52 kopieren: Zellzeiger auf B2 (mit F5).
F8 F5 Bezug: D52 (markieren); OK
/BU (bis "Unten" kopieren)

Graph

5. Alles markieren: Zellzeiger auf A1; **F8 F5**: D52
6. /DND, OK, X, OK;   /MP : Bild 2
7. Y–Achse neu teilen:
Y–Achse markieren (draufzeigen und linke Maustaste klicken)
/TE *Kleinstwert*:0; *Höchstwert*: 25; *Hauptintervall*: 5; OK
(Die Kontrollkästchen dienen der automatischen Skalierung; sie dürfen nicht angekreuzt sein).
8. Wahl der Symbole:
Oberen Graphen anklicken; /TM *Benutzerdefiniert*
Auszeichnung : Dreieck wählen.
Hintergrund   : weiß
Entsprechend bei den beiden anderen Graphen verfahren.
9. Aus *Diagramm* die Legende einfügen:
/IL   ; /TL *unten* OK
10. Gitternetz aus *Diagramm*:
/IG *Rubrikenachse*(X): Hauptgitternetz
Größenachse(Y)   : Hauptgitternetz

Schwebungen

Es sollen erneut zwei Funktionen zu einer neuen Funktion überlagert werden.
Es handelt sich um zwei Schwingungen mit nur wenig verschiedenen Frequenzen. Ihre Überlagerung führt zu *Schwebungen*.
(Schlägt man zwei identische Stimmgabeln an, so hört man einen harmonischen Ton. Erwärmt man eine der Stimmgabeln mit der Hand, so erzeugen sie Töne mit leicht verschiedenen Frequenzen: Schwebungen)
Die Ausgangsfunktionen seien:

$$y_1 = A_1 \sin \omega_1 t \quad und \quad y_2 = A_2 \sin \omega_2 t$$

Wählt man gleiche Amplituden(A1=A2:= A), so erhält man sogenannte reine oder einfache Schwebungen. Die Kreisfrequenz der harmonischen Schwingung y1 sei w1=6 Hz, die von y2 sei w2=5 Hz. Die Amplituden wählen wir A=1.

Aufgabe

Versuchen Sie, die folgenden Graphen zu erzeugen:

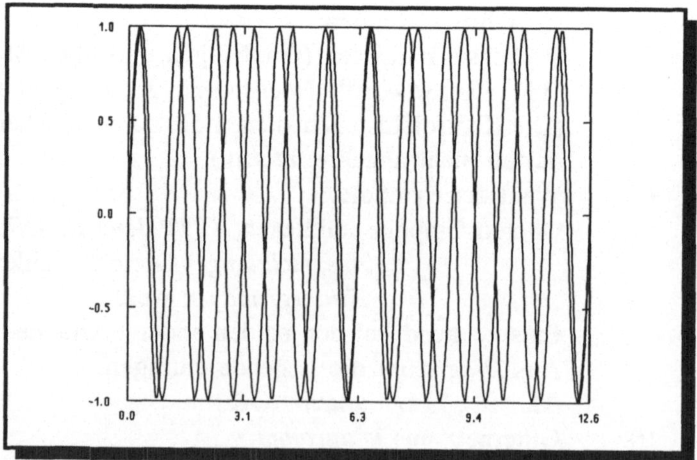

Abb.1–6

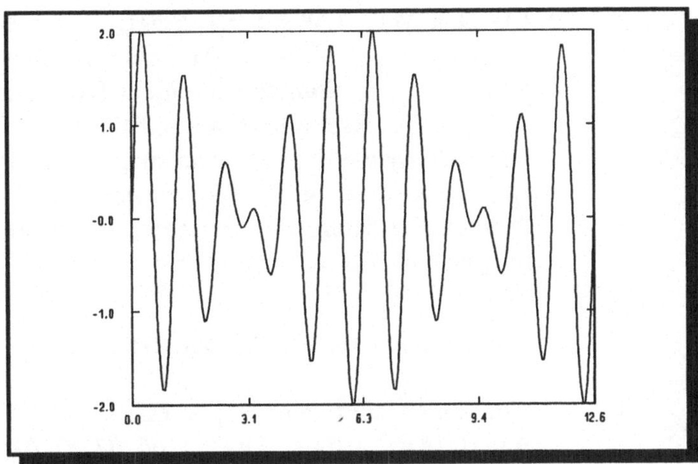

Abb.1–7

Eingaben

1.   **/ B F   A1..A201**
2.   *Startwert*: 0; *Schrittwert*: **4*@Pi/200**
3.   Zellzeiger auf B1; Eingabe: **+\$H\$3*@sin(\$H\$1*\$A1)**
   Hier wird ein \$–Zeichen vorangestellt, damit beim Kopieren der
   Formel von B1 nach C1 die **H\$3** und **H\$1** nicht in **I\$3** und **I\$1**
   verwandelt werden, vergl. Eingabe Punkt 4.

   (In H1 steht ω_1 , in H2 ω_2 , in H3 steht die Amplitude A1,

   in H4 steht A2 –nicht mit den Zellen A1, A2 verwechseln!)
4.   Zellzeiger auf C1;
   Eingabe: **+\$H\$4*@sin(\$H\$2*\$A1)** (Man kann mit **Strg+K** die
   Formel in B1 von B1 nach C1 kopieren und dann mit **F2** kor–
   rigieren). Nun ist noch die Summe der beiden Funktionen in die
   Felder D1..D201 einzutragen. Wir gehen nach D1 und tragen
   ein: **+B1+B2** oder **@SUMME(B1;C1)**.
   Jetzt sind alle Formeln bis Zeile 201 zu kopieren:
          Strg+K :   Q.B.: **B1..D1**
                        Z.B.: **B1..D201**

5.   **/ G D X W:**   1.W.B.: B1..B201;   2.W.B.: C1..C201
                          (3.W.B.: D1..D201. Es ist besser, die Summen-
                          funktion in einem Extragraphen darzustellen).
                  X–Achsenwerte: A1..A201
6.   Die Achseneinteilungen kann man manuell durchführen.
          Größter x–Wert: **4*Pi**; *Wertzuwachs*: 2,1.
7.   Denken Sie daran, die Parameter zu ändern und sich die Wir-
          kungen mit **F10** anzuschauen.

Anweisungen für EXCEL–Benutzer:

1.   Konstanten eintragen: H1: 6; H2: 5 ; H3: 1; H4: 1
2.   A1: 0; **/AR** ; **Alt+S**; **Alt+I**: 0,0628318; **Alt+E**: 12,6
3.   B1: **+\$H\$3*@SIN(\$H\$1*\$A1)**
          Diese Formel mit **Strg+Einfg** von B1 nach C1 kopieren.(B1
          markieren, **Strg** und **Einf**–Tasten drücken. B1 wird in die
          Zwischenablage kopiert. Sie erkennen dies an dem blinkenden
          Rahmen um B1. Jetzt auf C1 zeigen und die EINGABETASTE
          drücken). Mit F2 editieren: **+\$H\$4*@SIN(\$H\$2*\$A1)** muß in
          C1 stehen.
4.   D1: **@SUMME(B1:C1)**
5.   Zellzeiger auf B1; **F8 F5** Bezug: D201; **/BU**

Graph (nur der Summengraph mit den Daten aus der D–Spalte)
6.   Nur die A–und die D–Spalte markieren.(Um mehrere *getrennte*
          Spalten zu markieren, geht man so vor: **a.** Erste Spalte markie-
          ren, z.B. mit Maus oder mit **F8 F5**, **b.** *Markierung verankern*,
          indem Sie die UMSCHALT– und die **F8**–Taste zu drücken. **c.**
          Springen Sie mit **F5** zur ersten Zelle der weiter zu markieren-
          den Spalte. Markieren! Wieder verankern mit UMSCHALTTA-
          STE+**F8**, usw. In diesem HINZUFÜGEMODUS erscheint **ADD** in
          der Statuszeile). **Also:** Mit dem Zellzeiger auf A1 zeigen, **F8
          F5** Bezug: A201 (das markiert die Zellen von A1 bis A201),
          UMSCHALT+**F8**–Taste drücken. Dann **F5** drücken und D1 ein-
          geben. Jetzt D–Spalte markieren (mit **F8 F5** Bezug: D201)
          usw. (Man spricht von *Mehrfachauswahl*)
7.   **/DND : X**   **/MP** : Bild 2
8.   Den Graphen anklicken; **/TM ALT N** (oder auf *Keine* klicken).

1.4   Das HELMHOLTZ–Spulenpaar

Wir wollen ein weiteres Beispiel für die Summe zweier Graphen untersuchen: das Magnetfeld eines HELMHOLTZ–Spulenpaares. Will man
homogene Magnetfelder erzeugen, so verwendet man meist ein Paar
paralleler Spulen, bei denen der Abstand gleich dem Radius gewählt
wird. Jede Spule erzeugt ihr eigenes inhomogenes Magnetfeld; die
Summe beider Felder liefert ein Feld, das zwischen den Spulen recht
homogen ist, vergleichen Sie die folgende Abbildung 1–8
Das Spulenpaar kann so klein sein, daß der Kopf einer Brieftaube gerade darin Platz findet –aber es kann auch die Größe eines ganzen
Zimmers haben.

Vorbereitung

Nach dem BIOT–SAVARTschen Gesetz erzeugt ein einzelner vom Strom
I durchflossener Drahtring auf seiner Achse im Abstand x die
magnetische Induktion (=Kraftflußdichte)

$$B = \mu_0 \frac{IR^2}{2(R^2+x^2)^{\frac{3}{2}}} \tag{1}$$

Die Induktionskonstante μ_0 hat den Wert: $4\pi*10^{-7}\ \frac{Vs}{Am}$

Spule 1 (N Windungen) erzeugt auf der Spulenachse im Punkt M das
Feld:

$$B_1 = K(R^2+(x+\frac{R}{2})^2)^{-\frac{3}{2}} \tag{2}$$

Spule 2 (N Windungen) erzeugt ihrerseits in M das Feld:

$$B_2 = K(R^2+(x-\frac{R}{2})^2)^{-\frac{3}{2}} \tag{3}$$

Die Konstante K ist gegeben durch $K:=\mu_0\dfrac{NIR^2}{2}$.

Das **resultierende** Feld beider Spulen ist: $B=B_1+B_2$.

Für x=0 erhalten wir $B=\mu_0 NI\ 0.8\sqrt{0.8}/R$

Für die grafische Darstellung wählen wir I=1,45A, N=130 Windungen pro Spule und R=0,15m.

Eingaben

1.   **/ B F**   A1..A101
     Startwert: −0,15; *Schrittwert:* 0,003, *Stoppwert:*0,15

2.   Zellzeiger auf **E1**: +(2*Pi*1E−7*1,45*130*0,15^2)
     auf **B1**: +(E\$1*(0,15^2+(A1−0,15/2)^2)^−1,5)   (1.Spule)
     (Das zu **Pi** gehörende @ wird von QUATTRO PRO *im Inneren eines Ausdrucks* hinzugefügt, EXCEL verlangt **PI( )**.)
     auf **C1**: +(E\$1*(0,15^2+(A1+0,15/2)^2)^−1,5)   (2.Spule).
     Zellzeiger auf **D1**: @SUM(B1.C1)

3.   Mit **Strg+K** die Formeln kopieren:
     Von B1..D1 nach B1..D101

4.   **/ G D X W**
          1. Wertebereich: B1.B101
          2. Wertebereich: C1.C101
          3. Wertebereich: D1.D101
          X− Achsenwerte :   A1.A101

5.   **/ G**   X−Achse, *Skalierung: manuell.*
          Kleinster Wert: −0,15
          Größter   Wert: 0,15
          Wertzuwachs   : 0,05
     Beschriftungsformat, Fest: 2 Dez. Stellen

6.   Y−Achse, *Skalierung: manuell.*
          Kleinster Wert : 0
          Größter Wert : 0,0012
          Wertzuwachs   : 0,0002
     Beschriftungsformat, Exponentiell: 1 Dez. Stelle.

7.   Immer noch unter GRAFIK wählt man *Bearbeiten*. Den Text "Helmholtz−Spulen" haben wir mit Schatten eingerahmt. Das Schriftbild ist Bitstream Courier.

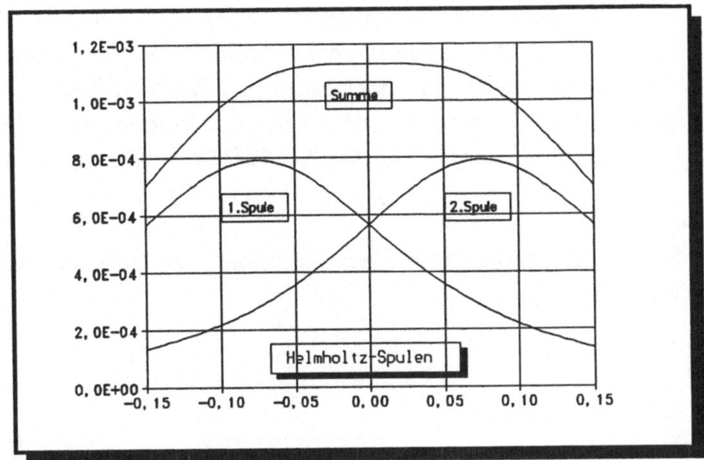

Abb.1–8

Anweisungen für EXCEL–Benutzer:

1.   A1: –0,15 ; /AR ; ALT S; ALT I: 0,003; ALT E: 0,15;   OK
2.   E1:   +(2*PI()*......)
         B1:   +(E\$1*(0,15^2....)
         C1:   +(E\$1*(0,15^2....)
         D1:   @SUMME(B1:C1)
3.   Zellzeiger auf B1; **F8 F5** Bezug: D101; **/BU**

Graph

4.   Zellzeiger auf A1; **F8 F5** Bezug: D101
5.   **/DND : X** ; **/MP** : Bild 2
6.   Einen Graphen anklicken; **/TM**uster ALT N (keine) ; ALT W (*Allen zuweisen*)
7.   "Helmholtz–Spulen" schreiben, mit EINGABETASTE in die Graphik übernehmen und an gewünschte Stelle plazieren.
         Rahmen und Schatten erzeugt man mit **/TM**
         Nun die anderen Labels eingeben und an die rechten Stellen setzen.

Zur Darstellung des Graphen der Funktion f: y=sin(x)/x hat man den
Fall x=0 auszuschließen. Man kann dazu die Funktion @WENN
verwenden, etwa in der Form: @WENN(@ABS(A1) <= 0,1;1;
@sin(A1)/A1) In EXCEL ist **ABS** zu schreiben, also ohne @ .
(Entspricht:IF (ABS(A1) <= 0,1 THEN 1 ELSE sin(A1)/A1))

Aufgabe

Stellen Sie den Graphen der Funktion f im Bereich –10<x<10 dar.
Inkrement: 0,2.

Lösung

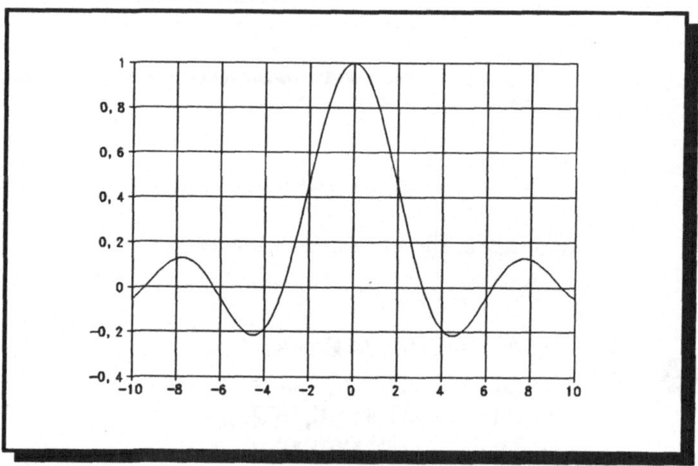

Abb.1–9

Hilfen

1.   / **B F**   A1..A101; *Startwert*:–10; *Schrittwert*: 0,2; *Stoppwert*:
        RETURN (oder auch 10 eingeben)
2.   Zellzeiger   auf   B1;   @WENN(@ABS(A1)<=0,1;1,0;
        @sin(A1)/A1)
        (Der Wert x=0 wird hier nicht angenommen, z.B.findet man –je
        nach Rechner– in A51 den Wert 5,55E–16)
3.   **Strg+K:** B1 bis B1..B101
4.   **/G D X W** 1.W.B.:   B1..B101
                X–Achsenwerte: A1..A101
5.   Die Skalierung kann automatisch erfolgen.

1.5 FOURIER überlagerte harmonische Schwingungen

Der französische Mathematiker Jean–Baptiste Baron de FOURIER entdeckte die Tatsache, daß sich jede Welle aus harmonischen Teilwellen zusammensetzen läßt.
Wir wollen zeigen, daß sich eine Rechteckwelle bereits aus drei harmonischen Teilwellen aufbauen läßt– wenn auch noch mit leichten Beanstandungen.
Speziell wollen wir die folgende Summe darstellen:

$$y=\cos(x)-\cos(3x)/3+\cos(5x)/5 \qquad (1)$$

Vorbereitung

Es zeigt sich,daß der Bereich $-6<x<6$ mit dem Inkrement 0,1 für die Darstellung günstig ist. Wir werden also eine manuelle Skalierung der X–Achse durchführen. Ebenso verfahren wir bei der Y–Achse, denn hier sollte man $-1,5<y<1,5$ wählen. Die Anzahl der Unterteilungen kann für beide Achsen gleich 6 sein. Die drei Kosinusfunktionen speichern wir in B1..B121, C1..C121 und in D1..D121. Die Summe speichern wir in E1..E121.

Eingaben

1. **/ B F   A1..A121**
    Startwert: –6; *Schrittwert*: 0,1
2. Zellzeiger auf **B1:** **@COS(A1)**
3. Zellzeiger auf **C1:** **–@COS(3*A1)/3**
4. Zellzeiger auf **D1:** **@COS(5*A1)/5**
5. Zellzeiger auf **E1:** **@SUMME(B1;C1;D1)**
6. Nun alle Formeln kopieren: **Strg+K:** *Quellbereich*:B1..E1 ;
    Zielbereich: B1..E121
7. **/ G D X W**   X:A1..A121;   1.W.B: B1..B121
                     2.W.B: C1..C121;   3.W.B: D1..D121
                     4.W.B: E1..E121

8.   **/ G X**–Achse *Skalierung: manuell*
        Kleinster Wert:–6, *Größter Wert*:6, *Wertzuwachs*: 2.
        Beschriftungsformat: fest, 1 Dez. Stelle.
        Y–Achse:
        Kleinster Wert:–1,5, *Größter Wert*:1,5, *Wertzuwachs*: 0,5.
        Beschriftungsformat: fest, 1 Dez. Stelle.

9.   In Grafik **B**earbeiten wählen (**/ G B**).**T**– Feld anklicken und
        dann in der rechten Leiste das *Schriftbild* auswählen : Mono-
        space; 20 Punkte

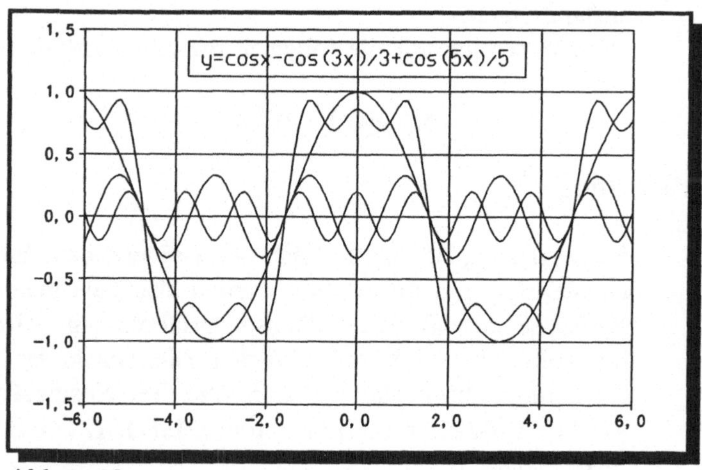

Abb.1–10

Anweisungen für EXCEL–Benutzer:

1.   A1: –6 ; **/AR** ; ALT S; ALT I: 0,1; ALT E: 6; OK
2.   B1:   **@COS(A1)**
        C1:   **–@COS(3*A1)/3**
        D1:   **@COS(5*A1)/5**
        E1:   **@SUMME(B1:D1)**
3.   Zellzeiger auf B1 (mit F5); **F8 F5** Bezug: E121 **/BU**

Graph

4.	Zellzeiger auf A1; **F8 F5** Bezug: E121
5.	**/DND** : X ; **/MP** : Bild 2
6.	Einen der Graphen anklicken; **/TMuster** ALT N (*keine*); ALT W (*Allen zuweisen*)
7.	Text schreiben und verschieben (oder aus dem Menü *Diagramm Text zuordnen* "Diagrammtitel" wählen).

Anmerkung

Was oben für Wellen gesagt wurde, gilt ebenso für Schwingungen, bzw. für fast beliebige Funktionen. Wenn f stetig und von beschränkter Variation ist, so konvergiert die Reihe

$$f(x) = a_0 + a_1 cos x + b_1 sin x + a_2 cos 2x + b_2 sin 2x + ... \qquad (2)$$

überall gegen die Funktion f.

(2) heißt FOURIER-Reihe, und die Koeffizienten a_n und b_n heißen FOURIER-Koeffizienten, die nach von FOURIER angegebenen Regeln berechnet werden. (Vergleichen Sie auch Beispiel 12 im 3. Kapitel).

$$a_0 = \frac{1}{2\pi} \int_0^{2\pi} f(x) dx$$

$$a_n = \frac{1}{\pi} \int_0^{2\pi} f(x) cos\ nx\ dx$$

$$n = 1,2,3...$$

$$b_n = \frac{1}{\pi} \int_0^{2\pi} f(x) sin\ nx\ dx$$

Im Falle der Dreieckskurve verschwinden alle b_n. Die a_n sind nur für ungerade n von Null verschieden. Sie lassen sich dann folgendermaßen berechnen:

$$a_n = \frac{4Ka}{n^2 \pi^2}$$

Aufgabe

Erstellen Sie ein Arbeitsblatt, das es erlaubt, die ersten 4 Terme der FOURIER-Reihe einer Dreieck-Welle darzustellen. Die Reihe sieht folgendermaßen aus:

$$y = \frac{1}{2}Ka + \frac{4Ka}{\pi^2}[\cos\pi(\frac{x}{a}) + \frac{1}{9}\cos3\pi(\frac{x}{a}) +$$

$$\frac{1}{25}\cos5\pi(\frac{x}{a}) + ...]$$

Man kann das Spreadsheet so organisieren, daß man den Einfluß der Konstanten K und a mit der **F10**-Taste verfolgen kann. Man könnte mit K=1 und $a=\pi$ beginnen.

Hilfen   Es reicht, $y_1 = \frac{\pi}{2}$; $y_2 = \frac{4}{\pi}cosx$; *und* $y_3 = \frac{4}{9\pi}cos3x$ über 0<x<4π darzustellen.   *Schrittweite*: **4*@Pi/120**.
Beachten Sie, daß Sie mit **/ G Layout Rasterlinien** die Raster entfernen können!

Lösung

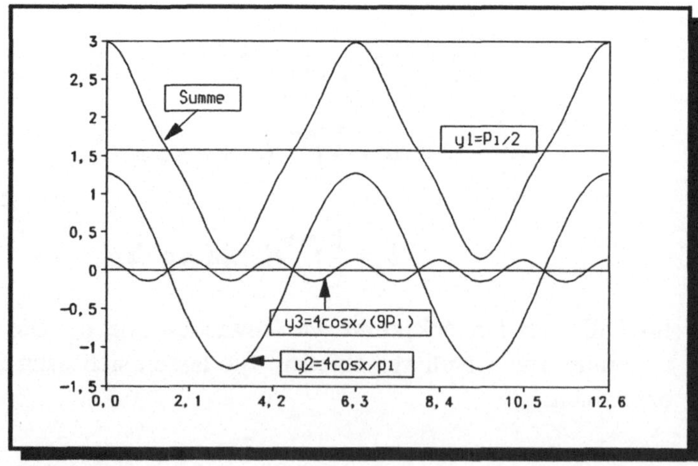

Abb.1-11

1.6 Beugung an Spalten

Die Funktion y=sin(x)/x, die wir in Abb.1–9 darstellten, erfährt eine wichtige Anwendung in der Beugungstheorie (FRAUNHOFER–Beugung). Beleuchtet man einen feinen Spalt der Breite b (z.B.: mit Laserlicht), so entsteht hinter dem Spalt eine Intensitätsverteilung, die sich mit folgender Formel berechnen läßt:

$$\frac{I(\theta)}{I(0)} = \left(\frac{\sin(\beta)}{\beta}\right)^2 \tag{1}$$

Hierin hat β nicht die Bedeutung eines Winkels, es ist vielmehr $\beta = \dfrac{\pi b}{\lambda}\sin(\theta)$

b ist, wie gesagt, die Spaltbreite, und λ ist die Wellenlänge des Lichtes.

Die Aufgabe lautet nun, Gleichung (1) grafisch darzustellen.

Vorbereitung

Es ist günstig, die x–Koordinaten, also den Winkel θ, im Bereich von –1,2 bis +1,2 Rad zu wählen. Mit 300 Punkten sollte der Graph gut werden. Also Schrittweite: 2,4/300. Den Wert von $\dfrac{b}{\lambda}$ (=4) speichern wir in F1.

Eingaben:

1.	**/ B F**	A1..A301 (Winkel θ)	
2.	*Startwert*: –1,2; *Schrittwert*: 2,4/300		
3.	*Zellzeiger auf B1; Eingabe:* **@PI*F\$1*@SIN(A1)**		
	Zellzeiger auf C1; Eingabe: **(@SIN(B1)/B1)^2**		
4.	**Strg+K**: Q.B.: B1..C1; Z.B.: B1..C301		
5.	**/G D X W**	1.W.B.:	C1..C301
		X–Achsenwerte:	A1..A301
6.	**/ G**	X–Achse: *Skalierung : manuell*	
		Kleinster Wert:	–1,2
		Größter Wert:	+1,2
		Wertzuwachs :	0,4

Beschriftungsformat: 1 Dez. Stelle (=F1)
        Y–Achse automatisch skalieren
7.   Mit / **G B** zur Bearbeitung gemäß Abb.1–12

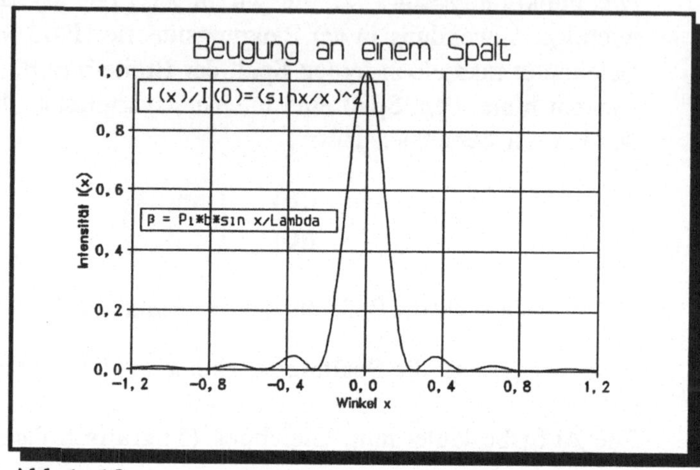

Abb.1–12

Aufgabe

Jetzt soll soll die *Beugung an N Spalten* betrachtet werden. Es geht also
darum, die Intensitätsverteilung hinter einem **Gitter** zu untersuchen.
Die Intensität hinter einem N–spaltigen Gitter wird mit folgender Formel berechnet:

$$I(\theta) = \frac{I(0)}{N^2} \left(\frac{\sin\beta}{\beta}\right)^2 \left(\frac{\sin(N\alpha)}{\sin\alpha}\right)^2 \qquad (2)$$

Darin bedeuten:

$$\beta := \frac{\pi b}{\lambda}\sin\theta \qquad und \qquad \alpha := \frac{\pi a}{\lambda}\sin\theta \qquad (3)$$

Wir werden den Winkel θ wieder als x–Koordinate führen. b ist die
Spaltbreite und a ist der Spaltabstand.

Entwerfen Sie ein Arbeitsblatt, mit dem sich (2) grafisch darstellen läßt. (Wählen Sie z.B. b=2 λ und a=10 λ. N=8. Sie sollten diese Parameter variieren).

Lösung

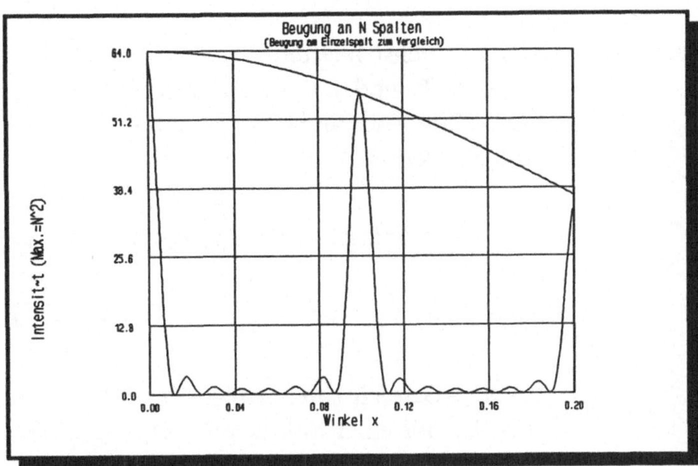

Abb.1–13

Hilfen   Wir berechnen von (2) nur die beiden geklammerten Faktoren, d.h. auf der y–Achse steht an der Stelle x=0 der Wert N*N. (Verändern wir den Wert von N, so sollten wir auch den Maßstab auf der y–Achse ändern).
Wir können 300 Punkte berechnen (A1..A301) mit einem Inkrement von 0,2/300 (=0,000666).
In B1 schreiben wir: **@Pi*\$K\$1*@SIN(\$A1)** (Beta);
In C1: **@Pi*\$K\$2*@SIN(\$A1)**   (Alpha);
In D1: **(@SIN(B1)/(B1+0.00001))^2**   – um eine Fehleranzeige bei Division durch 0 zu vermeiden, addieren wir 0.00001.
In E1: **(@SIN(K\$3*C1)/(@SIN(C1)+0.00001))^2;**
In F1: **+D1*K\$3^2** und schließlich in G1: **+D1*E1.**

Die Konstanten stehen in K1,K2 und K3; und zwar: $\dfrac{b}{\lambda}$ (=2) in

K1, $\dfrac{a}{\lambda}$ (=10) in K2 und N(=8) in K3. Formeln kopieren:

Strg+K : Q.B.: B1..G1;   Z.B.: B1..G301

In F1..F301 stehen die Werte für den Einfachspalt, die wir zum Vergleich ebenfalls einzeichnen. Die Wirkung der N-Spalte steckt in den Werten E1..E301. Gezeichnet wird das Produkt der D-und E-Spalten, das in G1..G301 zu finden ist.

Anregung

Es ist höchst instruktiv, die Kurven für 2 verschiedene Spaltzahlen (N und L) gemeinsam aufzutragen. Wählen Sie: N=6, L=3. Eine Aufteilung der Funktion in 5 Teilfunktionen ist empfehlenswert:

$$y_1 := (\sin(N\alpha))^2; \quad y_2 := (\sin(\alpha))^2; \quad y_3 := (\sin(L\alpha))^2$$
$$y_4 := \frac{y_1}{y_2}; \qquad y_5 := \frac{y_3}{y_2}\left(\frac{N}{L}\right)^2 \qquad (4)$$

Den x-Bereich (hier Alpha-Bereich) wählt man günstig von 0 bis 9,5 mit einer Schrittweite von 9,5/300. Die y-Achse haben wir von −1 bis 39 festgelegt, um einen "schwebenden" Graphen zu erhalten.

Lösung

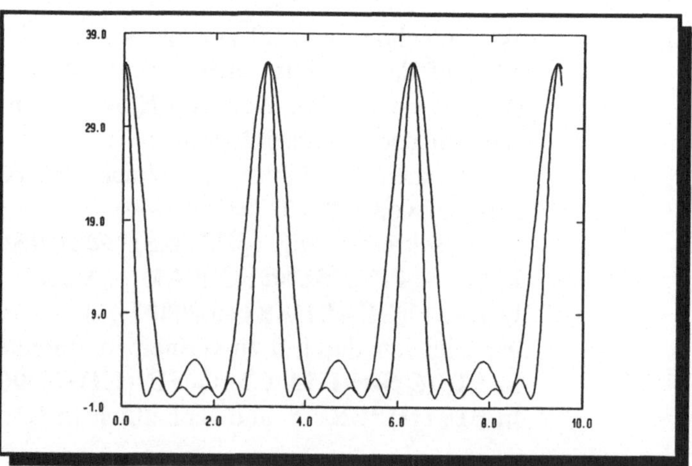

Abb.1−14

Die Anzahl der Nebenmaxima ist stets um zwei kleiner als die Zahl der
Spalte, also 1 bei N=3 und 4 bei N=6.
In der Darstellung nach Abb.1–14 haben beide Graphen stets gleiche
Hauptmaxima. Bei dieser normierten Darstellung gehen Spaltbreite und
Spaltabstand nicht in das Ergebnis ein.

Ändern Sie die Werte von N und L!

Anweisungen für EXCEL–Benutzer:

Die Anweisungen beziehen sich auf das Arbeitsblatt zu Abb.1–
13 (vergl. **Hilfen**)

1.   Konstanten speichern: K1: 2; K2: 10; K3: 8
2.   A1: 0; /AR ; ALT+S; ALT+I: 0,000666666; ALT+E: 0,2 OK
3.   B1: @PI( )*$K$1*@SIN($A1)   (Beta)
        C1: @PI( )*$K$2*@SIN($A1)   (Alpha)
        D1: =(@SIN(B1)/(B1+0,00001))^2
        E1: =(@SIN(K$3*C1)/(@SIN(C1)+0,00001))^2
        F1: +D1*K$3^2
        G1: +D1*E1
4.   **F5** B1; **F8 F5** Bezug: G301; /BU
        (Füllen der Zellen von B1 bis G301)

Graph

5.   Markieren der A,F und G–Spalte:
        F5: A1; **F8 F5**: A301; UMSCHALTTASTE+**F8** (=Verankerung)
        F5: F1; **F8 F5**: F301; UMSCHALTTASTE+**F8**
        F5: G1; **F8 F5**: G301; UMSCHALTTASTE+**F8**
6.   / **DND** OK; **X** OK;
        / **MP** (Muster Punkt); Bild 2 wählen; OK
7.   Graph anklicken ; /TM ALT+N   OK (einfacher Liniengraph)
        Mit dem 2. Graphen verfahren Sie ebenso.

1.7   Logarithmische Skalen

Die Graphen zu den Gleichungen

$$y=2^n;\quad y=n^3;\quad y=n^2;\quad y=nlog_2n;\quad y=n \;\; und \;\; y=log_2n$$

sollen in ein gemeinsames Schaubild aufgetragen werden.

Vorbereitung

Es handelt sich bei diesem Beispiel um einen Vergleich der Effizienzen
verschiedener Sortier–Algorithmen. Die Schwierigkeit besteht darin,
große Zahlbereiche übersichtlich aufzutragen. Natürlich bietet sich hier
ein logarithmischer Maßstab an.
Die Logarithmen berechnen wir mit:

$$log_2(x)=\frac{lg(x)}{lg(2)};\quad log_2:=ld \;\;(=logarithmus\;dualis)$$

Eingaben

1.   Wir setzen in A1 den Wert 1; in A2: 2; in A3: 4; in A4: 8. In
A5 bis A10 schreiben wir 10; 20; 40; 60; 80; 100. Von A10 an
füllen wir dann alle Zellen bis A100 mit dem Füllbefehl: **/BF** :
A10..A100; *Startwert:*100; *Schrittwert:*10; *Stoppwert:*RETURN.

2.   Nun werden die Formeln eingetragen:
        B1:   **2^A1**
        C1:   **+A1^3;**   D1: **+A1^2;**   E1:   **@NV**
In E1 würde die Formel 0 ergeben. Dies kann bei logarithmi-
scher Teilung nicht verwendet werden. Also erklären wir diesen
Wert als *nicht verfügbar.*
Ebenso verfahren wir in G1. In E2 tragen wir ein:
      +A2*@LN(A2)/@LN(2)

    F1:   **+A1;** G1:   **@NV;** G2:   **+E2/A2**

3.   Die Formeln müssen jetzt alle nach A100, B100 usw. bis G100
kopiert werden (**Strg+K**).

4.   **/ G W** zur Festlegung der Wertebereiche.
         1.W.B.:   B1..B100
         2.W.B.:   C1..C100 usw. bis 6.W.B.: G1..G100
         Die X–Achsenwerte gehen von A1 bis A100
5.   **/ G** X–Achse: Einteilung: **Log** (statt normal)
         Skalierung: Manuell
         Kleinster Wert: 1
         Größter Wert :   1000
         Wertzuwachs   :   auf 0 stehen lassen
         Beschriftungsformat: F0 (0 Dezimalziffern)
         Y–Achse: Einteilung: Log
         Skalierung: Manuell
         Kleinster Wert: 1
         Größter Wert :   100000
         Wertzuwachs   :   0
         Beschriftungsformat: F0
6.   Nun zur Beschriftung des Graphen:
         / G Text:
                 1.Zeile: Aufwand von Sortieralgorithmen
                 X–Titel: Zahl der Elemente
                 Y–Titel: rel. Rechenzeit
         Die Beschriftung der einzelnen Graphen erfolgte mit der Option
         BEARBEITEN aus dem Menü GRAFIK.

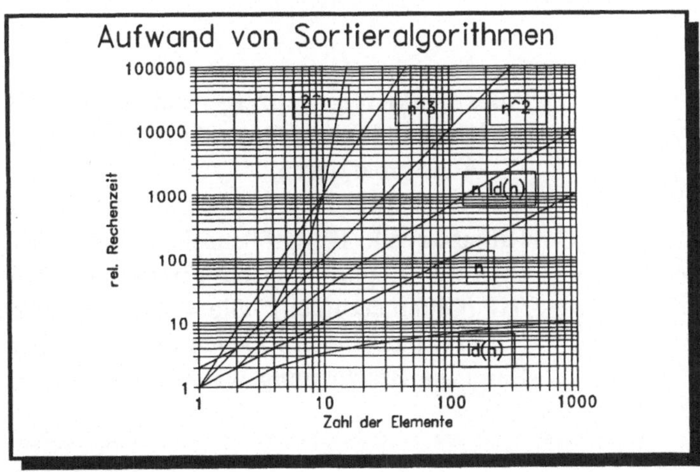

Abb.1–15

Anmerkung

Die Graphen sehen besser aus, wenn Sie eine größere Linienbreite
wählen. Sie erreichen dies mit der Eingabe: / G E L Linienart. Wählen
Sie die Stärke
E–Dick durchgezogen.

Anweisungen für EXCEL–Benutzer:

1.   A1:1; A2:2; A3:4; A4:8; A5 bis A10 mit 10, 20,40,60,80 und
        100 belegen.
        Zellzeiger auf A10; /AR ALT+S; Alt+I: 10; ALT+E: 1000
2.   B1: **+2^(A1)**; C1: **+A1^3**; D1: **+A1^2**;
        E1: **@NV( )**; E2: **+A2*@LN(A2)/@LN(2)**; F1: **+A1**
        G1: **@NV( )**; G2: **+E2/A2**
3.   Kopieren der Formeln bis Zeile 100:
        Zellzeiger auf B1; **F8 F5**   Bezug D100; **/BU**
        Zellzeiger auf E2;   Bezug E100; **/BU**
        Zellzeiger auf F1;   Bezug F100; **/BU**
        Zellzeiger auf G2;   Bezug G100; **/BU**

Graph

4.   Alles markieren: Zellzeiger auf A1 und **F8 F5**: Bezug G100.
5.   **/DND X; /MP** Bild 2; beide Achsen logarithmisch teilen:
         X–Achse markieren;
        /TE Kleinstwert: 1; Höchstwert: 1000; Hauptintervall: 10;
        Hilfsintervall: 10; Größenachse schneidet bei: 1; Kontrollkäst-
        chen für "Logarithmische Teilung" markieren.
6.   **/IG** (Gitternetzlinien): alle 4 Kästchen anklicken.
7.   **/IT** (Text zuordnen): Geben Sie zuerst den Diagrammtitel ein.
        Dann die Beschriftung der Achsen.

Aufgabe

Stellen Sie die vorigen Graphen in halblogarithmischer Darstellung für 1<= n <=10 dar. Wählen Sie eine hinreichend starke Linienbreite.

Lösung

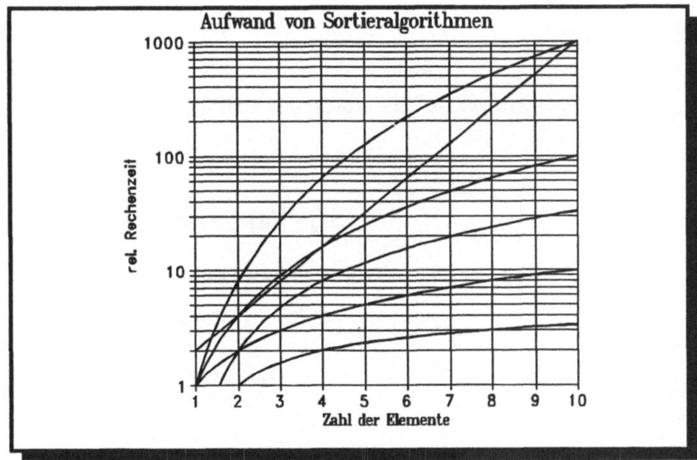

Abb.1–16

Hilfen

1. Füllen Sie die Zellen A1 bis A46 (/ **B F**)
   Startwert: 1
   Schrittwert: 0,2
   Stoppwert: RETURN
2. X–Achse automatisch einteilen lassen.
   Y–Achse manuell mit logarithmischer Einteilung;
   Größter Wert : 1000
3. / **G T**; Schriftbild: 1.Zeile: Bitstream Dutch, 24 Punkt.

1.8   Grafik für Ballon–Fahrer

Ballon–Fahrer wissen, daß der Lift, d.h. die Kraft, die den Ballon steigen läßt, sehr stark von Ta = Außentemperatur und Tb= Ballontemperatur abhängt. Es soll eine Graphik angefertigt werden, die es erlaubt, den Lift in Abhängigkeit von Außen–und Ballontemperatur zu studieren.

Vorbereitung

Die Auftriebskraft ist nach ARCHIMEDES

$$F_A = V g \rho_a = V g \rho_0 \frac{T_0}{T_a}$$

$$\rho_0 = 1,29 \frac{kg}{m^3} = \textit{Dichte der Luft}$$

$$\textit{bei } 0°C$$

(1)

T_0=273K; g=9,81m/s^2; Ta=Außentemperatur
Das Gewicht der Gasfüllung, also der Luft im Ballon–Innern, erhalten wir aus (1), indem wir Ta durch die Ballontemperatur Tb ersetzen:

$$F_{gas} = V g \rho_{gas} = V g \rho_0 \frac{T_0}{T_b} \tag{2}$$

Der Lift ist gleich der Differenz aus (1) und (2), also:

$$F_l = V g \rho_0 \left(\frac{1}{T_a} - \frac{1}{T_b} \right) \tag{3}$$

In diesem Modell berücksichtigen wir nicht, daß die Dichte mit der Höhe abnimmt.

Fl ist die Kraft, die die Ballonhülle mitsamt Brenner, Korb und Personen hochhebt.

Wir haben Fl in Abhängigkeit von Tb aufzuzeichnen. Die Temperatur der Außenluft behandeln wir als Parameter. Wir wählen Ta= 20°C; 10°C; 0°C, –10°C und –20°C.

Das Volumen eines Standardballons beträgt etwa $1600\,m^3$. (Alle Temperaturen müssen in Kelvin eingegeben werden,also 0°C entspricht 273 K). Für den Aufbau des Arbeitsblattes orientieren wir uns am letzten Beispiel.[1]

Eingaben

1.   Die A–Spalte verwenden wir für Tb (von 20°C bis 100°C). Damit das Arbeitsblatt noch einen Kopf erhalten kann, beginnen wir mit Zeile 5.

    In F2 speichern wir die Konstante $Vg\rho_0 T_0$ = 5527660 .

    A5: 20;

    B5: **+$F$2*(1/253–1/($A5+273))** ; Ta=253K. Das $–Zeichen bei A5 schützt den Inhalt von A5 (=Tb in °C) beim folgenden horizontalen Kopieren gegen Veränderung.

    Diese Formel kopieren wir zunächst nach C5, D5, E5, F5; mit der **F2**–Taste korrigieren wir den Ta–Wert:263; 273; 283; 293.

2.   In A6 tragen wir **+A5+5** ein und kopieren es bis A21.

3.   Mit dem Befehl **Strg+K** kopieren wir alle Formeln bis zur Zeile 21. (15 Punkte reichen aus)

    Quellbereich: B5.F5

    Zielbereich: B5.F21

4.   **/GDX W:**   1.W.B.: B5.B21; 2.W.B.:C5.C21 usw. bis 5.W.B.: F5. F21;

    X–Achsenwerte: A5.A21 **ESC**

    Skalierung jeweils automatisch

5.   Mit **/GT** gelangen wir ins Grafik–Menü:Text, vergl.Abb.1–17.

    Schrifttart: Monospace, fett

---

[1] HAUGLAND,O.A.: Hot–Air Ballooning. Phys.Teach. **29** (1991) 202

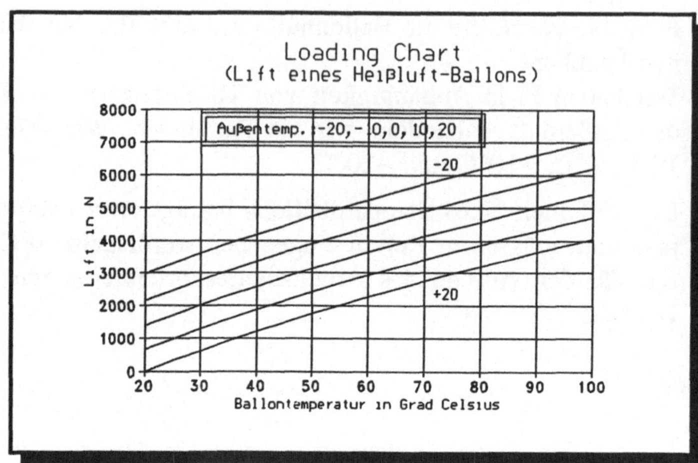

Abb.1–17

Beobachtung

Die Charakteristiken verlaufen beinahe parallel. Man erkennt außerdem, daß ein Absinken der Außentemperatur um 10°C (bei fester Ballontemperatur) den Lift um ca. 700N erhöht. Das entspricht dem Gewicht eines (durchschnittlichen) Erwachsenen.
Rechnet man mit 200kg für Brenner, Korb und Hülle, und sollen zwei 75kg-Personen befördert werden, so beträgt die Gesamtlast 3500N. Nimmt man für weiteren Balast noch 50kg an, so braucht man einen Lift von 4000N. Beträgt die Außentemperatur 10°C, so muß die Luft im Ballon eine mittlere Temperatur von 85°C zu haben.
Bei $T_a=0°C$ reichen $T_b=70°C$.
Schlußfolgerung: Nachtflüge sind billiger.

Aufgabe

Der Luftdruck fällt mit der Höhe nach folgendem Gesetz (barometrische Höhenformel):

$$p = p_0 e^{-\dfrac{\rho_0 g h}{p_0}}$$

(4)

$$mit\!:$$

$$p_0 = 101\ 325\ Pa; \quad \rho_0 = 1{,}225\ kgm^{-3}$$

Stellen Sie diese Funktion grafisch dar.

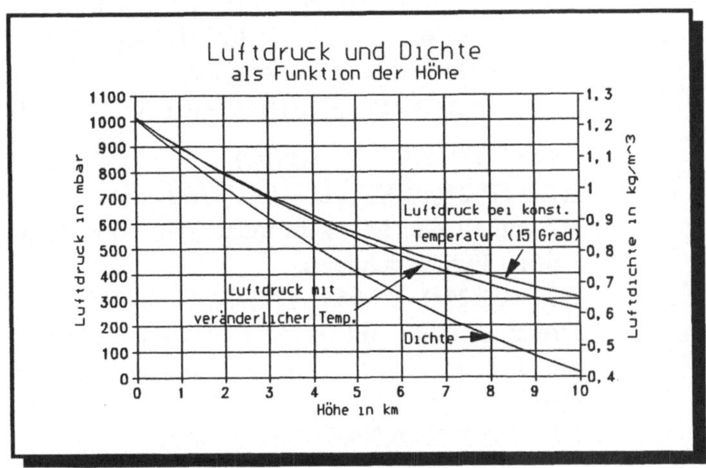

Abb.1–18

Anmerkung

Gleichung (4) gilt unter der Annahme einer konstanten Temperatur. In Wirklichkeit fällt die Temperatur der Luft bis etwa 11km linear mit etwa 6,5 Grad pro km. (Der weitere Verlauf ist recht kompliziert: von 11km bis ca. 25km bleibt sie konstant auf −55°C. Von 25km bis 45km steigt die Temperatur wieder gleichmäßig bis etwa 0°C an).

Das konstante Temperaturgefälle bis ca. 11km kann man berücksichtigen und erhält die folgenden Formeln:
Für den Druck gilt:

$$p = p_0 e^{\left(1 - \frac{0,0065h}{288}\right)^{5.256}}$$ (5)

und für die Dichte:

$$\rho = \rho_0 e^{\left(1 - \frac{0,0065h}{288}\right)^{4.256}}$$ (6)

In Abbildung 1–18 sind die Formeln (4), (5) und (6) verwendet worden.

Eingaben

1.   A7: 0 (Höhe in m); H7: 0 (Höhe in km)
2.   A8: **+A7+500**   H8: **+H7+0,5**
3.   A8 und H8 bis Zeile 27 kopieren.

G1: g(=9,81); G2: p_0(=101325); G3: ρ_0(=1,225);

G4: **+G1*G3/G2** (= $\rho_0 g / p_0$)

4.   B7: **+G\$2*@EXP(−G\$4*A7)/100**
B7 enthält den Druck in mbar, ohne die Temperaturabhängigkeit zu berücksichtigen.

5.   D7: **+G\$2*(1−0,0065*A7/288)^5,256/100**
Druck in mbar mit Temperaturabhängigkeit(in den Spalten C und E kann man den Druck in der alten Einheit TORR aufführen).

6.   F7: **+G\$3*(1−0,0065*A7/288)^4,256**

G3 enthält ρ_0(1,225 kg/m^3 bei 15°C)

7.   B7 und D7 müssen jetzt bis B27 bzw. D27 kopiert werden. Ebenso F7..F27

8.   **/GDX W:**   1.W.B.:   B7..B27
                2.W.B.:   D7..D27
                3.W.B.:   F7..F27
                X−Achsenwerte: H7..H27

9.   /GY−Achse: *Skalierung manuell.*   K.W.: 0; Gr.W.: 1100 ; W.Z.: 100.
Mit **/G E Y**−Achse wird dem 3.Wertebereich die 2.Y−Achse zugeordnet.

10.   / **G T**: beschriften Sie, wie im Bild angegeben. Schrifttyp:
        Monospace

Anweisungen für EXCEL-Benutzer:

Zu Abb.1–17

1.   F2: 5527660
        A5: 20;
        B5: **+$F$2*(1/253–1/($A5+273))**
        Zellzeiger auf B5, dann: **F8 F5** Bezug: F5, **/BR**,
        mit **F2**-Taste korrigieren wir den jeweiligen Ta-Wert.
2.   Zellzeiger auf B5;   **F8 F5** Bezug: F21 ; **/BU**
        A6: **+A5+5**; **F8 F5** Bezug: A21 ; **/BU**

Graph:

3.   Zellzeiger auf A5; **F8 F5** Bezug: F21
4.   **/DND** : X;   **/MP** : Bild 2
5.   Einen der Graphen anklicken; **/TM** ALT+N; ALT+W.
6.   X–Achse anklicken; **/TE** ; *Kleinstwert:* 20
                Hauptintervall: 10

Zu Abb.1–18
(Die Tabelle wird in den Spalten A–E aufgebaut)

1.   A7: 0; B7: 0; A8: **+A7+500**; B8: **+B7+0,5**
2.   Zellzeiger auf A8; **F8 F5** Bezug: B27; **/BU**
3.   G1: 9,81; G2: 101325; G3: 1,225
        G4: **+G1*G3/G2**
4.   C7, D7, E7: hierhin kommen von oben die Formeln aus B7,
        D7 und F7.
        (Will man die Formel aus D7 nach F7 *kopieren*, so markiert
        man D7 und ruft **/BK** auf. F7 markieren und UMSCHALTTA-
        STE+**Einfg** drücken.

Solange der blinkende Rahmen um D7 vorhanden ist (er ver-
schwindet mit Hilfe von **Esc**), kann man, falls gewünscht,
weiter kopieren).

5. Zellzeiger auf C7; **F8 F5** Bezug: E27; **/BU**

Graph

6. Zellzeiger auf B7; **F8 F5** Bezug: E27; **/BU**
7. **/DND**; X; **/M**Verbund: *Format* 3
    (Sollte das Bild nicht so erscheinen, wie Sie es sich vorstellten,
    so holen Sie sich mit **/TR** (*Ueberlagerungen*) ein Dialogfeld.
    Unter *Reihenverteilung* sollte die Zahl 3 stehen; denn die 3.
    Datenspalte enthält die Dichten. Ist das nicht der Fall, so ist
    ALT+L 3 einzugeben).
8. Mit FORMAT kann man die Achsen so teilen, wie in Abb.1–18
    gezeigt:
    Auf X–Achse klicken: **/TE**:
    Die Zahlen im Dialogfeld sollten lauten: 1; 2; 2
    Auf rechte Y–Achse klicken: **/TE** :
    Kleinstwert: 0,4
    Auf linke Y–Achse klicken: **/TE** :
    Höchstwert: 1100; *Hauptintervall:* 100

1.9 Die Zustandsgleichung von VAN DER WAALS

Die VAN DER WAALSsche Zustandsgleichung eines realen Gases soll für Isobutan (C_4H_{10}) zwischen 380K und 500K graphisch dargestellt werden.

Die Konstanten sind: $a=12,87\, dm^6 atm/mol^2$; $b=0,1142\, dm^3/mol$. Das molare Volumen soll zwischen 0,15 und 1 Liter variiert werden.

Vorbereitung

Der Zustand eines sogenannten idealen Gases wird eindeutig durch die Werte von Druck p, Temperatur T und Volumen V beschrieben. Sehr verdünnte Gase verhalten sich bei hohen Temperaturen wie ein–nicht existierendes–ideales Gas. p,V und T genügen dabei der Gleichung:

$$pV=nRT$$

$$n=Stoffmenge\ (kmol)$$
$$R=8314,4\,\frac{J}{kmolK}$$
(1)

Zur Beschreibung wirklicher Gase,z.B. Isobutan, reicht die allgemeine Gasgleichung (1) nicht aus, da sie nicht berücksichtigt, daß die Moleküle realer Gase ein Eigenvolumen haben und Kräfte aufeinander ausüben. Unter den vielen bedingt gültigen Zustandsgleichungen ist die von VAN DER WAALS (1879) besonders beliebt:

$$(p+\frac{a}{V_{mol}})(V_{mol}-b)=RT$$
(2)

Die Konstante b trägt dem Eigenvolumen Rechnung, in a steckt die Anziehungskraft zwischen den Molekülen.
Für jedes reale Gas hat man diese Konstanten experimentell zu bestimmen.

In der Abbildung 1–19 ist auf der 407,2K–Isothermen der sogenannte
kritische Punkt markiert. Seine Koordinaten kann man experimentell
ermitteln. Anschließend lassen sich mit Hilfe der folgenden Beziehun-
gen die Werte von a und b berechnen.

$$V_c = 3b; \quad p_c = \frac{a}{27b^2}; \quad T_c = \frac{8a}{27bR} \tag{3}$$

Setzt man umgekehrt die a,b–Werte in (3) ein, so folgen Tc=407,2K
=134,2°C; Pc=36,55atm=37,025bar und Vc=0,3426l/mol.

Eingaben

1.   Die Konstante R=0,0820575 latm/mol/K wird in G1 gespeichert. a in G2 und b in G3.
2.   Die Temperaturen tragen wir in Zeile 7 ein:
   B7: 380; C7: 390; D7: 407,2; E7: 420; F7:450; G7: 500
3.   In A8 bis A42 stehen die molaren Volumina:
   A8: 0,15; A9: **+A8+0,025**. Mit **Strg+K** von A9 bis A42 kopieren: *Quellbereich*: A9; *Zielbereich*: A9..A42.
4.   Gleichung (2) braucht nur einmal geschrieben zu werden. Sie
   wird folgendermaßen in B8 eingetragen:
   B8: **+$G$1*B$7/($A8–$G$3)–$G$2/($A8*$A8)**
5.   Die führenden $–Zeichen schützen vor Veränderung beim Ko-
   pieren in horizontaler Richtung. Es ist nötig, diese $–Zeichen
   zu setzen, denn der Prototyp aller Formeln wird aus B8 in alle
   Zellen des Blocks B8..G42 kopiert.

   Strg+K Q.B.: B8; Z.B.: B8..G42

6.   **/GDX**
   /GW: 1.W.B.: B8..B42
             2.W.B.: C8..C42

             ....
             6.W.B.: G8..G42
             X–Achsenwerte: A8..A42
   /GE L&S M Format: beide

```
/GT  X-Titel: Volumen/l
     Y-Titel: Druck/bar
        Legenden:       1.W.B.:  380 K
                        2.W.B.:  390 K  usw. bis
                        6.W.B.:  500 K
                        Position: rechts
```

Die Bemerkungen in der Zeichnung wurden wieder mit /GBe-
arbeiten gestaltet.

```
/G  X-Achse: Skalierung Manuell
        Kleinster Wert      : 0,1
        Größter Wert        : 1
        Wertzuwachs         : 0,1
    Y-Achse: Skalierung Manuell
        Kleinster Wert      : 20
        Größter Wert        : 50
        Wertzuwachs         : 5
7.      F10
```

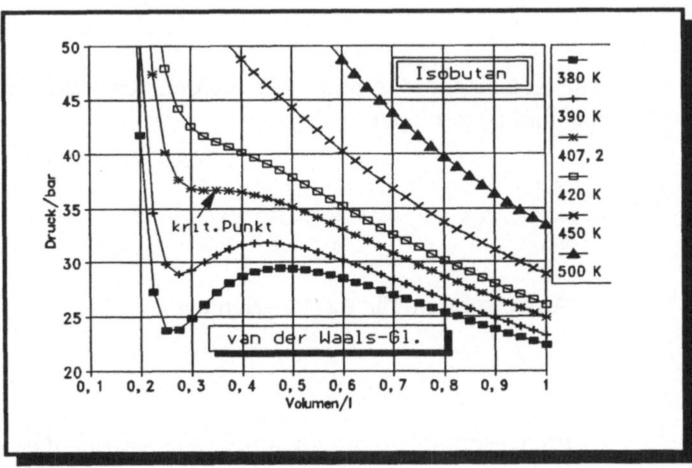

Abb.1-19

Aufgabe   Ab T=450K scheinen die Graphen der VAN DER WAALS–Gleichung in Hyperbeln überzugehen.
Untersuchen Sie dies, indem Sie Gleichung (2) zusammen mit Gleichung (1) auftragen.

Lösung

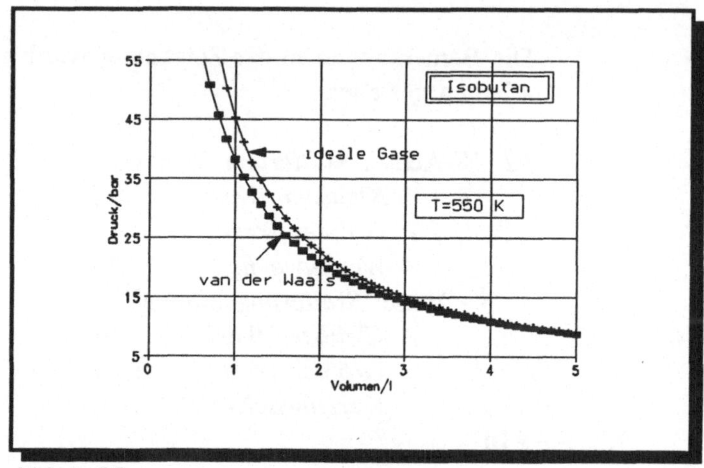

Abb.1–20

Offenbar gehen die Graphen der beiden Gleichungen bei niedrigen Drucken ineinander über.

Anweisungen für EXCEL–Benutzer:

Im wesentlichen bleibt alles, wie vorhin dargestellt. Ich gehe nur auf die wichtigsten Abweichungen zu QUATTRO PRO ein.

1.   A8: 0,15; A8: /**AR** ; ALT+S; ALT+I: 0,025; ALT+E: 1,0
      (oder : A9: **+A8+0,025**; **F8 F5** Bezug: A42; /**BU**)
2.   B8: **+$G$1*B$7/(.....)**,vergl. oben Punkt 4
3.   Zellzeiger auf B8; **F8 F5** Bezug: G42; /**BU**

Graph

4.   Zellzeiger auf A7; **F8 F5** Bezug: G42
5.   /**DND**; X; /**MP** : Format 2;
6.   Mit FORMAT.. werden jetzt die Achsen geteilt.
      Y–Achse anklicken; /**TE** : *Kleinstwert:* 20
      Höchstwert: 50; *Hauptintervall:* 5
      X–Achse anklicken; /**TE** : KW: 0,1; HW: 1,0 HI: 0,1
      Um den Graphen verschiedene Symbole zuzuweisen, hat man
      sie anzuklicken und /**TM** aufzurufen. Der Punkt *Benutzerdefi-*
      niert führt Sie zu den Symbolen.
7.   Legende einfügen: /**IL** (die Temperaturen werden aus Zeile 7
      übernommen).
      Mit /**FL** läßt sich die Legende geeignet plazieren (Legende muß
      markiert sein!).

1.10 Gasgesetze in 3D–Darstellung

An dieser Stelle wollen wir die 3D–Fähigkeiten der Tabellenkalkulations–Programme kennenlernen.
Wir nehmen wieder das vorige Beispiel der idealen Gase auf, vergl. Beispiel 1.9.
Zuerst zeichnen wir eine Schar von 5 Isothermen für die Temperaturen 100K, 200K,.., 500K. Hier können wir sofort mit der Eingabe beginnen:

Eingabe

1. In G1 speichern wir 0,08206 (=Gaskonst.), in G2 steht T0 (=100) und in G3: DeltaT (=50).

2. B7: **+G\$2**; C7: **+\$G\$3+B7** (mit dem führenden \$–Zeichen verhindern wir, daß sich die Zellbezeichnung beim horizontalen Kopieren verändert).
   Wenn wir C7 mit **Strg+K** bis K7 kopieren,**Strg+K** Q.B.: C7; Z.B.: C7..K7, so haben wir in der 7. Zeile Temperaturwerte zwischen 100K und 550K. (Temp.Differenz: 50K; wir werden nur eine Auswahl zeichnen).

3. Die Volumina sollen sich in der A–Spalte befinden. A8: 1
   A9: **+A8+0,2** ; bis A33 kopieren: **Strg+K** Q.B. A9;   Z.B.: A9..A33

4. Das Feld zwischen den Temperaturwerten und den Volumenwerten wird mit den Druckwerten ausgefüllt. Dazu haben wir nur eine einzige Formel in B8 einzutragen, die wir anschließend kopieren.
   B8: **+\$G\$1*B\$7/\$A8**
   Strg+K   Q.B. B8 ;   Z.B. B8..K33

5. /GW   1.W.B.:   B8..B33
          2.W.B.:   D8..D33
          3.W.B.:   F8..F33
          4.W.B.:   H8..H33
          5.W.B.:   J8..J33
          X–Achsenwerte: A8..A33

/GX	*Skalierung: Manuell,*
	Kleinster Wert: 1
	Größter Wert: 6, *Wertzuwachs*: 1
/GY	Automatisch
/GE	Linien & Symbole, Format: von 1 bis 5 *beide* wählen
/GT	X-Titel: Volumen in Liter
	Y-Titel: Druck in atm
	Legenden: 1.W.B.: 100K
	....
	5.W.B.: 500K
	Position: rechts

6.　　**F10**

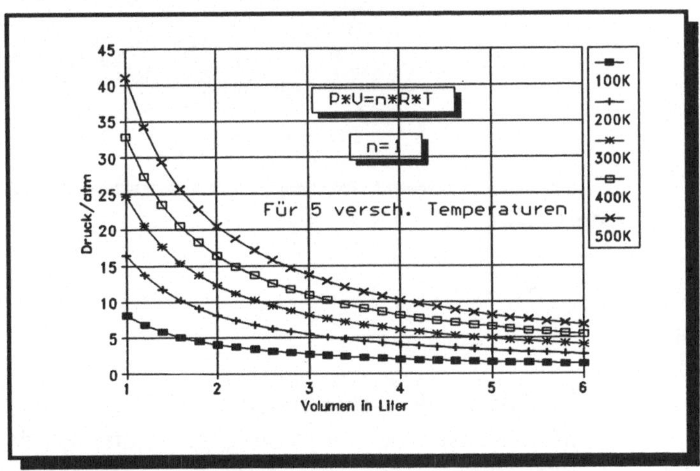

Abb.1-21

Jetzt kommt die **3D-Darstellung** dieser Werte.

Man schaltet QUATTRO PRO mit /GD 3D-Grafiken, Balken in den räumlichen Modus zum Zeichnen von maximal 6 Balkenreihen (für jeden Wertebereich eine Balkenreihe). Die Beschränkung auf nur 6 Reihen für die 3. Dimension ist lästig; andere Spreadsheet-Programme (vergl. EXCEL, WINGZ usw.) lassen fast beliebige Tiefen für die 3. Dimension zu.

Abbildung 1-22 zeigt, was QUATTRO PRO im **3D**-Modus leisten kann.

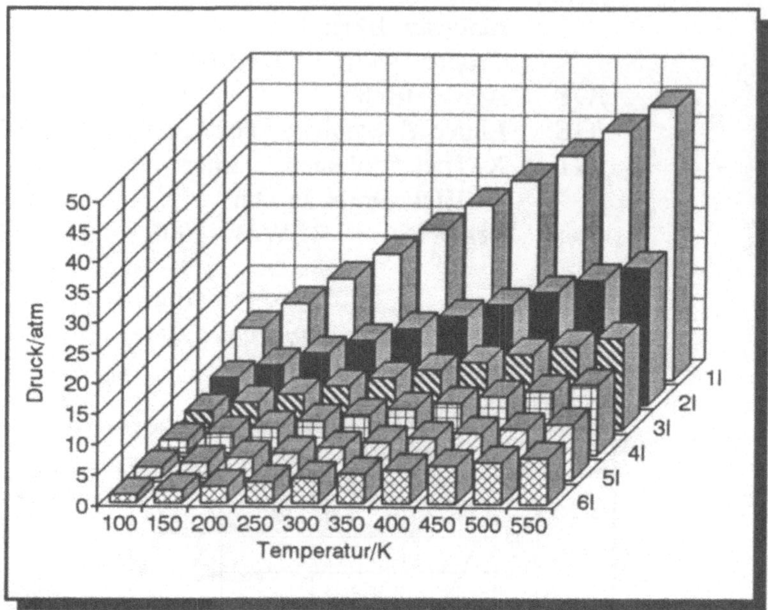

Abb.1–22

Eingabe

1. Nachdem, wie vorhin erwähnt, mit **/GD 3D–Grafik: Balken** auf dreidimensionale Darstellung geschaltet wurde, stellt man die Skalierung beider Achsen auf *automatisch*.

2. Wählen Sie mit **/GL 3D** *Ja* aus.

3. **/GT** Legenden:

1.W.B.:	1l
2.W.B.:	2l
....	
6.W.B.:	6l **Esc Esc**

4. **/GW**

1.W.B.:	B8..K8
2.W.B.:	B13..K13
3.W.B.:	B18..K18
....	
6.W.B.:	B33..K33
X–Achsenwerte:	B7..K7

5. Entfernen Sie noch mit **/GT** die alten Beschriftungen

6. **F10**

Anweisungen für EXCEL–Benutzer:

1. G1: 0,08206; G2: 100; G3: 50
2. B7: **+G$2**; C7: **+$G$3+B7**
3. Zellzeiger auf C7; **F8 F5** Bezug: K7 OK; **/BR**
4. **F5** A8: 1 ; A9: **+A8+0,2**; **F8 F5:** A53 (um bis zu 10 Liter zu gehen) **/BU**
5. **F5** B8: **+$G$1*B$7/$A8**; **F8 F5** Bezug: K8 OK; **/BR**
    Zellzeiger auf B8; **F8 F5** Bezug: K53 OK; **/BU**

Graph: (Nur die Isothermen zu 100K, 200K, 300K, 400K und 500K werden gezeichnet)

6. Zuerst markieren wir die Spalten A und B (am besten mit Maus oder mit **F8 F5**) von A7 bis B53. Also: **F5** nach A7, **F8 F5** :B53. Nach dem Markieren mit UMSCHALTTASTE+**F8** in den Hinzufügemodus schalten (ADD rechts unten in der Statuszeile!). Mit **F5** nach D7 springen. Von D7 bis D53 markieren, **F8 F5** :D53, wieder UMSCHALTTASTE+**F8** drücken, damit die bisherige Markierung erhalten bleibt. Mit **F5** nach F7 springen, bis F53 markieren, **F8 F5** : F53, UMSCHALTTASTE+**F8** drücken, usw. *bis zur 500K–Spalte*.

7. **/DND**; X (die X–Abfrage erscheint nur, wenn in A7 irgendwas steht, z.B. V); **/MP** Format 2

8. X–Achse anklicken; **/TE** : *Kleinstwert*: 1; *Höchstwert*: 6
    /I Legende einfügen.

Nun zur **3D–Darstellung**

9. Schließen Sie das Diagramm, und kehren Sie zur Tabelle zurück. Sie erstellen jetzt ein Arbeitsblatt von A7 bis K18 in Schritten von 1:
    A8: 1; A9: **+A8+1**; **F8 F5** Bezug:A18; **/BU** (Den Rest der Tabelle ab Zeile 19 brauchen Sie nicht mehr).

10. Zellzeiger auf A7: **F8 F5** Bezug: K18

11.   **/DND**; X; **/M 3D**–Säulen   Format 6, schalten Sie dann auf *Vollbild*. Das Volumen wird hier auf der X–Achse dargestellt. Die Y–Achse zeigt die Temperatur.
(**/T 3D**–Ansicht: treffen Sie Ihre Auswahl, z.B. Betrachtungshöhe: 40; Drehung: 40. Man kann auch die Achsen anklicken und mit **/TE** neu einteilen. Mit **/IL** kann eine Legende eingefügt werden, usw.)
(Will man den Graphen *ausdrucken*, so sollte man die Muster in den Säulen entfernen: **/TM** . Mit Hilfe des Dialogfeldes stellt man Vorder–und Hintergrund auf *weiß*.) Mit **/IT** kann man die Achsen beschriften. Die Vorgabe z,y,x muß man gegebenenfalls überschreiben z.B. mit P,T,V. Korrektur (auch löschen) mit **F2**.

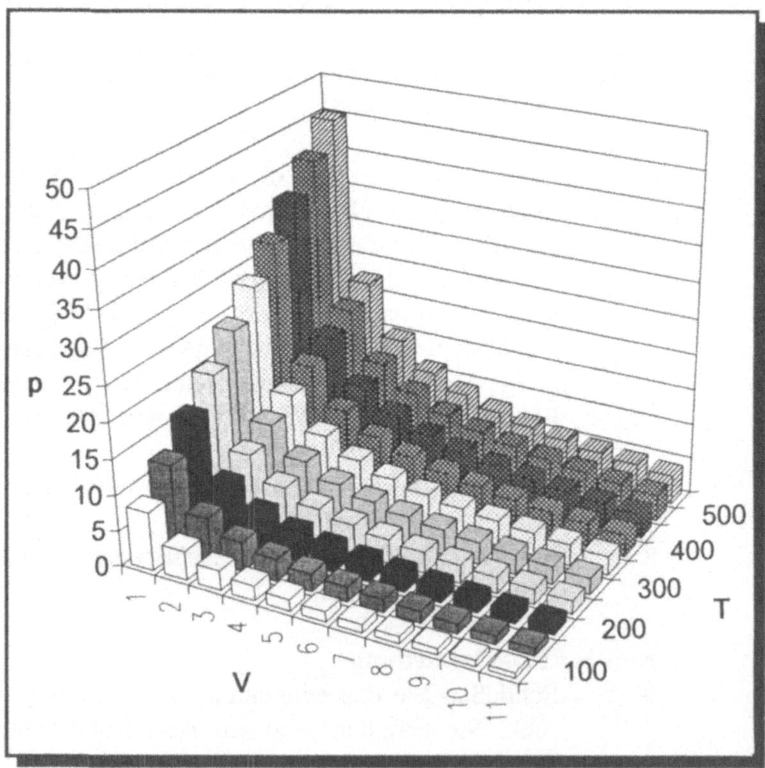

Abb.1–23

2 Kreise, Ellipsen und Teilchenbahnen

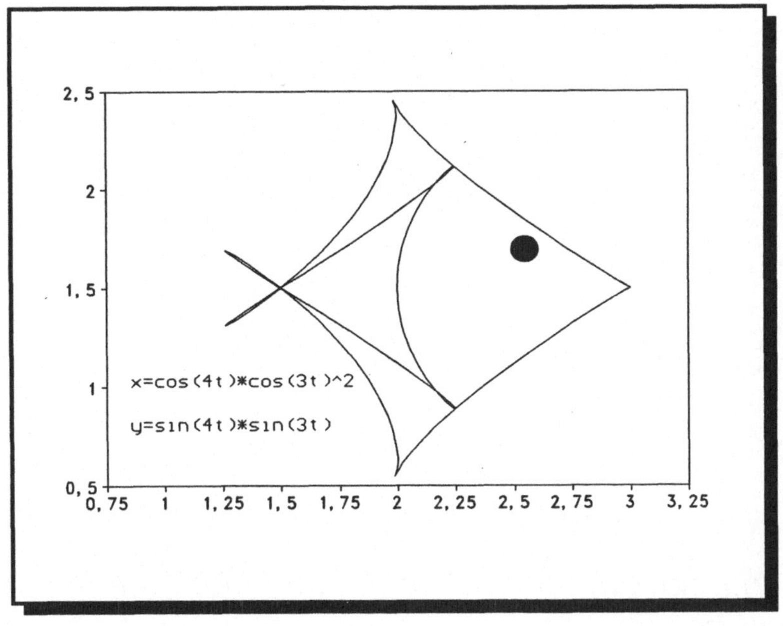

2.0 Einleitung

Zweifellos zählt die grafische Darstellung funktionaler Zusammenhänge zu den Grundaufgaben des Naturwissenschaftlers.

Die Darstellung *geschlossener* Bahnen verlangt wieder einige neue Techniken, die im folgenden Kapitel erläutert werden sollen. Bereits das Zeichnen einer einfachen Kreisbahn mit Hilfe eines Tabellenkalkulationsprogramms verlangt genaue Vorüberlegungen. Aus diesem Grunde werden auch reichlich Hilfen zu den Eingaben gegeben.

Das Studium der LISSAJOUS–Figuren ist besonders lohnend und reizvoll. Die Trajektorien geladener Teilchen in elektromagnetischen Feldern verlangen Techniken der dreidimensionalen Darstellung.
Einmal im Besitz dieses Werkzeugs, kann man sich auch an die Darstellung anderer dreidimensionaler Objekte wagen, z.B. das perspektivische Bild einer elektromagnetischen Welle.

Auch der reinste Naturwissenschaftler wird bei diesen Programmen versucht sein, in den Bereich der Computerkunst vorzudringen, um vielleicht Fische und Blumen zu gestalten, –aber natürlich alles mit Hilfe funktionaler Zusammenhänge!

2.1   Wie viele Kreise dürfen es sein?

Die Graphen dieses Kapitels haben die Eigenschaft, von einer Par-
allelen zur y–Achse in mehr als einem Punkt geschnitten zu werden.
(Man spricht auch von Relationsgraphen).
Hierhin gehören demnach Kreise, Ellipsen,... kurz: alle in sich
geschlossenen Kurven. Aber auch alle Sorten von Spiralen gehören in
dieses Kapitel.
Als erstes Beispiel für einen Relationsgraphen wollen wir einen *Kreis*
zeichnen.

Vorbereitung

Wir können zunächst versuchen, mit $y=\sqrt{r^2-x^2}$ den oberen Teil eines

Kreises zu zeichnen. Verwenden wir dann $y=-\sqrt{r^2-x^2}$, so erhalten wir
den unteren Halbkreis. Ein Nachteil dieser Methode liegt darin, daß wir
keinen ganzen Kreis mit einheitlicher Farbe erhalten (ist das schwer-
wiegend?): der obere Teil ist z.B. rot, der untere grün.
(Wollen Sie es ausprobieren, so füllen Sie A1..A101 mit dem *Startwert*
–1, mit dem *Schrittwert*: 2/100 und dem *Stoppwert*: RETURN.
In B1 schreiben Sie **@Wurzel(1–A1ˆ2)**. Kopieren sie dies von B1 nach
B1 bis B101. Die Funktionswerte des unteren Einheitshalbkreises speichern Sie in C1..C101. Wenn Sie sich dann das Werk anschauen, werden Sie eine *Ellipse* erblicken. Um die Verzerrung zu mildern, sollten
Sie die X–Achse manuell einteilen. *Kleinster Wert*: –1,5, *Größter Wert*:
+1,5, *Wertzuwachs*: 0,5. Vergl. Abb.2–1.

Das "Farbproblem" ist jedoch leicht zu beheben, wenn wir *nur eine
Spalte* zum Speichern der y–Werte verwenden. Geben Sie **@Wurzel(1–
A1ˆ2)** in die Zelle B1 und **–@Wurzel(1–A1ˆ2)** in B102.
Anschließend kopieren Sie die Formeln mit Hilfe von **Strg+K**: von B1
bis B1..B101 und **Strg+K**: B102 bis B102 ..B203. Allerdings müssen
Sie den X–Bereich einmal von A1 bis A101 füllen und dann noch
einmal von A102 bis A203.   Der *1.Wertebereich* läuft von B1 bis
B203, die *X–Achsenwerte* von A1 bis A203.

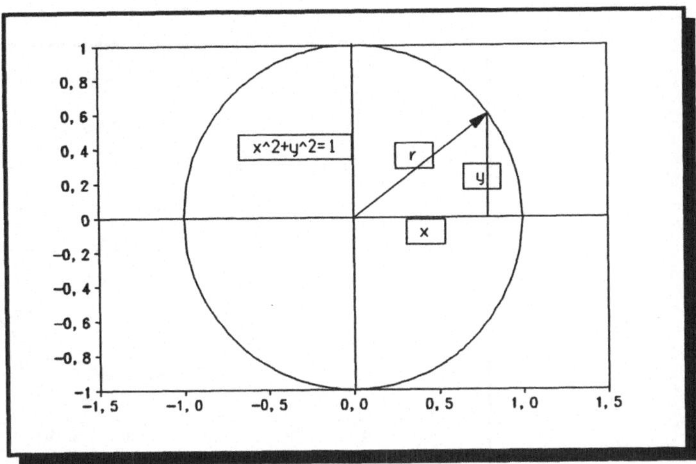

Abb.2-1

Um die Verzerrung klein zu halten, teilen wir die X-Achse wieder manuell ein: von -1,5 bis 1,5. *Wertzuwachs*: 0,5. Im *Beschriftungsformat* wählen wir: *fest*, 1 Dezimalstelle.

Aufgabe 1   Wählen Sie:

$$x = r\ \cos(t)$$
$$y = r\ \sin(t)$$
$$mit\ 0 \le t < 2\pi$$

Mit Hilfe dieser **Parameterform** für einen Kreis soll die folgende Abbildung 2-2 erstellt werden.

Fast immer ist es zweckmäßiger, den funktionalen Zusammenhang, der zwischen x und y besteht, mit Hilfe einer neuen Variablen **t** zu beschreiben. In praktischen Anwendungen bedeutet diese Hilfsvariable oft die Zeit (tempus), weswegen sie meist mit t abgekürzt wird.

Die beiden Gleichungen $x = r\ \cos(t)$ und $y = r\ \sin(t)$ beschreiben einen Kreis mit dem Radius r. Der Parameter t ist jetzt der **Winkel** im Bogenmaß.

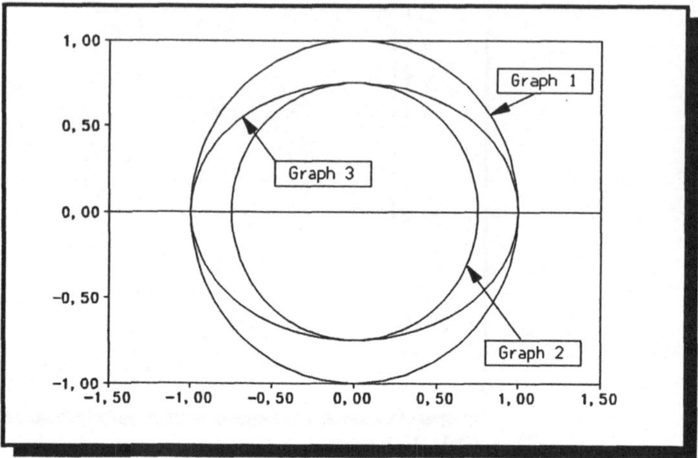

Abb.2-2

**Hilfen zur
Eingabe**

Zur Darstellung des Vollkreises muß t von 0 bis 2π laufen.
Die beiden Kreise entstanden dadurch, daß r=1 mit 0,75 multipliziert
wurde. Bei der Ellipse wurden nur die y-Werte mit 0,75 multipliziert.
Man schreibt die t-Werte in die Zellen von A1 bis A101 (wir wählen
100 Punkte mit der Schrittweite $2\pi/100$).
Die X-Werte von Graph 1 tragen wir in B1 bis B101 ein, die X-Werte
von Graph 2 kommen ebenfalls in die B-Spalte, und zwar von B103
bis B203. Die beiden X-Werte-Mengen separieren wir durch die Funktion @NV (nicht verfügbar). Die Y-Werte zu Graph 1 notieren wir in
C1..C101; in C102 steht ebenfalls ein @NV.
Die Y-Werte von Graph 2 kommen dann in die Zellen von C103 bis
C203. Beide Graphen werden in derselben Farbe gezeichnet; sie haben
den Y-Wertebereich C1 bis C203 und den X-Wertebereich B1 bis
B203. Beachten Sie, daß für die Parameterwerte (A1..A101) keine
zweifache Spalte angelegt werden muß (die t-Werte werden ja nicht
gezeichnet!).

Schließlich tragen wir die Y–Werte von Graph 3 in eine neue Spalte ein: D1..D101. Sie verwenden die X–Werte in B1..B101. Es muß ein 2.Wertebereich definiert werden: D1..D101. Wir erhalten eine grüne Ellipse (die Kreise sind bei unserer Einstellung rot).

Jetzt nochmals alles rezeptartig und übersichtlich:

Eingabe

1.   **/ B F**   A1..A101
   Startwert: 0
   Schrittwert: **2*@pi/100**
   Stoppwert: RETURN
2.   In E1 den Text **Radius=** schreiben; in F1 den Wert 1 eintragen. mit / **B N** die Namengebung aufrufen. *Block benennen* anklicken und den Blocknamen r eingeben. Da der Wert von r in F1 steht, wird *Block angeben*: mit F1.F1 beantwortet.
3.   Nun den Zellzeiger auf B1 stellen.
   Eingabe: **$r*cos(A1)** .
   (QUATTRO PRO setzt dies um in **+$F$1*@COS(A1)**).
4.   **Strg+K** drücken und die Formel von B1 nach B1..B101 kopieren; dann **@NV** in B102 eintragen (mit **F5** : B102).
5.   In B103 die Formel **0,75*$r*@cos(A1)** eintragen und dann mit **Strg+K** von B103 nach B103..B203 kopieren.
6.   Zellzeiger auf C1. Die Formel **$r*@sin(A1)** eintragen und von C1 nach C1..C101 kopieren.
   In C102 notieren wir **@NV**.
   In C103 ist die Formel **0,75*$r*@sin(A1)** einzutragen und bis C203 zu kopieren.
7.   Tragen Sie **0,75*$r*@sin(A1)** in D1 ein, und kopieren Sie es bis D101.
8.   **/ G D X**
   Mit / **G W** die Wertebereiche aufrufen:
           1.W.B.:   C1..C203
           2.W.B.:   D1..D101
           X–Achsenwerte: B1..B203
9.   / **G X–Achse** sollte manuell skaliert werden.
   Kleinster Wert: –1,5; *Größter Wert*: 1,5; *Wertzuwachs*: 0,5.

Im *Beschriftungsformat* wurde *fest mit 2 Dezimalstellen* gewählt (= Voreinstellung von QUATTRO PRO). Auch die Skalierung der Y–Achse erfolgte manuell. *Kleinster Wert:*–1; *Größter Wert*: 1; *Wertzuwachs*: 0,5

10.   Mit / **G B** läßt sich *Bearbeiten* aufrufen.
Im Grafikeditor können Sie die Bezeichnungen der Graphen eintragen (Graph 1, Graph 2, Graph 3); *Schrifttyp: Monospace, 20 Punkt*

11.   Schauen Sie sich mit **F10** die Abbildung 2–2 an!

Aufgabe 2

Ziehen Sie auf dem Bildschirm ein Koordinatensystem auf mit 0<x<140 und 0<y<100.
Zeichnen Sie um die Punkte A(50;50); B(40;30); C(115;70) und D(120;30) jeweils einen Kreis mit dem Radius r= 40 für A; r=15 für B; r=25 für C und r=5 für D.

Hilfen

Die Parametergleichungen für verschobene Kreise erhält man einfach dadurch, daß man zu x=rcos(t) die x–Koordinate des Mittelpunktes addiert. Entsprechend verfährt man mit den y–Werten. Demnach wird der 2.Kreis um den Punkt B(40;30) durch die Gleichungen **x=15cos(t) +40; y=15sin(t)+30** beschrieben. Entsprechend verfährt man mit den anderen Kreisen.
Die **x–Werte** speichert man in der B–Spalte:
X–Werte des Kreises K1 von B1 bis B101; die von K2 in B103 bis B203 (in B102 steht @NV), usw.
Die **y–Werte** speichert man in der C–Spalte:
Y–Werte des Kreises K1 von C1 bis C101; die von K2 in C103 bis C203 (in C102 steht @NV), usw.

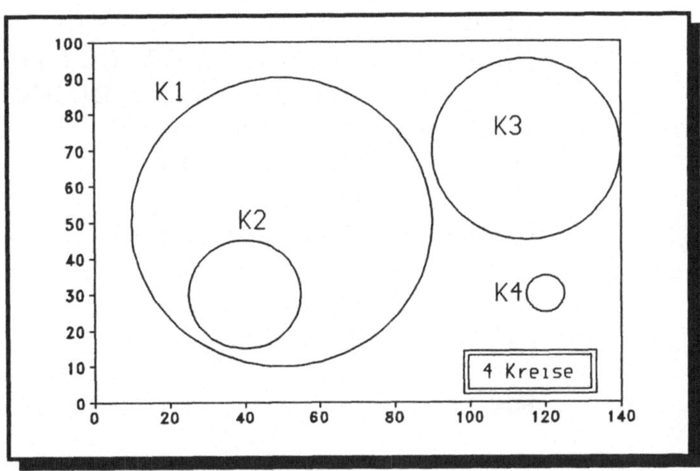

Abb.2–3

Eingaben:

1.   / **B F**   A1..A101; *Startwert*: 0; *Schrittwert*: **2*pi/100**; *Stopp–*
      wert: RETURN

2.   In B1 die Formel **40*@cos(A1)+50** eintragen und bis B101
      kopieren (**Strg+K**). In B102 @NV einsetzen.
      Die Formel **15*@cos(A1)+40** kommt nach B103. Bis B203
      kopieren.
      In B204 @NV eintragen; in B205 die Formel **25*@cos(A1)**
      +115 übernehmen und bis B305 kopieren. Nachdem in B306
      @NV eingesetzt wurde,ist in B307 **5*@cos(A1)+120** zu schrei–
      ben und bis B407 zu kopieren.
      Damit sind die X–Werte in Spalte B von B1 bis B407 unterge–
      bracht. Mit den Y–Werten ist jetzt entsprechend zu verfahren.

3.   In C1:   **40*@sin(A1)+50**;kopieren bis C101.
      In C103: **15*@sin(A1)+30**;kopieren bis C203.
      In C205: **25*@sin(A1)+70**;kopieren bis C305.
      In C307:   **5*@sin(A1)+30**;kopieren bis C407.

4.   **/ G D X**
          / G W :   *1.Wertebereich*: C1..C407
                               X–Achsenwerte : B1..B407
          / G X–Achse: *Skalierung*: *manuell*
                       Größter Wert: 140;
                       Wertzuwachs : 20;
          / G Y–Achse: *Skalierung*: *manuell*
                       Größter Wert: 100;
                       Wertzuwachs : 10;
5.   **/ G** Layout: *Rasterlinien: Entfernen*

6.   **F10**

2.2 Was ist eine Astroide?

Die Astroide mit der Gleichung $x^{\frac{2}{3}}+y^{\frac{2}{3}}=1$ ist die Einhüllende (Enveloppe) der Ellipsenschar $\dfrac{x^2}{a^2}+\dfrac{y^2}{(1-a)^2}=1$.

Stellen Sie die Ellipsenschar für a=0,25; 0,50 und 0,75 zusammen mit ihrer Hüllkurve graphisch dar.

Vorbereitung

Zunächst löst man die Gleichungen jeweils nach y auf:

$$y=\pm(1-a)(1-\frac{x^2}{a^2})^{\frac{1}{2}} \quad und \quad y=\pm(1-x^{\frac{2}{3}})^{\frac{3}{2}}$$

Diese Formeln gibt man wie folgt ein:

(1–a)*@WURZEL(1–A1^2/a^2)   und
(1–@ABS(A1)^(2/3))^(3/2)

Die x–Werte speichern wir in A1 bis A201 und nochmals in A203 bis A403. In A202 haben wir den Separator @NV.
Die y–Werte der ersten **Ellipse** (a=0,25) speichern wir in B1 bis B201, die zugehörigen negativen Werte in B203 bis B403. Entsprechend verfahren wir mit den Ellipsen für a=0,5 und a=0,75.
Die positiven y–Werte der **Astroide** kommen in E1 bis E201 und die negativen in E203 bis E403.

Eingaben

1.   **/ B F**: A1..A201; *Startwert*: –1; *Schrittwert*: 0,01; RETURN
   F5 A202;   @NV in A202 (mit **F5** springen Sie in beliebige Zellen); Zellzeiger auf A203
   Strg+K: Q.B.: A1..A201; Z.B.: A203..A403;   **F5** B1;
2.   Eingabe:**(1–0,25)*@Wurzel(1–$A1^2/0,25^2)**
   Diese Formel auch nach C1 und D1 kopieren, da sie dort noch gebraucht wird –allerdings mit 0,5 in C1 und 0,75 in D1.

(**Strg+K**: Q.B.: B1; Z.B.: C1; **Strg+K**: Q.B.: B1; Z.B. D1)
Das $-Zeichen vor A1 schützt A1 beim horizontalen Kopieren.
Strg+K: Q.B.: B1; Z.B.: B1..B201; **F5** B203
Strg+K: Q.B.: B1; Z.B.: B203; mit **F2** Minuszeichen setzen.
Strg+K: Q.B.: B203; Z.B.: B203..B403; **F5** C1
(Die FEHLER-Anzeigen brauchen nicht beachtet zu werden.)

3.   In C1 0,25 durch 0,5 ersetzen.
Strg+K: Q.B.: C1; Z.B.: C1..C201; **F5** C203
Strg+K: Q.B.: C1; Z.B.: C203; mit **F2** Minuszeichen setzen.
Strg+K: Q.B.: C203; Z.B.: C203..C403; **F5** D1
In D1 0,25 durch 0,75 ersetzen. Weiter wie vorhin, lediglich D
statt C.

4.   Jetzt kommt die **Astroide** an die Reihe: **F5** E1
Eingabe in E1: **(1−@ABS(A1)^(2/3))^(3/2)**
Strg+K: Q.B.: E1; Z.B.: E1..E201; **F5** E203, usw. wie in 3.,
nur E anstatt C.

5.   **/ G D X**   **/GW**
         1.W.B.:   B1..B403
         2.W.B.:   C1..C403
         3.W.B.:   D1..D403
         4.W.B.:   E1..E403
         X−Achsenwerte: A1..A403;   **F10**

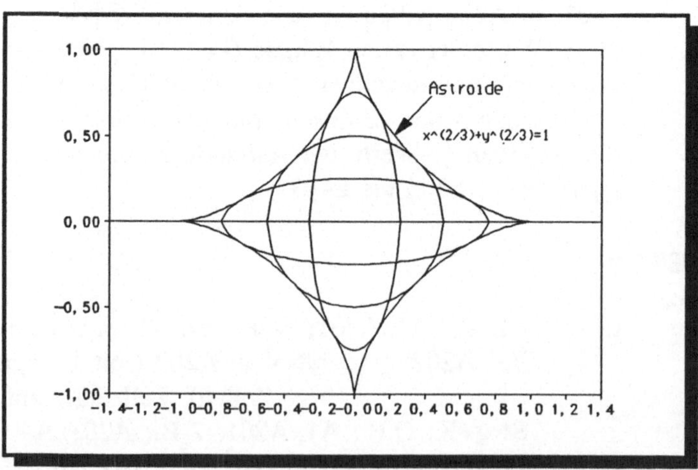

Abb.2−4

2.3 Die Figuren von LISSAJOUS

Besonders interessante Figuren erzeugt man mit den beiden Gleichungen

$$x = a \, \sin(\omega_1 t)$$
$$y = b \, \sin(\omega_2 t + \beta) \tag{1}$$

Mit diesen Formeln erhält man LISSAJOUS–Figuren (oder BOWDITCH–Kurven).

Diese Kurven lassen sich auf einem Oszillographen erzeugen, indem man die x–Schwingung an die Horizontalablenkung und die y–Schwingung an die Vertikalablenkung legt.

Man wird dabei beobachten, daß sich nur dann geschlossene Kurven ergeben, wenn die Frequenzen in einem rationalen Verhältnis stehen, d.h. wenn gilt

$$\omega_1 : \omega_2 = n_1 : n_2 \tag{2}$$

Die Zahlen n1, n2 müssen ganz und teilerfremd sein.

Für die Abbildung 2–5 wurden folgende Parameter gewählt: a=b=9; $\omega_1 = 200 * \pi$; $\omega_2 = \omega_1 / 2$; $\beta = \pi$

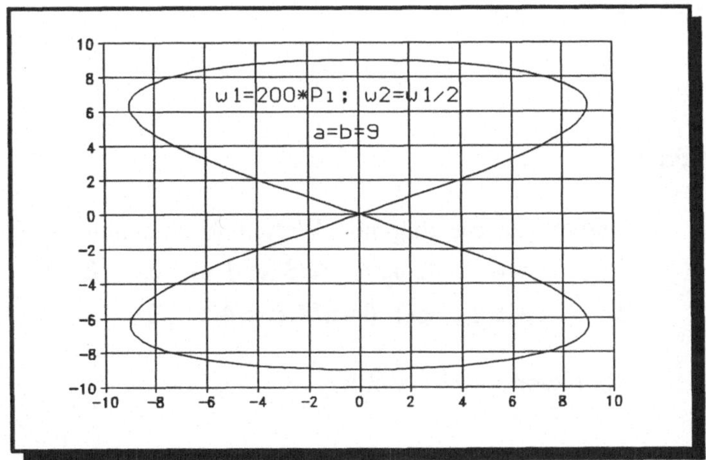

Abb.2–5

Eingabe

1. Die beiden Amplituden stehen in F1 und F2.

   ω_1 in F3, ω_2 in F4.

   β kommt nach F5.

2. Das Zeitinkrement h=0,0001 speichern wir in F6. Da wir 300 Punkte verwenden, geht t von 0 bis 0,03.

3. In Zeile 10 beginnen wir mit den Rechnungen:

         A10: 0

         B10: +F$1*@SIN(F$3*A10)   (x=a*sin(w1*t))

         C10: +F$2*@SIN(F$4*A10+F$5)   (y=b*sin(w2*t+ß))

         A11: +A10+F$6   (t=t+h)

4. Alles bis Zeile 310 kopieren.

   Strg+K: *Quellbereich*: A11

                    Zielbereich: A11..A310

   Strg+K: *Quellbereich*: B10..C10

                    Zielbereich: B10..C310

5. **/ G D X:**   (XY–Diagramm)

   W: 1.W.B.: C10..C310

                    X–Achsenwerte: B10..B310

   E: Linien & Symbole, *Format, Grafik*: Linien.

   X: *automatisch*

   Y: *automatisch*

6. **F10**

Aufgabe

Verwenden Sie folgende Werte,und zeichnen Sie die Graphen:

1.   a=6, b=4, $\omega_2{:}\omega_1$=2:3 und ω_1=3 ; β=0

2.   wie 1., aber β=$\pi/8$; $\pi/4$; $\pi/2$

Man kann h=0,05 wählen.

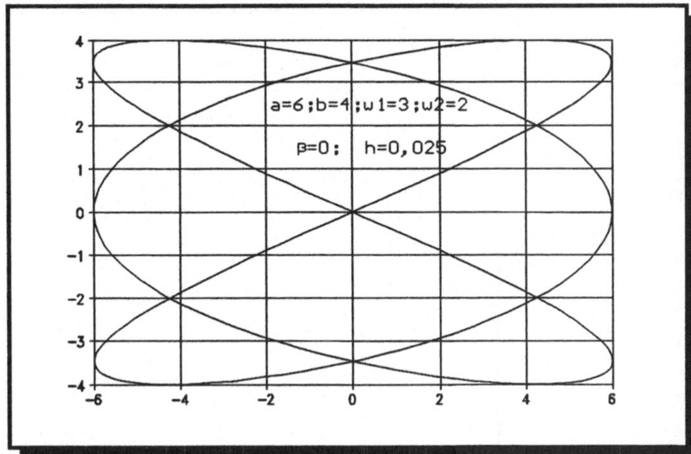

Abb.2-6

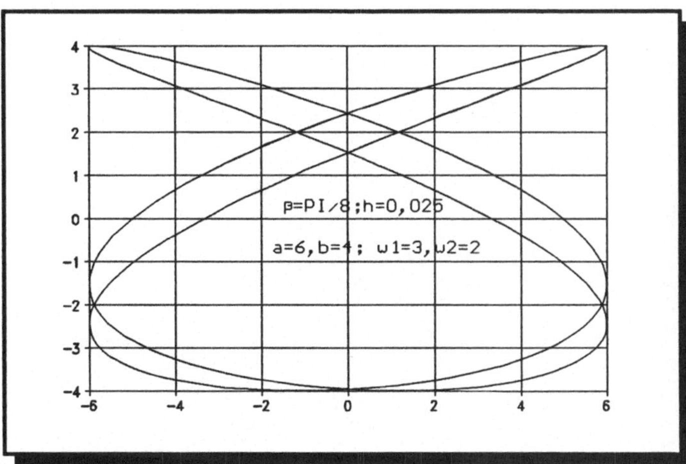

Abb.2-7

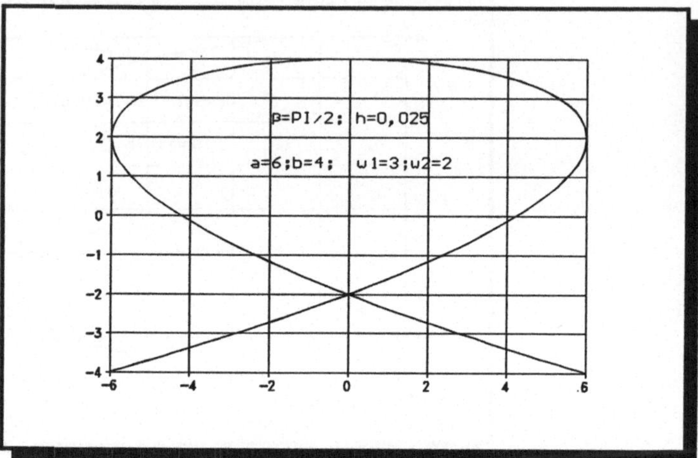

Abb.2-8

2.4 Die Natur liebt Spiralen

Die Natur mag tatsächlich Spiralen. Man denke nur an Schnecken und Galaxien. Auch der Physiker erzeugt Spiralen, z.B. in Blasenkammern und Zyklotronen. Wir aber arbeiten nur mit mathematischen Modellen dieser Realitäten.

Wir gehen aus von der Parameterform eines Kreises, vergl. Beispiel 1 in diesem Kapitel:

$$x = r\ \cos(t)$$
$$y = r\ \sin(t) \tag{1}$$

$$mit\ \ -\infty \le t < +\infty$$

Spiralen erhält man mit diesen Gleichungen, wenn man den Radius r in geeigneter Weise vom Parameter t abhängen läßt.

Die *archimedischen* Spiralen ergeben sich mit dem Ansatz:

$$r^{m} = a^{m} t \tag{2}$$

Die bekannteste dieser Spiralen hat m=1, also einfach r=at. Punkte auf einem Strahl haben den konstanten Abstand $d = 2\pi a$. Die folgende Figur zeigt eine *archimedische* Spirale mit a=1,5.

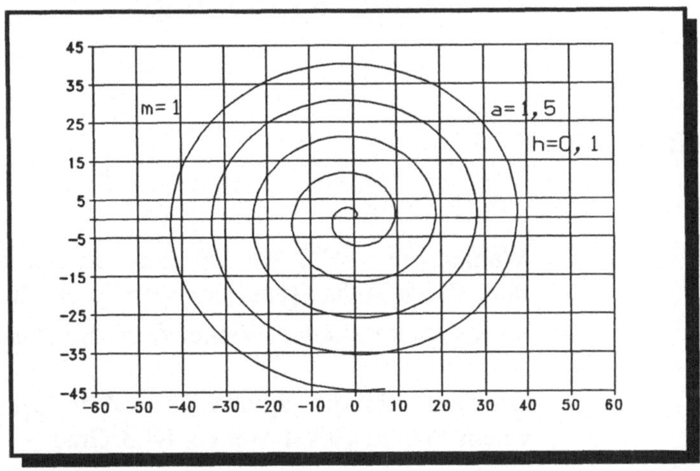

Abb.2-9

Eingabe

1. Die A–Spalte soll die t–Werte enthalten A10: 0;
    A11: **+A10+F$6**. (t=t+h; h=0,1 in F6)
    Kopieren bis A310: **Strg+K:**   Q.B.: A11
                                             Z.B.: A11..A310

2. Die B–Spalte enthält die r–Werte:
    B10: **+F$5*A10**. In F5 befindet sich r=1,5

3. In der C–Spalte stehen die x–Werte:
    C10: **+B10*@COS(A10)**

4. In der D–Spalte haben wir die y–Werte:
    D10: **+B10*@SIN(A10)**

5. Kopieren: **Strg+K:**   *Quellbereich:* B10.D10
                              Zielbereich: B10..D310

6. **/GDX**
    /GW: 1.W.B.: D10..D310; *X–Achsenwerte*: C10..C310
    /GX: *manuell. Kleinster Wert*: –60, *Größter Wert*: 60 ;
               Wertzuwachs: 10
     Y: *manuell. Kleinster Wert*: –45, *Größter Wert*: 45;
               Wertzuwachs: 10

7. **F10**

8. Mit verschiedenen Werten für a in F5 lassen sich weitere *ar–chimedische* Spiralen untersuchen. Das Achsenverhältnis sollte etwa 1,3 betragen (60:45=1,33).

Aufgabe 1

Wählen Sie $r=e^{at}$, und zeichnen Sie eine *logarithmische* Spirale. Die x–Achse (und jede Gerade durch den Ursprung) wird unter dem konstanten Winkel ϕ geschnitten. Dabei gilt $a=\cot\phi$.

Zeichnen Sie die Spirale für a=0,1. Dieser Wert entspricht einem Schnittwinkel von ca. 84,3 Grad.

Lösung

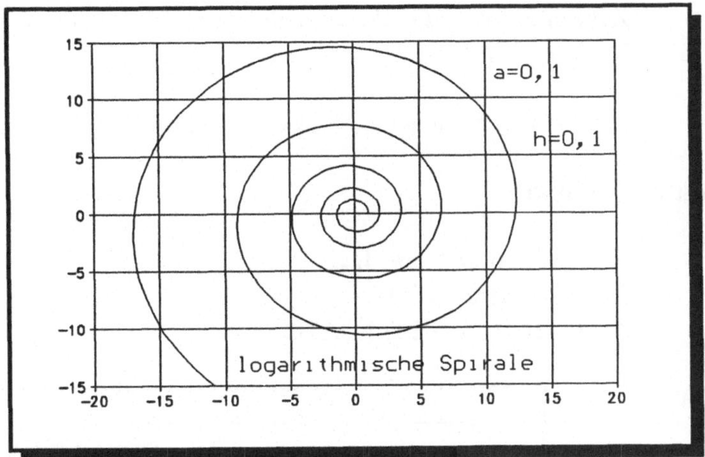

Abb.2-10

In B10 hat man einzutragen: **@EXP(F$2*A10)**, wenn a=0,1 in F2 zu finden ist. Die Formel in B10 wird bis B310 kopiert.

Aufgabe 2

P sei ein mit einer Kreisscheibe starr verbundener Punkt. P kann im Innern des Kreises liegen, auf der Kreislinie oder auch außerhalb.Der Abstand vom Kreismittelpunkt sei b.
Rollt der Kreis ohne Gleiten entlang der x-Achse, so beschreibt der Punkt P eine **Zykloide**.
Die Gleichungen der Zykloide lauten:

$$x = at - b\sin t$$
$$y = a - b\cos t \tag{3}$$

$$-\infty < t < \infty$$

a ist der Radius des Kreises. t=Abrollwinkel.

Liegt P auf der Kreislinie (a=b), so entsteht eine gestreckte Zykloide. Liegt P im Innern des Kreises (b<a), so spricht man von einer spitzen Zykloide. Im Fall der geschlungenen Zykloide liegt P außerhalb des Kreises, d.h. b>a.

Zeichnen Sie für jeden Fall eine Zykloide.

Lösung für b>a

Wir wählen a=1 und b=2.
Zeitinkrement h=0,1.
Startwert für t (−15) in A10.

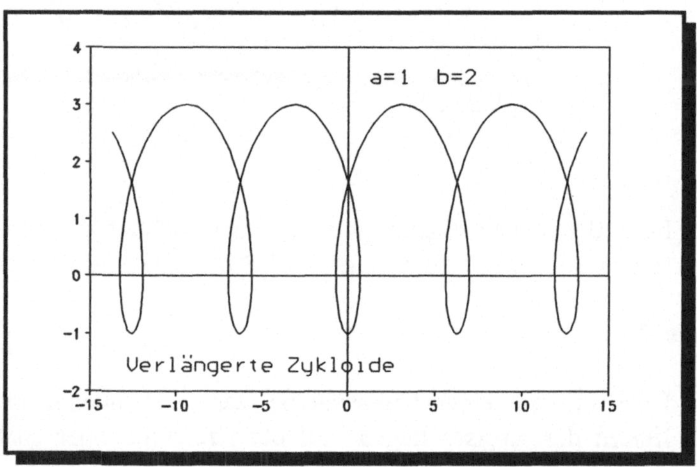

Abb.2−11

In C10 steht die Formel für die x−Werte:
C10: **+A10*F$4−F$5*@SIN(A10)** (a in F4; b in F5)
In D10 steht die Formel für die y−Werte:
D10: **+F$4−F$5*@COS(A10)**

2.5 3D–Vorbereitung für räumliche Teilchenbahnen

Viele Tabellenkalkulationsprogramme erlauben die 3D–Darstellung von Verkaufserlösen und Meßdaten. Von diesem Feature ist aber in diesem Abschnitt nicht die Rede. Wir beginnen mit der perspektivischen Darstellung eines einfachen Körpers als Vorbereitung fürs Zeichnen räumlicher Trajektorien.

Ein Würfel soll im Raum gedreht und auf den Bildschirm projiziert werden (Zentralprojektion).

Für diese Aufgabe soll ein Arbeitsblatt entworfen werden.

Vorbereitung

Wollen wir den Körper perspektivisch darstellen, so sind drei Schritte zu beachten:

a. Der Körper muß in einem dreidimensionalen Koordinatensystem (X,Y,Z–System) beschrieben werden. Jeder seiner Punkte wird durch drei Koordinaten (x,y,z) gegeben.

b. Der Körper wird um drei Achsen gedreht. Die Gleichungen, die die Drehung beschreiben, hängen von der Reihenfolge der drei Rotationen und vom Rotationssinn ab.(Rotationen sind nicht kommutativ!). Die Punktkoordinaten x,y,z gehen über in x', y' und z'.

c. Der Körper muß auf eine Projektionsebene (=Bildschirm) projiziert werden, wo jedem Punkt mit den "gedrehten" Koordinaten x', y', z' die Bildschirmkoordinaten xs, ys entsprechen.

Die X–Achse zeigt nach rechts, die Y–Achse nach oben, und die Z–Achse soll auf den Betrachter weisen. Zuerst soll der Körper mit dem Winkel Beta (b) um die Y–Achse gedreht werden, dann mit Alpha (a) um die X–Achse und schließlich mit Gamma (c) um die Z–Achse. Die Drehungen um die Y–und Z–Achse sind gegen den Uhrzeiger, die um die X–Achse ist im Uhrzeigersinn.

Die Transformationsgleichungen lauten:

$$
\begin{aligned}
x' = \ & [\cos(c)\cos(b) - \sin(b)\sin(a)\sin(c)]\ x \\
      & - [\cos(c)\sin(b) + \sin(a)\cos(b)\sin(c)]\ z \\
      & + [\cos(a)\sin(c)]\ y \\
y' = \ & [-\cos(b)\sin(c) - \sin(b)\sin(a)\cos(c)]\ x \\
      & + [\sin(b)\sin(c) - \sin(a)\cos(b)\cos(c)]\ z \\
      & + [\cos(a)\cos(c)]\ y \\
z' = \ & [\sin(b)\cos(a)]\ x + [\cos(a)\cos(b)]\ z \\
      & + [\sin(a)]\ y
\end{aligned}
\tag{1}
$$

Die Projektionsgleichungen heißen:

$$
\begin{aligned}
xs &= xa + (xa - x')\ za\ /\ (z' - za) \\
ys &= ya + (ya - y')\ za\ /\ (z' - za)
\end{aligned}
\tag{2}
$$

Die Koordinaten (xa,ya,za) sind die Welt–Koordinaten des Projektions–
zentrums (= Augpunktes).

Wir wählen als Projektionszentrum einen Punkt auf der z–Achse mit
za:=D. D heißt auch Augenabstand. Mit dieser Vereinfachung erhalten
wir folgende Projektionsformeln:

$$
\begin{aligned}
xs &= D*x'/(D - z') \\
ys &= D*y'/(D - z')
\end{aligned}
\tag{3}
$$

D ist eine positive Zahl, da wir die z–Achse auf den Zuschauer zeigen
lassen. D entspricht der Brennweite bei einer Kamera. Für große Werte
von D macht sich die Perspektive kaum bemerkbar.

Ich verwende die Gleichungen (1) nach [JEFIMENKO87]. Eine schöne
Darstellung der zugrundeliegenden Mathematik findet man in [ENDL87].
Besonders empfohlen sei aber [ROGERS85].
Mit unseren Gleichungen –und mit einem Tabellenkalkulations–
programm– können wir jetzt Körper, dreidimensionale Kurven und be–
liebige Raumflächen auf den Bildschirm bannen.

Wir wollen, wie angekündigt, einen Würfel in Zentralprojektion auf dem Bildschirm darstellen. Ein universelles Arbeitsblatt muß die Formeln (1) und (3) enthalten. Ferner ist die Eingabe der x,y,z– Welt-Koordinaten (Körperkoordinaten) vorzusehen, die sich von Objekt zu Objekt ändern.

Abb. 2–12 zeigt den Hauptteil des Arbeitsblattes.

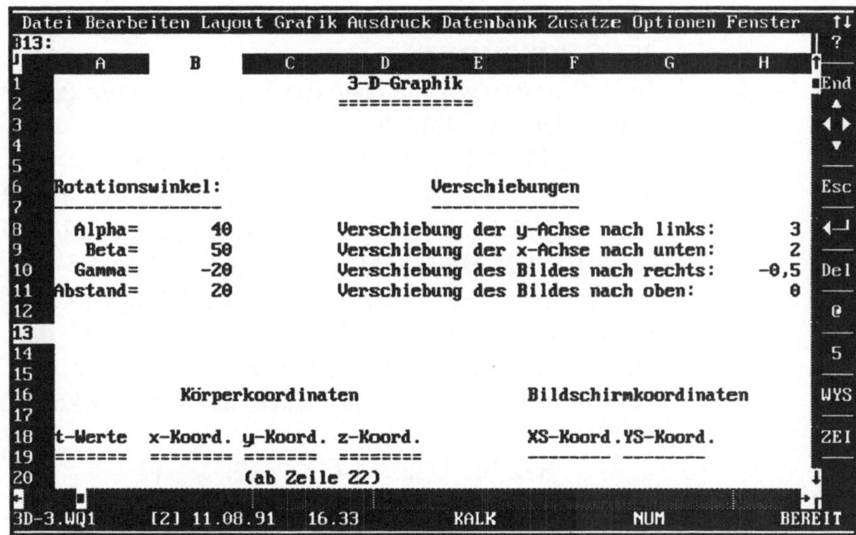

Abb.2–12

Eingaben

1. Führen Sie die Eintragungen gemäß Abb.2–12 aus. (Die "Verschiebungen" werden später erklärt).

    Es ist günstig, den Rechenmodus auf **manuell** einzustellen. Vor jeder Betätigung von **F10** ist dann **F9** zu drücken (nicht vergessen!).

    Die Einstellung erfolgt mit **/ONM**: *manuell*.

2. Um die Sinus- und Kosinus-Werte nicht immer neu berechnen zu müssen, und um die Schreibweise der Formeln (1) abzukürzen, verlegen wir ihre Berechnung in die Zellen J1 bis J6.
J1: **@SIN(B8*I1)**; in B8 steht Alpha (a); in I1 steht **@PI/180**, zwecks Umrechnung von Grad in Radiant.
J2: **@COS(B8*I1)**;
J3: **@SIN(B9*I1)**; B9 enthält den Winkel Beta (b).
J4: **@COS(B9*I1)**;
J5: **@SIN(B10*I1)**; B10 enthält Gamma (c);
J6: **@COS(B10*I1)**

3. In H22 tragen wir die erste der Formeln (3) ein (zusammen mit den Teilen aus (1)), also:
H22: **+J$3*J$2*B22+J$2*J$4*D22+J$1*C22**
F22: **((J$6*J$4−J$3*J$1*J$5)*B22−(J$6*J$3+J$1*J$4*J$5)** ***D22+J$2*J$5*C22)/(B$11−H22)*B$11+H$8+H$10**
G22: **((−J$4*J$5−J$3*J$1*J$6)*B22+(J$3*J$5−J$1*J$4** ***J$6)*D22+J$2*J$6*C22)/(B$11−H22)*B$11+H$9+H$11**

4. Alle Formeln sind bis Zeile 38 zu kopieren, d.h.: **Strg+K**
Q.B.: F22..H22   Z.B.: F22..H38

5. Nun müssen die Weltkoordinaten der Würfelecken eingetragen werden.

B22 bis D22:	−1;	−1;	+1	
B23 " D22:	+1;	−1;	+1	
B24 " D24:	+1;	−1;	−1	
B25 " D25:	−1;	−1;	−1	
B26 " D26:	−1;	+1;	−1	
B27 " D27:	−1;	+1;	+1	
B28 " D28:	+1;	+1;	+1	
B29 " D29:	+1;	+1;	−1	
B30 " D30:	−1;	+1;	−1	(wie B26..D26)
B31 " D31:	−1;	+1;	+1	
B32 " D32:	−1;	−1;	+1	
B33 " D33:	+1;	+1;	+1	
B34 " D34:	+1;	−1;	+1	
B35 " D35:	+1;	+1;	−1	
B36 " D36:	+1;	−1;	−1	
B37 " B37:	−1;	−1;	+1	
B38 " D38:	−1;	−1;	−1	

5. **/GDX**
    /GW: 1.W.B.: G20..G38
         X-Achsenwerte: F20..F38

6. Um die Abbildung immer in optimaler Position auf dem Bild-
    schirm zu sehen, kann man zu den xs–und ys–Werten geeignete
    Konstanten addieren.
    Zu xs: **+H$8+H$10**   (y-Achse nach links + Bildverschiebung
    nach rechts)
    Zu ys: **+H$9+H$11**   (x-Achse nach unten + Bildverschiebung
    nach oben)
    Die jeweils optimalen Werte findet man aus der Lage der Ab-
    bildung. In der Regel wird es auch günstig sein, die Skalierung
    der X–und Y–Achse manuell vorzunehmen und der Bildlage
    anzupassen.

7. **F10**

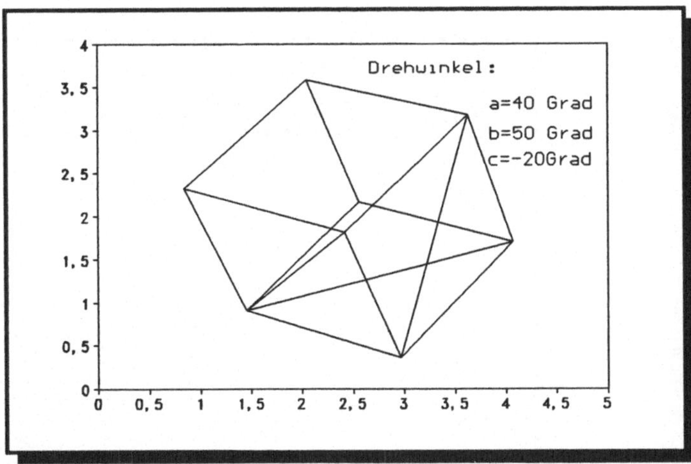

Abb.2–13

Sie sollten dieses Arbeitsblatt *unbedingt abspeichern*. Im nächsten Beispiel können Sie es wieder brauchen.

2.6   Lotusblüten und Trajektorien

Im letzten Beispiel mußten die Punktkoordinaten von Hand eingegeben werden.Dies führte zwar zu einem gezielten Bildaufbau, war aber doch leicht mühsam.

Wenn wir nun die Koordinaten berechnen lassen, so ist die Mühsal der Eingabe zwar genommen, aber i.a. auch die Vorhersagbarkeit des Ergebnisses. Das folgende Bild, das einer Lotusblüte nicht unähnlich ist, wurde mit dem folgenden Gleichungssatz erzeugt:

$$x = a\sin(\omega_1 t)\cos(\omega_2 t)$$
$$y = b\sin(\omega_1 t)\sin(\omega_2 t + \phi) \tag{1}$$
$$z = c\,e^{-(x^2 + y^2)}$$

Es handelt sich um räumliche LISSAJOUS–Figuren.

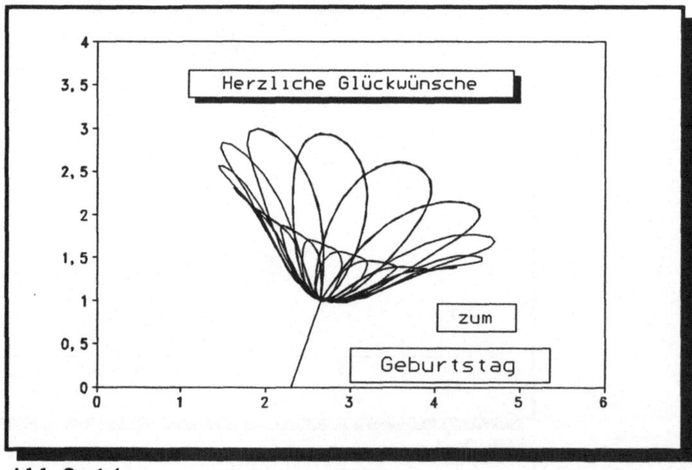

Abb.2–14

Das Bild wurde mit dem Arbeitsblatt aus dem letzten Beispiel erstellt.

Eingabe

1. B8: 60; B9: 45; B10: –30; B11: 3
    H8: 0; H9: 2; H10:   3; H11: 0

2. B13: 8; (= ω_1); B14: 3 (= ω_2); B15:0 (ϕ)

3. B22: **1,5*@SIN(B\$13*A22)*@COS(B\$14*A22)** (=x)
    C22: **1,5*@SIN(B\$13*A22)*@SIN(B\$14*A22+B\$15)** (=y)
    D22: **@EXP(–(B22^2+C22^2))**
    A22: 0

4. Die Formeln in B22,C22,D22 mit **Strg+K** bis Zeile 422 kopieren: **Strg+K** Q.B. B22..D22   Z.B. B22..D422
    In A23 steht **+A22+0,025**. Bis A422 kopieren.

5. Zum Zeichnen des Blumenstengels fügt man noch folgendes an:
    a. A423: **@NV**
    b. B424: 0; C424: 0; D424: 1
    c. B425: 0; C425: 0; D425: 3

6. Die Gleichungen für die xs–und ys–Koordinaten, vergl. Arbeitsblatt zu Beispiel 5, müssen bis Zeile 425 kopiert werden: **Strg+K** Q.B. F22..H22   Z.B. F22..H425

7. Die Skalierung der X und der Y–Achse wurde manuell eingestellt.

8. **F10**

Anmerkung

Sie werden erstaunt sein über die Vielfalt der möglichen Blütenformen. Die Werte von ω_1 und ω_2 legen Blätterzahl und Blütenform fest. Wählen Sie in B11 für den Abstand D sehr kleine Werte, z.B. 1; 1,3 usw. Durch geeignete Wahl der Drehwinkel gelingen Ihnen sehr hübsche Bilder.

Der Phasenwinkel ϕ zerstört in der Regel die Harmonie der Bilder.

Aufgabe

Die Bewegung von Elektronen in überlagerten elektrischen und magnetischen Feldern können sehr verwickelt sein. Untersuchen Sie mit unserem 3D–Arbeitsblatt *zwei Spezialfälle*:

1.   Ein Elektron in einem Fadenstrahlrohr, das sich in einem HELMHOLTZ–Spulenpaar befindet (vergl.Kap.1,Beispiel 4), tritt unter einem Winkel α ins homogene Magnetfeld ein. Seine Bahn ist eine Schraubenbahn mit der konstanten Hubhöhe

$$H=\frac{2\pi\,V\sin\alpha}{\dfrac{e}{m}B}=T\,V\sin\alpha \qquad (2)$$

$$T=Umlaufzeit$$

Ist $\alpha=0°$, so beschreibt das Elektron eine Kreisbahn um das Magnetfeld **B**. T ist unabhängig von α. Die Bahn des Elektrons läßt sich mit Hilfe folgender Formeln berechnen:

$$\begin{aligned}x&=r\sin(\omega t)\\ y&=r\cos(\omega t)\\ z&=v\sin(\alpha)t\end{aligned} \qquad (3)$$

Tragen Sie diese Gleichungen ins Arbeitsblatt ein.

(Das Elektron führt in Richtung der z–Achse eine gleichförmige Bewegung aus, denn $v\sin(\alpha)$ ist eine Konstante).
Mit v=4,5E6m/s, r=0,015m und ω=3E8Hz ergibt sich folgende Figur (die Achseneinteilung ist in m):

Lösung

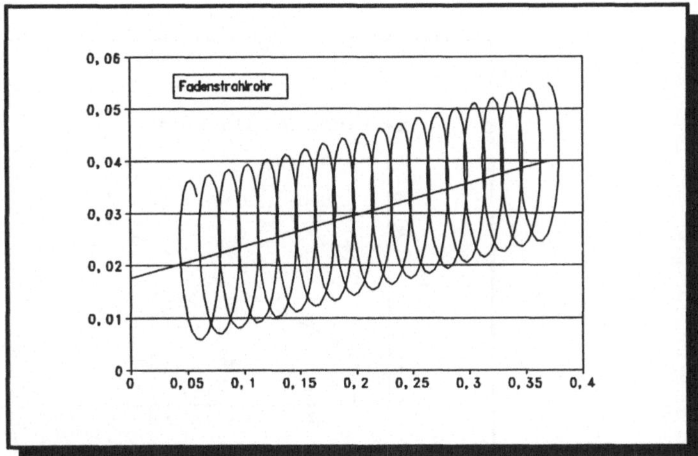

Abb.2–15

Die Zeitinkremente in der t–Spalte (=A–Spalte) betrugen 1E–8 Sekunden. Der Winkel α betrug **20*Pi/180** Radiant. Verschiebungen: H8: 0,02; H9: 0,04; H10: 0,35 und H11: 0. Die z–Achse wurde ähnlich erstellt wie der Blumenstengel in der vorigen Abb.2–14.

2. Der *zweite Spezialfall* liegt vor, wenn ein Elektron sich um homogene, parallele **E–** und **B–**Felder bewegt. In diesem Falle führt es in z–Richtung eine beschleunigte Bewegung aus, d.h. $z=kt^2$.

Wählen Sie r=1,5; ω =1 und k=0,01. Zeitinkrement: 0,05. (Z–Achse mit 7,8 in D425. Alle anderen Eintragungen in B424, C424, D424, B425, C425 sind Null).

Lösung

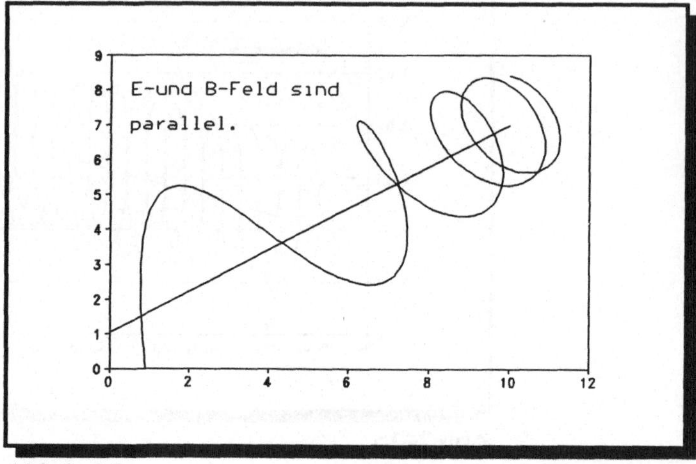

Abb.2–16

2.7 Die elektromagnetische Welle in 3D–Darstellung

Abbildung 2–17 zeigt den Verlauf des elektrischen **E** und des magnetischen **B**–Feldes in einer ebenen harmonischen Welle. Die beiden Vektoren **E** und **B** stehen stets senkrecht aufeinander und das Kreuzprodukt **E x B** zeigt in die Ausbreitungsrichtung der Welle (hier die z–Richtung).
Um eine Momentaufnahme (t=0) der Welle zu zeichnen, verwenden wir die beiden Gleichungen

$$x = a\sin(z)$$

$$y = a\sin(z)$$

In der horizontalen X–Z–Ebene schwingt der **E**–Vektor. Der **B**–Vektor schwingt in der vertikalen Y–Z–Ebene.

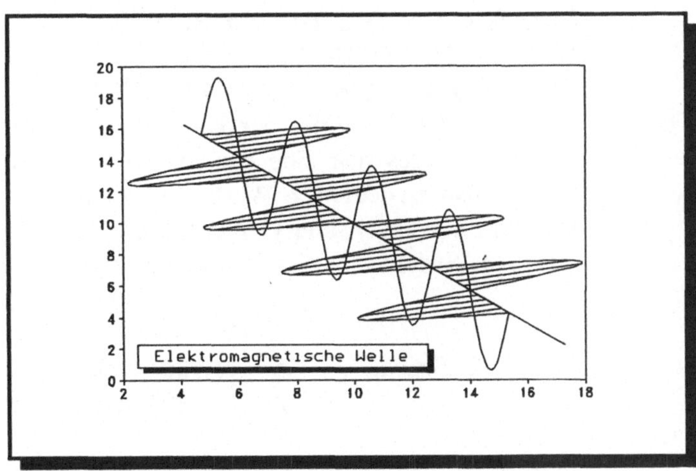

Abb.2–17

Ich benutze in der folgenden Eingabebeschreibung eine vereinfachte Version eines ähnlichen Arbeitsblattes aus [JEFIMENKO87].

Eingabe

1. Wir verwenden dasselbe Arbeitsblatt, das uns auch in den letzten Beispielen so gute Dienste leistete. In B13 wurde die Amplitude a gespeichert: 5

2. Zuerst wird die Funktion $x=a\sin(z)$ gezeichnet. Die Variable z soll in $[-4\pi,+4\pi]$ liegen. Also füllen wir D22..D122 mit 101 z-Werten: **/BF**   *Zielbereich:* D22..D122
                Startwert: −4*@PI
                Schrittwert: 8*@PI/100
                Stoppwert: RETURN drücken

3. Da die y−Werte für Punkte in der x−z−Ebene alle Null sind, füllen wir alle Zellen von C22..C122 mit 0, vergl. 2.

4. B22: **+B$13*@SIN(D22)**
   Strg+K Q.B.: B22; Z.B.: B22..B122

5. Zeichnung der B−Welle in der y−z−Ebene.
   B124..B224 mit 0 füllen, vergl. 2.
   Strg+K Q.B.: D22..D122; Z.B.: D124..D224
   C124: **+B$13*@SIN(D124)**
   Strg+K Q.B.: C124; Z.B.: C124..C224

6. Jetzt soll die *Schraffur* der E−Welle (x−z−Ebene) gezeichnet werden. Vorgesehen sind pro Halbwelle 4 Striche. Für jeden Strich, also zu jedem z−Wert, sind zwei x−Werte anzugeben: x=0 und x=asin(z); alle y−Werte sind Null.
   z.B.:   1. Strich: z=−4*Pi und x=0
                                 z=−4*Pi und x=5sin(z)
                                 @NV
          2. Strich: z=−11,9381 und x=0
                                 z=−11,9381 und x=5sin(z)
                                 @NV
   Je zwei Striche werden von einem @NV getrennt.
   Um diese Struktur der B−Spalte (=x−Werte) aufzubauen, verwendet man am besten eine Hilfsspalte, die E−Spalte, die man folgendermaßen füllt:

/**BF** E226..E346; *Startwert:* −4*@PI; *Schrittwert:* 8*@PI/120
(Man braucht (4*8+8)*3=120 z−Werte); RETURN

Anschließend füllen wir die C−Spalte (=y−Werte) von C226 bis
C346 mit Nullen.

7.   Nun Aufbau der D−Spalte mit den doppelten z−Werten:
       D226: **+E226**;   D227: **+E226**
       Strg+K Q.B.: D226..D343;   Z.B.: D229

8.   Es folgen die x−werte in der B−Spalte:
       B226: 0;   B227: **+B$13*@SIN(D226)**
       B228: **@NV**
       Strg+K   Q.B.: B226..B343; Z.B.: B229

9.   Zeichnung der z−Achse:
       @NV in B347
       B348,349: 0, C348,349: 0;
       D348: −14;   D349: 17

10.   Die Transformationsformeln werden schließlich von F22..H22
       nach F22..H349 kopiert.

11.   **/GDX**
       /GW   1.W.B.: G22..G349;
                 X−Achsenwerte: F22..F349
                 Skalierung der Achsen: *automatisch*

12.   Eine gute Darstellung erhält man mit den folgenden Einstellun-
       gen:
       Alpha: 30 ; Beta: −25 ; Gamma: 0; D=1000
       Die Verschiebungen waren:
       H8: 10; H9: 10; H10: 0; H11: 0

13.   **F9; F10**

3 Iterationen, Reihen und erste Makros

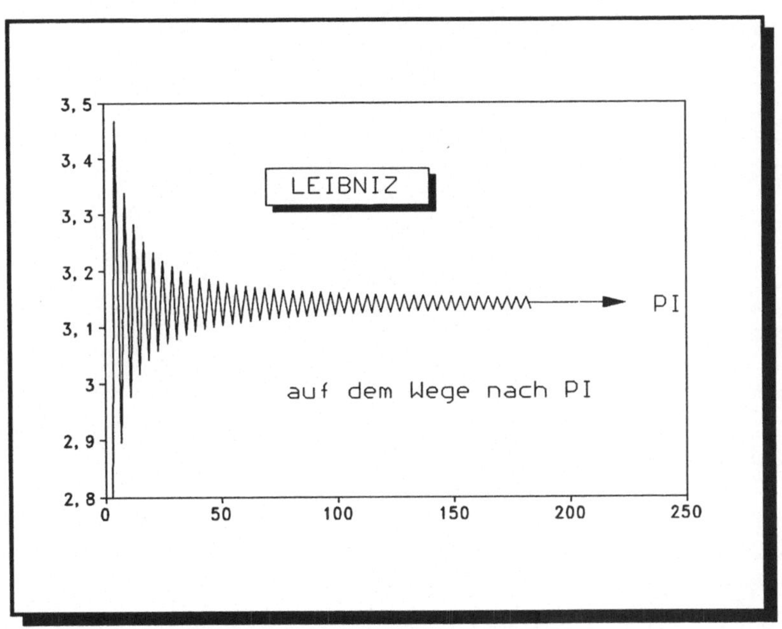

3.0 Einleitung

In den ersten beiden Kapiteln konnten wir uns davon überzeugen, daß Tabellenkalkulationsprogramme grafische Fähigkeiten besitzen, die für die meisten elementaren Anwendungen in den Naturwissenschaften völlig ausreichend sein sollten.

In diesem dritten Kapitel werden wir sehen, daß sich auch wichtige Aufgaben aus Algebra und Analysis mit Spreadsheets bequem bearbeiten lassen. Im Vordergund stehen Techniken der *Iteration*, wie sie z.B. zur Lösung transzendenter Gleichungen eingesetzt werden. In der Technik wird sehr oft das Iterationsverfahren von SEIDEL eingesetzt, etwa bei der Berechnung von Temperaturverteilungen in einem erhitzten Körper.

Die LAPLACE–Gleichung wird ebenfalls durch Iteration gelöst. An einigen wichtigen Beispielen (LAPLACE–Reihe, die Berechnung von π und der EULER–Zahl e) wird verdeutlicht, daß sich Tabellenkalkulationsprogramme bestens zur Berechnung von Reihen einsetzen lassen. Nach der Behandlung der *numerischen Integration* nach SIMPSON treffen wir erneut auf die FOURIER–Reihen.

Auch die *Chaos–Theorie* wird kurz angesprochen und mit einigen aussagekräftigen Graphen illustriert. Wir besprechen die quadratische Abbildung (quadratic map), die oft als sehr idealisiertes Modell für einige dynamische Prozesse verwendet wird. Die Menge der asymptotischen Lösungen wird *Attraktor* genannt. Anziehende Mengen kommen in verschiedenen Formen vor: als Fixpunkte, als Grenzzyklen usw.

Wir werden uns zum ersten Mal mit der sogenannten *Makro–Programmierung* beschäftigen. Fast alle Tabellenkalkulationen haben eine eigene Programmiersprache eingebaut, mit der man Programme schreiben kann, die einerseits nicht mit der Eleganz einer Hochsprache –wie etwa PASCAL– konkurrieren können, die aber andererseits sehr spezielle spreadsheettypische Aufgaben zu lösen vermögen. Man findet nicht selten einen Sprachumfang von einigen hundert Befehlen. Diese Programme heißen *Makros*. Tastaturmakros brauchen die Makrosprache nicht.

3.1   Ein Makro für quadratische Gleichungen

Wir eröffnen die Beispielreihe dieses Kapitels mit einem Arbeitsblatt zum Lösen quadratischer Gleichungen. Sicherlich kein aufregendes Beispiel, aber zur Einführung in die Makro–Programmierung ist es gerade recht.
Wir wollen, daß das Arbeitsblatt neben reellen auch komplexe Lösungen anzeigt. Ferner sollen, bis auf die Eingabezellen, alle Zellinhalte gegen Veränderungen geschützt werden.

Vorbereitung

Die Gleichung:

$$ax^2+bx+c = 0 \tag{1}$$

hat die Lösungen:

$$x_1,x_2 = \frac{-b\pm\sqrt{b^2-4ac}}{2a} \tag{2}$$

Bei negativer Diskriminante $D=b^2-4ac$ lauten die Lösungen:

$$x_1,x_2 = \frac{-b}{2a}\pm i\frac{\sqrt{-D}}{2a} \tag{3}$$

$$mit \quad i := \sqrt{-1}$$

Abbildung 3.1 illustriert den Aufbau des Arbeitsblattes.

Eingabe

1.   Die Texte werden dem Muster entsprechend eingetragen.
2.   Folgende Formeln werden eingesetzt:
         F7:   +C7^2-4*C6*C$8   (=Diskriminante)
         F10: @WENN($F$7>0;(-C$7+@WURZEL($F$7))/(2*C$6);
               -C$7/(2*C$6))
         G10: @WENN($F$7<0;"+i*";""); die Breite dieser Spalte
         wurde auf 3 Zeichen reduziert. (/LS3)

H10: @WENN($F$7<0;@WURZEL(-$F$7)/(2*C$6);"")
F11: wie F10, nur mit neg. Vorzeichen vor der Wurzel.
G11: wie G10, nur mit dem Zeichen "–" vor i*
H11: wie H10

Stellen Sie mit /ONModus die Neuberechnung auf *manuell*. Nach Eingabe der Werte von a, b und c mit **F9** die Rechnung starten.

Nun zum *Schutz der Zellen*.

Mit Hilfe des globalen Schutzbefehls unter / **O S A** (aktivieren) können Sie einen beliebig großen Block vor unerwünschten Eintragungen schützen.
Nur die 3 Eingabezellen C6,C7,C8 sollen ungeschützt sein. Tragen Sie ein: / **L B E** (entfernen); Block: C6..C8
Die drei ungeschützten Zellen werden farblich hervorgehoben. In der Deskriptorzeile erscheint ein U, –bei geschützten Zellen ein GS.

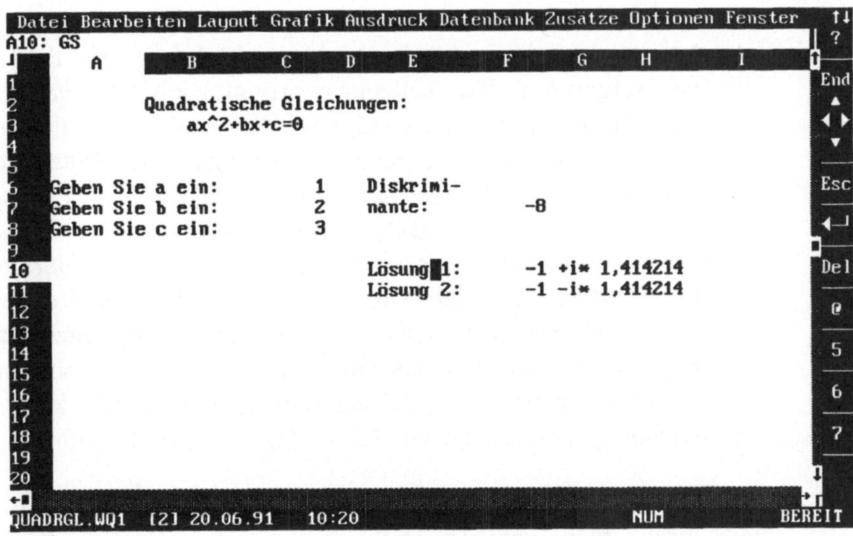

Abb.3–1

Anmerkung 1

Man kann das Rechenblatt noch weiter automatisieren, indem man dafür
sorgt, daß der Zellzeiger "von selbst" auf die Eingabepositionen springt.
Gehen Sie an eine beliebige Stelle außerhalb des Arbeitsbereiches, z.B.
nach AA1, und geben Sie die folgenden Instruktionen ein (das ist ein
Makro!):
{HOME}˜ {GEHEZU}C6˜ {?}˜ {UNTEN}{?}˜ {UNTEN}{?}˜ {TON 4}˜
{HOME}˜ (schreiben Sie alles in die Zelle AA1).
Bevor wir diese geheimnisvollen Zeichen erkären, müssen Sie noch /BN
aufrufen. Drücken Sie **Block benennen**, und geben Sie als **Blocknamen**
ein: \E (wie "Eingabe", jeder andere Buchstabe ist ebenso erlaubt).
Block angeben beantworten Sie mit **AA1** (Geben Sie hier immer die
Zelle ein, in der Ihr Makro beginnt.)
HOME ist das Makroäquivalent von **Pos1**, und ˜ steht für RETURN und
? für Eingabe. Sie können alle diese Befehle *klein* schreiben. Als Makroname können Sie einen der 26 Namen \A bis \Z verwenden. QUAT-
TRO PRO unterscheidet dabei nicht zwischen Groß- und Kleinschreibung.
Wenn Sie künftig im Arbeitsblatt der quadratischen Gleichungen **Alt+E**
drücken, so wird die in AA1 gespeicherte Makro-Zeile, die den Namen
\E hat, aufgerufen. Der Zellzeiger springt nach C6, wartet auf eine
Eingabe, die mit RETURN bestätigt werden muß, und geht zur Eingabe
einer neuen Zahl eine Zelle tiefer. Nach Eingabe der dritten Zahl ertönt
ein Ton, und der Zellzeiger springt wieder nach A1 (wegen **HOME**).
Hätten Sie dieses letzte **HOME** durch den Befehl {SPRUNG \E}
ersetzt, so würde sich das Makro jedesmal nach Eingabe der drei Zahlen
wieder selbst aufrufen. Sie würden in einer Endlosschleife stecken.
Unser Makro erlaubt Eingaben. Es ist ein *dynamisches* Makro. Bei
einem *statischen* Makro, das nur eine Folge von Tastaturanschlägen
enthält (Tastaturmakro) –und keine Eingaben zuläßt, kann man die
Aufzeichnung automatisieren. Ich erkläre das gleich noch genauer.

Im übrigen kommen in unseren Makros sehr oft Programmfluß-Befehle
wie WENN, ELSE, SPRUNG, FOR..TO.. usw. vor. Alle diese Steuerbefehle
müssen wie jeder andere Text eingetippt werden. Man könnte diese
eigentlichen Makros *Programm-Makros* nennen. Man kann sich mit
UMSCHALTTASTE+**F3** eine Liste der Makro-Befehle anzeigen lassen.

eigentlichen Makros *Programm–Makros* nennen. Man kann sich mit UMSCHALTTASTE+**F3** eine Liste der Makro–Befehle anzeigen lassen.

Anmerkung 2

Wollte man den Bildschirmaufbau von Abb.3–1 *ganz* von einem Makro erzeugen lassen, so könnte man folgendermaßen vorgehen:

```
AA1: {home}˜            Sprung nach A1
AA2: {gehezu}A6˜        Sprung nach A6
AA3: {leer C6..C8}˜     löscht C6,C7,C8
AA4: Geben Sie a ein:˜{zahleneintrag  "";C6}˜
AA5: {unten}˜           Zellzeiger eine Zeile tiefer
AA6: Geben Sie b ein:˜{zahleneintrag  "";C7}˜
AA7: {unten}˜
AA8: Geben Sie c ein:˜{zahleneintrag  "";C8}˜
        {gehezu}E10˜Lösung  1:˜{gehezu}E11˜Lösung2:{unten}˜
AA9: {gehezu}E6˜Diskrimi–˜{unten}˜nante:˜
        {sei F7; C7^2–4*C6*C8}˜{;Diskriminante}
AA10: {wenn F7<0}{sprung komplex}˜
```

"sprung" wird bei Sprüngen *innerhalb* des Programm–Makros verwendet; hier wird zum Unterprogramm "komplex" gesprungen.

```
AA11: {sei F10;(–C7+@WURZEL(F7))/(2*C6)}˜{sei  G10;""}˜
        {sei H10;""}˜
AA12: {sei F11;(–C7–@WURZEL(F7))/(2*C6)}˜{sei  G11; ""}˜
        {sei H11;""}˜{sprung  AA16}˜
AA13: {;Subroutine "komplex":}  Das ; leitet einen Kommentar ein
AA14: {sei F10:–C7/(2*C6)}˜{sei  G10;"+i*"}˜{sei  H10;
        @WURZEL(–F7)/(2*C6)}˜
AA15: {sei F11:–C7/(2*C6)}˜{sei  G11;"–i*"}˜{sei  H11;
        @WURZEL(–F7)/(2*C6)}˜
AA16: {stop}˜
```

Geben Sie dem MAKRO mit /**BN** einen Namen, z.B.: \Q

Beachten Sie, daß alle Makrobefehle in geschweiften Klammern stehen

Anmerkung 3

Hier noch einige Erklärungen zu den vorhin erwähnten *statischen* Makros (Tastaturmakros).

Wenn Sie in einer Anwendung immer wieder eine bestimmte Folge von Tastenanschlägen vornehmen müssen, so sollten Sie sie von QUATTRO PRO im sogenannten **Lernmodus** aufzeichnen lassen. Mit / **Z M M** gelangen Sie in diesen Lernmodus (er entspricht dem Makrorecorder bei EXCEL). Wählen Sie den Punkt **Makro aufzeichnen**, so wird er in **An** geschaltet, falls er vorher auf **Aus** stand –und umgekehrt. (Die Statuszeile zeigt dann **LERN** an.)

Sie müssen dann ihre Tastenanschläge eingeben.

(Sie wollen sicherlich die Spalte D auf 14 Zeichen erweitern und in Zelle D10 den Text "Ich bin in D10" schreiben? Dann tippen Sie folgendes ein:

F5 D10 RETURN /LS 14 RETURN Ich bin in D10 RETURN PFEIL–NACH–UNTEN–TASTE)

Anschließend verlassen Sie den Lernmodus wieder mit / **Z M M**.

Um abzuspeichern, ist / **Z M K** einzugeben. Als Name können Sie "Test1" eintippen. Schließlich müssen Sie noch die erste Zelle des Blocks angeben, in das QUATTRO PRO das Makro schreiben kann, z.B. G1.

Gewiß wollen Sie Ihr Makro starten. Geben Sie ein: / **Z M A**.

Es erscheint die Frage: Welchen Makroblock ausführen? Antworten Sie mit **F3**. Das Makro "Test1" wird Ihnen zur Ausführung angeboten.

Wenn Sie RETURN drücken, erscheint In D10 der Text: Ich bin in D10. Beachten Sie, daß dabei die Spaltbreite mit /LS **14** auf 14 eingestellt wurde.

Wie aber sieht das Makro aus, das sich in der G–Spalte befindet? Schauen Sie es sich an!

```
{GEHEZU}
D10˜
{/ Spalte;Breite}14˜
Ich bin in D10˜
{UNTEN}
```

3.2 Schon HERON iterierte

Die Quadratwurzel aus einer Zahl a soll iterativ mit Hilfe des HERON–schen Algorithmus berechnet werden.

Vorbereitung

Nach HERON von Alexandria (um 75 n.Chr.) berechnet man die Quadratwurzel aus einer Zahl a nach der Vorschrift: W2=(W1+a/W1)/2.
Man beginnt mit dem Startwert W1=1 und rechnet einen verbesserten Wert W2 aus. Diesen neuen Wurzelwert verwendet man nun als W1, usw.
(Die HERONsche Iterationsformel ergibt sich aus dem NEWTONschen Iterationsverfahren.)
Die Rechnung selbst erklärt sich anhand des folgenden Beispiels: a=3 (in E1)

W1	W2
1 (in A5)	2 (in B5)
2	1,75
1,75	1,7321428571429
1,7321428571429	1,7320508100147
usw.	

Eingabe

1. Den a–Wert in E1
2. Die Spalten A und B wurden auf 20 Positionen verbreitert (/LS 20).
    A5: 1; A6: **+B5**; A7: **+B6** usw. bis A15
    B5: **(A5+E$1/A5)/2**; bis B15 mit **Strg+K** kopieren:
    Quellbereich: B5
    Zielbereich : B5..B15

Der jeweilige Startwert für einen neuen Iterationsschritt steht in der A–Spalte, der verbesserte Näherungswert in der B–Spalte.

Schreibt man den Wurzelalgorithmus in der Form

$$x_{n+1}=\frac{1}{2}(x_n+\frac{a}{x_n})$$

(1)

mit $n = 0,1,2,...; \; x_0 = 1$

so sieht man deutlich, daß die neuen x–Werte in der B–Spalte zurück-
greifen auf die alten x–Werte in der A–Spalte. Wegen dieser Eigenschaft heißt eine Formel der Form (1) auch Rekursionsformel, (recurre-
re=zurücklaufen). Bei der Itertion wird eine Wiederholung mit Hilfe
von Schleifen durchgeführt, –bei der Rekursion wird mit Hilfe von
Verschachtelungen wiederholt.
Bei uns handelt es sich um Iterationen.

Aufgabe 1

Die p–te Wurzel aus a errechnet man mit Hilfe der folgenden Iterationsformel:

$$x_{n+1}=\frac{1}{p}\left((p-1)x_n+\frac{a}{x_n^{p-1}}\right)$$

(2)

Modifizieren Sie das vorige Rechenblatt derart, daß die p–te Wurzel aus
einer Zahl a gezogen werden kann.

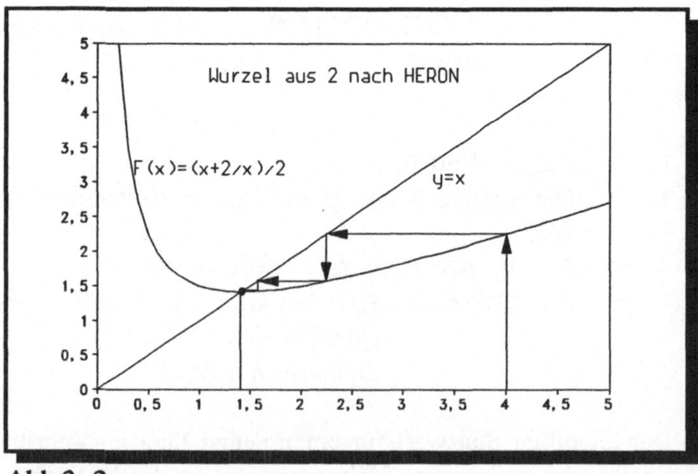

Abb.3–2

Anmerkung

Die Quadratwurzel aus 2 ist Lösung der Gleichung

$$x^2 = 2 \qquad\qquad (3)$$

Man könnte versucht sein, $x=\sqrt{2}$ iterativ mit Hilfe des Ansatzes $x_{n+1}=2/x_n$ zu berechnen.Aber selbst mit Hilfe eines guten Startwertes,etwa x0=1.5, erreicht man keine Konvergenz. Dagegen konvergiert das Verfahren mit Gleichung (1), wie wir sahen, sehr gut. Die allgemeine Iterationstheorie zeigt indes, warum das so ist.

Sehr anschaulich zeigt Abb. 3–2, wie sich die Näherungswerte des HERON–Verfahrens dem gesuchten Wurzelwert nähern. Wir starten die Berechnung der Wurzel aus 2 mit x0=4. Die linke Seite von Gl.(1) nennen wir kurz x, die rechte Seite F(x): F(x)=(x+2/x)/2.

Der x–Wert des Schnittpunktes von y=x mit F(x)=(x+2/x)/2 ist der gesuchte Wurzelwert. Die –von Hand eingezeichnete– Treppenfigur läßt erkennen, daß die Pfeile immer kürzer werden: die Folge der x–Werte (die *Bahn* oder der *Orbit* der Iteration) strebt dem Wurzelwert entgegen. (In Abschnitt 3.4 wird gezeigt, wie man eine Treppenfigur programmieren kann.)

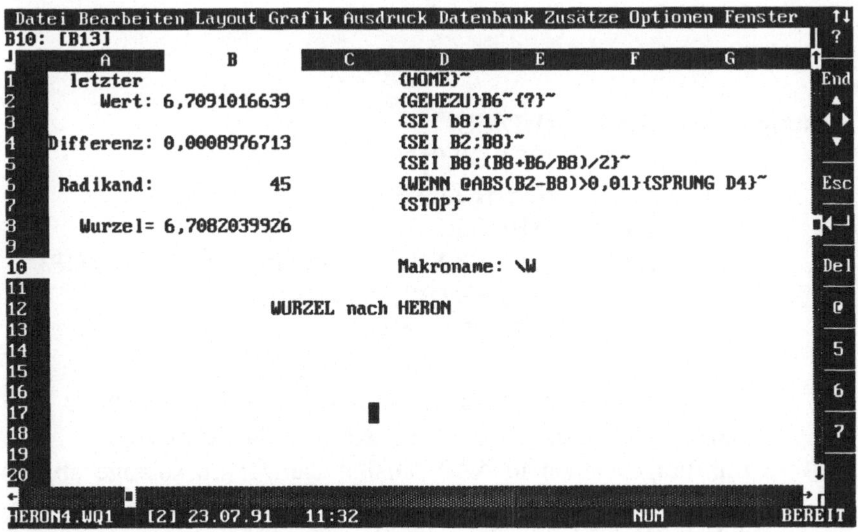

Abb.3–3

Aufgabe 2

Schreiben Sie ein **Makro** zum HERON–Algorithmus.
Einen *Lösungsvorschlag* finden Sie in Abb.3–3:

Nachdem Sie **Alt+W** eingegeben haben, erwartet das Makro in B6 den
Radikanden, im Beispiel 45. Anschließend wird in B8 der Startwert 1
gespeichert, der sofort von B2 übernommen wird. In D5 berechnen wir
einen verbesserten Wurzelwert und legen ihn in B8 ab.In D6 wird dann
festgestellt, ob eine weitere Iteration, SPRUNG D4, erforderlich ist.

Das Makro können Sie nicht im Lernmodus schreiben, Sie müssen alles
ganz normal von Hand eintippen.
Nachdem Sie {STOP}˜ geschrieben haben, vergeben Sie mit /BN den
Makronamen \W –oder einen anderen einbuchstabigen Namen. Die
Blockadresse ist D1.

Aufgabe 3

Erstellen Sie zu "HERON" ein Makro, das nach einer vorgegebenen Zahl
von Iterationen anhält.

Lösung   AA1:   {HOME}˜
                  AA2:   {SEI D8;0}˜{;Zähler}
                  AA3:   {GEHEZU}B6˜{?}˜
                  AA4:   {SEI B8;1}˜
                  AA5:   {SEI D8;D8+1}˜{WENN D8>E5}{STOP}˜
                  AA6:   {SEI B8;(B8+B6/B8)/2}˜
                  AA7:   {SPRUNG AA5}˜

Das Semikolon vor "Zähler" in AA2 veranlaßt QUATTRO PRO das fol–
gende Wort, also "Zähler", als Kommentar anzusehen.
Das Fragezeichen in AA3 schaltet das Makro solange ab, bis Sie RE–
TURN drücken. Man kann also mit dem Zellzeiger beliebig über das
Arbeitsblatt fahren oder, wie hier, eine *Eingabe* machen.

3.3 Iteration löst transzendente Gleichungen

Zum Alltag des Naturwissenschaftlers gehört es, Gleichungen zu lösen, deren Terme Exponential– oder Logarithmusfunktionen enthalten. Sehr häufig treten auch trigonometrische Funktionen auf. Solche Gleichungen pflegt man *nicht algebraisch* oder *transzendent* zu nennen.
Als Beispiel soll die Gleichung **x–sinx–0,5=0** *iterativ* gelöst werden.
Die Iterationsfolge soll grafisch veranschaulicht werden.
Als Startwert kann **x0=0** gewählt werden.

Vorbereitung

Wir verfahren wie im letzten Beispiel: Die Gleichung wird auf die Form x=F(x) gebracht, also: **x=0,5+sinx**. Die gesuchte Lösung ist der x–Wert des Schnittpunktes der Graphen von y=x und F(x)=0,5+sinx.

Mit Hilfe von QUATTRO PRO könnte man auch einfach die Funktion f(x)=x–sinx–0,5 zeichnen und den Schnittpunkt des Graphen mit der x–Achse ablesen. Diesen zunächst grob geschätzten Schnittpunkt könnte man durch eine feinere Einteilung der x–Achse beliebig genau einfangen. Die dabei entstehende Bilderfolge wäre nichts anderes als eine *grafische Iteration*.
Weiter unten in Aufgabe 2 komme ich darauf zurück.

Wir wollen hier aber *rechnerisch* iterieren. Die Itertionsvorschrift lautet offenbar:

$$x_{n+1} = \frac{1}{2} + \sin(x_n) \tag{1}$$

Mit x0=0 erhalten wir:

x1=F(x0)=0,5+sin(0)=0,5
x2=F(x1)=0,5+sin(0,5)=0,9794...

....

Das Rechenblatt liefert x10=1,4973003841979
Dieser Wert ist auf 8 Dezimalstellen genau.

Für die grafische Veranschaulichung der Iteration berücksichtigt man
die Tatsache, daß die Ordinate $F(x_n)$ gleich ist dem nächsten Näherungswert x_{n+1}. D.h. vom Punkt (x0;F(x0))=(0;0,5) zeichnet man eine
Parallele zur x–Achse bis zur Winkelhalbierenden y=x. Sodann zeichnet
man vom Punkt (x1;F(x1))= (0,5;0,979) die entsprechende Parallele bis
hin zu y=x, usw. Man erhält dann den in Abb.3–4 dargestellten "Itera-
tionszug". (Vergleichen Sie das folgende Beispiel 3.4 für Details zum
Zeichnen einer Treppenfigur.)

Eingabe

1.   Wir verfahren wie in Beispiel 3.2
     Zunächst mit **/LS 20** die A– und die B–Spalte erweitern.
     Die Werte x0,x1,x2 usw. kommen in A5,A6,A7 usw.
     A5: 0; A6: +B5; A7: +B6; usw. bis A15

2.   Die Werte x_{n+1} kommen in die erweiterte B–Spalte:
     B5: 1/2+@SIN(A5) (=x1=F(x0))

3.   **Strg+K:**   *Quellbereich*: B5
                       Zielbereich: B5..B15

4.   Sofort nach dem Kopieren sehen Sie die konvergierenden Nä-
     herungswerte. In B14 steht der vorhin angegebene Wert von
     x10.

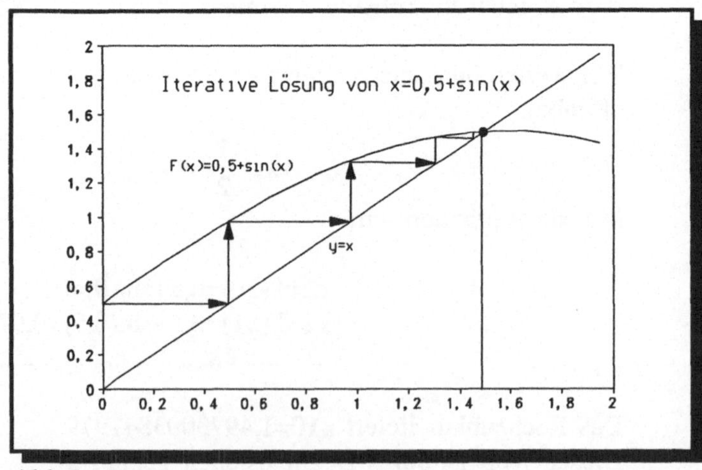

Abb.3–4

Aufgabe 1

Lösen Sie folgende Gleichungen:

1. $e^{-x}+\dfrac{x}{5}-1=0$ (Lösung: 4,9651..)

Diese Gleichung taucht im Zusammenhang mit dem WIEN-schen Verschiebungsgesetz auf.

2. $x^3-2x-5=0$ (Lösung: 2,094552..)

Von dieser WALLIS-Gleichung hat man die Lösung auf über 4000 Stellen genau berechnet. Sie dient als algebraisches Meerschweinchen für die verschiedensten Näherungsmethoden zum Lösen nichtlinearer Gleichungen.

3. $x^5-x-0{,}2=0$ (Lösungen: $-0{,}2003; 1{,}0448; -0{,}9421$)

Die angegebenen Lösungen erhalten Sie, wenn Sie diese Gleichung auf 3 verschiedene Arten nach x auflösen und iterieren. Also:

$$F_1(x)=x^5-0{,}2$$
$$F_2(x)=(x+0{,}2)^{1/5}; \quad (x\geq-0{,}2)$$
$$F_3(x)=-(-x-0{,}2)^{1/5}; \quad (x\leq-0{,}2)$$

Aufgabe 2

Wie in der Vorbereitung angedeutet, soll auch die rein *grafische* Lösung einer transzendenten Gleichung besprochen werden.

Zeichnen Sie also den Graphen zu $f(x)=e^{-x}+\dfrac{x}{5}-1$. Wählen Sie mehrfach neue linke und rechte Grenzen für die darzustellende x–Achse, und bestimmen Sie die Nullstelle grafisch.

Lösung

Zeichnen Sie zuerst den Graphen zwischen x=0 und x=6.
A5: 0; A6: **+A5+0,1**; bis A70 kopieren.
In B5: **@EXP(−A5)+A5/5−1**; bis B70 kopieren.
/GDX
/GW: 1.W.Bereich: **B5..B70**
         X−Achsenwerte: **A5..A70**
         Skalierung automatisch.

Vergleichen Sie Abb.3−5

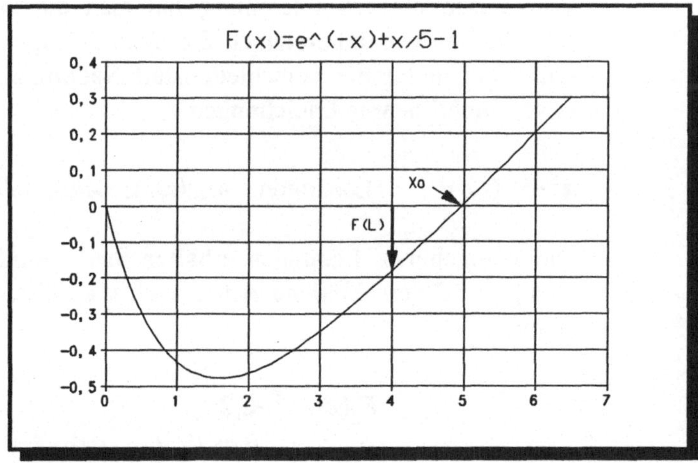

Abb.3−5

In der folgenden Abb.3−6 wurde in A5 der Wert 4,92 eingegeben.
In A6: **+A5+0,001**
Dann wurde bis A70 kopiert.

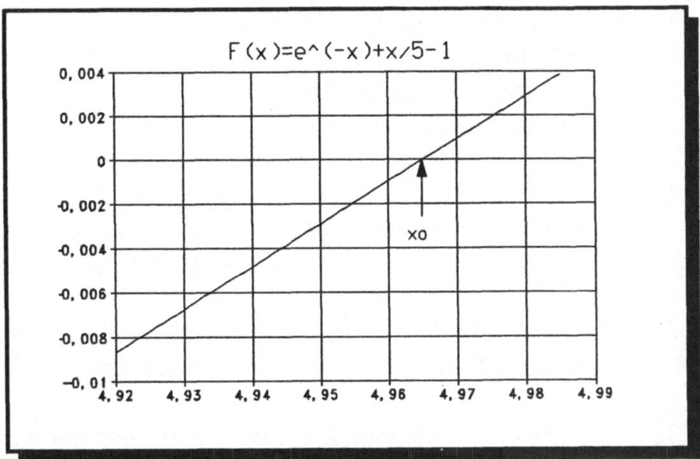

Abb.3–6

Offenbar liegt die Nullstelle bei x=4,965

Diese grafische Lösung ist sicherlich nicht die langsamste! In den allermeisten Fällen dürfte sie auch in puncto Genauigkeit allen Ansprüchen genügen.

Daß das grafische Verfahren sehr brauchbar ist, läßt sich einsehen, wenn man etwa die Lösungen einer Gleichung wie

$$-\frac{17}{216}x^3+\frac{401}{216}x^2-\frac{35}{6}x+1=0 \qquad (2)$$

berechnen soll.
(Gleichung (2) ergibt sich z.B. bei der Berechnung von Eigenfrequenzen eines einseitig eingespannten, verjüngten Stabes, also ein Beispiel aus der Ingenieurpraxis).

Zunächst läßt man sich den Graphen zeigen mit möglichst allen (drei) Nullstellen. Im Bereich von x=0 bis 22 findet man tatsächlich 3 reelle Nullstellen: bei 0,2; 3,5 und bei 19.
Jetzt sucht man diese Stellen einzeln auf.

1.   Man zeichnet das Intervall von 0 bis 0,2 mit der Schrittweite 0,001 (automatische Skalierung). Die x–Werte in A1 bis A220; y–Werte in B1 bis B220. Man findet: x1 = 0,18.

2.   Dieses Ergebnis grenzt man nochmals ein; Schrittweite: 0,0001. Mit 0,175 in A1 findet man den verbesserten Wert x1=0,182.

3.   Wenn diese Genauigkeit reicht, geht man zur nächsten Nullstelle. Hier findet man x2=3,514.

4.   Die dritte Nullstelle liegt bei x3=19,891.

3.4 FEIGENBAUM–Iteration oder ein Hauch von Chaos

1976 erschien ein Artikel in der Zeitschrift *Nature*,[1] in der der Autor Robert M. MAY auf die fast universelle Bedeutung einer *nichtlinearen* Differenzengleichung hinwies, mit der sich –zumindest qualitativ– biologisch–ökologische, ökonomische und auch soziale Probleme modellieren lassen. Im täglichen Leben sind wir von nichtlinearen Phänomenen umgeben: turbulente Ströme in der Atmosphäre (Wetter!), in den Straßen, in der Politik–und in der Psyche. Die Gleichung, von der die Rede ist, hat folgende unscheinbare Gestalt:

$$x_{n+1} = 4cx_n(1-x_n) \tag{1}$$

Die dynamischen Eigenschaften von (1) sind allerdings unerwartet kompliziert.(Die analoge Differentialgleichung $dx/dt = ax(1-x)$ hat dagegen die einfache Lösung $x(t) = x_0 e^{at}/[1 - x_0(1 - e^{at})]$).

Als sogenannte *logistische Gleichung* wurde (1) schon lange zur Modellierung einfachster Populationen verwendet, wie etwa für Bakterien im Reagenzglas oder für Mücken auf einer einsamen Insel. (x bedeutet die Zahl der Lebewesen in einem isolierten Gebiet dividiert durch die maximale Zahl von Individuen, die das Gebiet am Leben halten kann.) Viele der interessanten *mathematischen* Eigenschaften von (1) wurden 1978 von M.J. FEIGENBAUM mit einem einfachen programmierbaren Taschenrechner untersucht.[2]

Wir wollen ein wenig vom fast esoterischen Duft dieser Untersuchungen mitbekommen, indem wir unser Tabellenkalkulationsprogramm auf die Lösung von Gleichung (1) ansetzen.

Es soll also ein Arbeitsblatt angelegt werden, mit dem sich die durch (1) beschriebenen Iterationen verfolgen lassen. Die Folge der x_n–Werte nennt man, wie schon in 3.2 erwähnt, den *Orbit* (Bahn) der Standardabbildung (1)

MAY,R.M.: Simple Mathematical Models with Very Complicated Dynamics. Nature **261** (1976) 459

FEIGENBAUM,M.J.: J.Stat.Phys. **19** (1978) 25; **21** (1979) 669

Gleichung (1) stellt die einfachste nichtlineare eindimensionale Abbildung dar, die man sich denken kann. Man nennt sie auch quadratische Abbildung (quadratic map).

Der Kontrollparameter c, oft auch λ genannt, ist bei biologischen Anwendungen abhängig vom Futtervorrat, Temperatur im Laboratorium usw.
Wir werden hier nur den mathematischen Gehalt von (1) im Auge haben und fordern, daß x und c beide zwischen 0 und 1 liegen sollen.
Außerdem wollen wir zu stetig veränderlichen x–Werten übergehen.
$f(x)=4cx(1-x)$ stellt eine nach unten geöffnete Parabel mit dem Scheitel in (0,5;c) dar.
Für die grafische Analyse von (1) verwenden wir das bereits in den letzten Beispielen eingeführte Treppenverfahren mit der Winkelhalbierenden des ersten Quadranten und mit der Parabel y=f(x).

Vorbereitung

Die Treppenkurve verwendet den jeweils letzten y–Wert als neuen x–Wert (Iteration). D.h. man berechnet der Reihe nach f(x),f(f(x)), usw.
Vorgegeben werden ein Anfangswert x0 und ein fester Wert für den Parameter c, z.B. **x0=0,05** und c zwischen 0,8 und 0,9, etwa **c=0,73**.
Da die x–Werte der *Treppenfunktion* für jede Stufe neu berechnet werden, kann man /BF nicht verwenden. Andererseits sollen Parabel und Gerade mit *gleichabständigen* x–Werten gezeichnet werden.

Eingabe
1.   In G1 steht der c–Wert (0,73), in G2 der x0–Wert (0,05)
2.   Wir beginnen mit der Zeile 5:
        A5: +G$2;   B5: 0
        A6: +A5   B6: +4*G$1*A6*(1–A6)
        Damit wird der erste senkrechte Strich gezeichnet.
3.   Horizontaler Strich: A7: +A5, B7: +B6
                               A8: +B6, B8: +A8
4.   Vertikaler Strich :   A9: +A8, B9: +B8
                               A10: +A9
                               B10: **+4*G$1*A10*(1–A10)**

5. Die Schritte 3 und 4 wiederholen sich jetzt immer wieder. Man kopiert diese daher sooft als nötig, z.B. zwanzigmal.
Das geht zum Glück sehr einfach:

> **Strg+K**: *Quellbereich*: A7..B86
> *Zielbereich* : A11

6. In A92..A142 sollen die 50 x–Werte zum Zeichnen von *Parabel* und *Gerade* untergebracht werden:

> A92: 0;   A93: **+A92+0,02**

Bis A142 kopieren: **Strg+K:**   Q.B.: A93
> Z.B.: A93..A142

7. Die Formel für die Parabel in C92, die für die Gerade in D92:

> C92: **+4*G$1*A92*(1–A92)**
> D92: **+A92** (die Gerade heißt: y=x)

8. Kopieren: **Strg+K:**   Q.B.: C92..D92
> Z.B.: C92..D142

9. **/GDX   /GW**

> *1.Wertebereich*:   B5..B142 (Treppe)
> *2.Wertebereich*:   C5..C142 (Parabel)
> *3.Wertebereich*:   D5..D142 (Gerade)
> *X–Achsenwerte* :   A5..A142

10. Die Skalierung für x– und y–Achse ist in Abbildung 3–7 auf *manuell* gestellt. In Abbildung 3–8 *muß* man den gewünschten Ausschnitt manuell einstellen.

11. **F10**

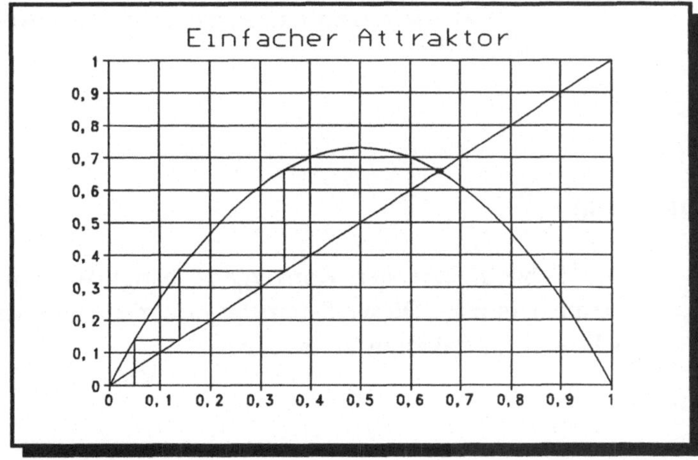

Abb.3–7

Abbildung 3–8 zeigt die Umgebung des bei x=0,65 liegenden *Attraktors*, das ist in Abb.3–7 der kleine Fleck bei x=0,65, *in Vergrößerung*. Bei x=0,65 liegt ein anziehender Fixpunkt, eben ein Attraktor. Man sagt gelegentlich auch: *der Orbit {xo,x1,x2,...} läuft auf den Fixpunkt* $x^*=0,65...$ zu.

Iteriert man oft genug, so kann man die Genauigkeit des x–Wertes eines Attraktors beliebig steigern. Ein besserer Wert für x ist 0,6575

Für Fixpunkte gilt $x^*=f(x^*)$. Sie sind zeitunabhängige Lösungen der Gl.(1).

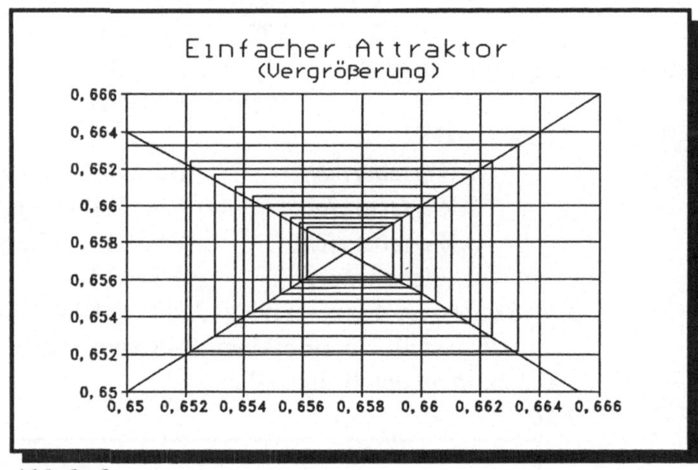

Abb.3–8

Anmerkung

Die Schnelligkeit der Konvergenz hängt wesentlich vom Wert des Parameters c ab. Dieser Parameter bringt es außerdem fertig, zwei, vier, acht usw. Attraktoren zu erzeugen.

Beispielsweise ergab c1=0,73 den Attraktor mit x=0,6575. Für c2=0,85 erhalten Sie zwei Attraktoren mit x=0,45197 und x=0,84215.
Mit c3=0,87 sind es bereits 4 Attraktoren: 0,395; 0,487; 0,831 und 0,869 (4–Punkt–Attraktor).

Bei weiterer Vergrößerung der c–Werte lassen sich die Attraktoren nicht mehr voneinander unterscheiden, wir stehen im CHAOS (eindimensionales FRACTAL).

Wenn Sie die x–Werte der Attraktoren gegen c auftragen, was man besser mit einem normalen Computerprogramm, z.B.in BASIC oder PASCAL, ausführt, so erhalten Sie das berühmte FEIGENBAUM–Diagramm. Dieses beginnt zunächst mit einer Folge von Gabeln, die aber später in eine chaotische Punktmasse übergehen. Interessant ist jedoch, daß sich bei weiterer Vergrößerung von c, Fenster periodischer Bewegung auftun. In diesem Gebiet haben wir eine Koexistenz von harmonischer und periodischer Bewegung.

FEIGENBAUM entdeckte mit seinem Taschenrechner, daß sich die c–Werte einem Grenzwert c_l nähern. Und zwar gilt: $c_n - c_l = A\delta^{-n}$.
Dabei ist die dimensionslose Zahl δ unabhängig von den speziellen Eigenschaften von f(x), sie hängt nur von der Ordnung der Abbildung ab.
Diese Feigenbaumkonstante δ ist durch folgenden Grenzwert gegeben:

$$\delta = \lim_{n\to\infty} \frac{c_{n+1} - c_n}{c_{n+2} - c_{n+1}} \tag{2}$$

Unsere drei c–Werte c1,c2,c3 liefern $\delta = 6$. Der Grenzwert beträgt jedoch $\delta = 4,669201609...$

Kehren wir zurück zur Ökologie. Gibt es für einen c–Wert mehrere Attraktoren, so bedeutet dies, daß die Größe einer Population zwischen mehreren Werten pendelt. Wenn c zum CHAOS führt, so scheint die Populationsgröße vom Zufall regiert zu werden.

Aufgabe

Untersuchen Sie die Gleichung y=4cx(1−x) mit 0<=x<=1 und 0<=c<=1 auf weitere Attraktoren. Für x0=0,05 und c=0,6 strebt die Iteration gegen den Fixpunkt x=7/12=0,58333.. Auch für andere Startwerte x0 (aber nicht x0=0 oder x0=1) ergibt sich derselbe Fixpunkt. Ein stabiler Fixpunkt heißt auch Attraktor der Periode 1.

Zu dem ganzen Thema finden Sie gute Darstellungen bei [BECKER–DÖRFLER89] und [PEITGEN–JÜRGENS–SAMPE92].

3.5 Auch Pfarrer BOLZANO iterierte

Ein weiteres einfaches Verfahren zur Lösung von fast beliebigen Gleichungen stammt von dem österreichischen Pfarrer Bernhard BOLZANO
(1781–1848).
Nach BOLZANO hat man das Intervall (L,R), in dem die Nullstelle liegt,
solange zu halbieren, bis man die Lösung genaugenug bestimmt hat.
Die Gleichung

$$e^{-x} + \frac{x}{5} - 1 = 0 \qquad\qquad (1)$$

soll erneut bis auf wenigstens drei Dezimalstellen gelöst werden.

Vorbereitung

Wir schätzen Startwerte für L und R, z.B. L=4, R=6. Die Intervallmitte
ist x=(L+R)/2. F(L) soll der Vergleichswert sein. F ist die Funktion,
deren Gleichung durch (1) gegeben ist. Sollte die Intervallmitte schon
die gesuchte Nullstelle sein, so ist F(x) und damit F(L)*F(x)=0, –und
wir sind fertig. Normalerweise wird aber F(x) nicht Null sein.

Liegt die Nullstelle xo **links** von der Intervallmitte x, so ist F(L)*F(x)
<0. Wir suchen dann nur noch im Intervall (L,x), d.h. wir setzen R=x
und halbieren dieses Intervall erneut.

Liegt die Nullstelle xo **rechts** von der Intervallmitte x, so ist F(L)*F(x)
>0. Wir setzen L=x und halbieren die rechte Intervallhälfte.

Will man die Lösung einer Gleichung mit der Genauigkeit $|x_0 - x| < \epsilon$
berechnen, so hat man N Halbierungen auszuführen. Man kann zeigen,
daß gilt: N>(log(R–L)–log(ϵ))/log2. Wir müßten also mehr als 11
Iterationen durchführen, um die geforderte Genauigkeit von 3 Dezimalstellen zu erreichen; tatsächlich sind 12 Iterationen nötig.

Eingabe

1. Den Wert 4 für L speichern wir in E1, den für R (=6) in E2. Um die Konvergenz der Ergebnisse möglichst weit verfolgen zu können, vergrößern wir die Breite der Spalten B,C,D auf 16. (**/LS 16**).
2. B10: **+E$1**; C10: **+E$2** ; D10: **(B10+C10)/2**
   E10: **@EXP(–B10)+B10/5–1** (=F(L))
   F10: **@EXP(–D10)+D10/5–1** (=F(x))
3. Wollen wir 30 Halbierungen durchführen, so kopieren wir die Einträge in D, E und F bis Zeile 30: **Strg+K** : von D10..F10 nach D10.. F30.
   In B11 und C11 haben wir jetzt die Fallabfragen einzutragen:
4. B11: **@WENN(E10*F10>0;D10;B10)** (d.h.:L=x)
   C11: **@WENN(E10*F10<0;D10;C10)** (d.h.:R=x)
5. **Strg+K:** B11..C11 nach B11..C30

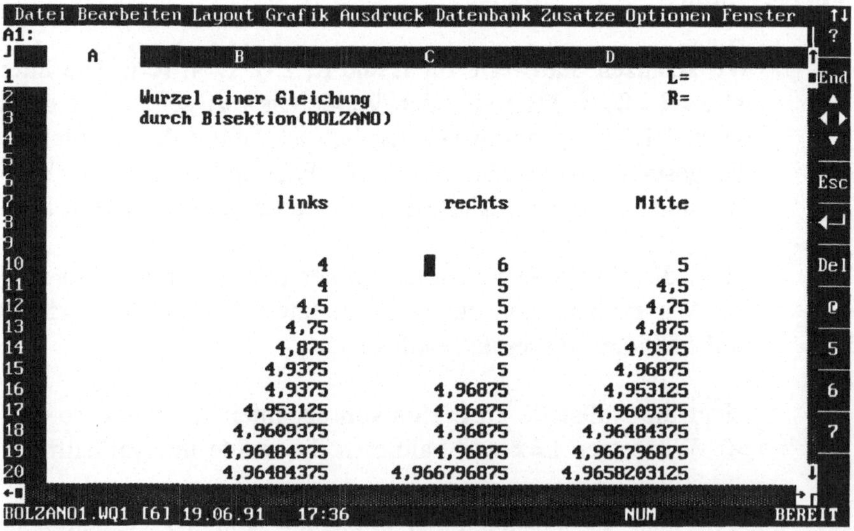

	A	B	C	D
1				L=
2		Wurzel einer Gleichung		R=
3		durch Bisektion(BOLZANO)		
4				
5				
6				
7		links	rechts	Mitte
8				
9				
10		4	6	5
11		4	5	4,5
12		4,5	5	4,75
13		4,75	5	4,875
14		4,875	5	4,9375
15		4,9375	5	4,96875
16		4,9375	4,96875	4,953125
17		4,953125	4,96875	4,9609375
18		4,9609375	4,96875	4,96484375
19		4,96484375	4,96875	4,966796875
20		4,96484375	4,966796875	4,9658203125

Abb.3–9

Die ungefähre Lösung der Gleichung (1) ist also –wie wir schon wissen– x=4,965.

3.6 Die SEIDEL–Iteration

Von GAUSS stammt ein Iterationsverfahren, das von SEIDEL verbessert wurde, mit dem sich auch gewisse **Systeme** linearer Gleichungen lösen lassen. Dieses GAUSS–SEIDEL–Verfahren funktioniert dann, wenn die Koeffizienten der Elemente in der Hauptdiagonalen wesentlich größere Beträge haben als die Koeffizienten der übrigen Elemente. (Die Elemente der rechten Seite des Gleichungssystems spielen dabei keine Rolle.) Das ist zwar eine ernsthafte Beschränkung, aber die praktische Mathematik kennt viele Beispiele von Gleichungssystemen, die den erwähnten Forderungen genügen.

Das folgende Beispiel mit den Lösungen $x=2$, $y=5$ und $z=9$ soll als Beispiel dienen.

$$\begin{aligned} 25x+2y+z&=69 \\ 2x+10y+z&=63 \\ x+y+4z&=43 \end{aligned} \qquad (1)$$

Vorbereitung

Zuerst bringt man (1) in die folgende Form (2)

$$\begin{aligned} x&=(69-2y-z)/25 \\ y&=(63-2x-z)/10 \\ z&=(43-x-y)/4 \end{aligned} \qquad (2)$$

Addiert man die absoluten Werte der Koeffizienten der Unbekannten auf der rechten Seite von (2), so erhält man in der ersten Gleichung $0{,}08+0{,}04=0{,}12$. Die zweite Gleichung gibt $0{,}3$; die dritte liefert $0{,}5$. Man kann zeigen, daß das Verfahren dann gegen den Lösungsvektor konvergiert, wenn diese Koeffizientensummen kleiner als 1 sind (hinreichendes Kriterium).[1]

---

[1] MEHR,F.J.: Berechnung elektrischer Potentiale. PdN–Ph.4 (1982) 110

Man beginnt damit, für die Unbekannten in den Klammern von (2) Startwerte anzugeben, z.B. Null. Liegen diese Startwerte in der Nähe der Lösung, so hat man nur wenige Iterationen auszuführen.

1. Iterationsschritt

$$x^{(1)}=(69-2y^{(0)}-z^{(0)})/25=2{,}760$$
$$y^{(1)}=(63-2x^{(1)}-z^{(0)})/10=5{,}748 \qquad (3)$$
$$z^{(1)}=(43-x^{(1)}-y^{(1)})/4=8{,}623$$

Weitere Iterationsschritte brauchen wir nicht anzuschreiben. Der erste Schritt wird kopiert.

In (3) wird gesagt, daß man bei der Berechnung einer Unbekannten den jeweils aktuellsten Wert der anderen Unbekannten verwenden soll.

Eingabe

Die Übertragung dieses Schemas ins Rechenblatt ist von erstaunlicher Einfachheit.

In B10,B11 und B12 trägt man die Startwerte ein.
In C10,C11 und C12 stehen die rechten Seiten von Gleichung (3), also:

C10:   (69–2*B11–B12)/25
C11:   (63–2*C10–B12)/10
C12:   (43–C10–C11)/4

Diese Werte dienen als Startwerte für die 2. Iteration, deren Ergebnisse in D10..D12 stehen.
Die weiteren Iterationen verlegen wir in die Spalten: E10..E12, F10..F12 usw.
Wir kopieren also die Formeln aus C10..C12 nach rechts bis I12, wenn wir sechsmal iterieren wollen.
Strg+K: *Quellbereich*:   C10..C12
                Zielbereich: C10..I12

Abbildung 3–10 zeigt das fertige Arbeitsblatt.

```
 Datei Bearbeiten Layout Grafik Ausdruck Datenbank Zusatze Optionen Fenster  ↑↓
 E4: ' x+ y+4z=43                                                             ?
 J      A        B        C        D        E        F        G        H      ⇧
 1                                                                          End
 2            GAUSS-SEIDEL- Verfahren        25x+2y+z=69                      ▲
 3                                            2x+10y+z=63                    ◄ ►
 4                                            x+ y+4z=43                      ▼
 5
 6            Startwert 1.Iter.  2.Iter.  3.Iter.  4.Iter.  5.Iter.  6.Iter. Esc
 7            --------------------------------------------------------------- ↵
 8
 9
10      X=        0     2,76  1,95524 1,996287 1,999908 2,000003         2  Del
11      Y=        0    5,748 5,046652  5,00079 4,999945 4,999996         5
12      Z=        0    8,623 8,999527 9,000731 9,000037        9         9   @
13
14                                                                          5
15
16                                                                          6
17
18                                                                          7
19
20
 SEIDEL1.WQ1  [2] 25.07.91   14:34                           NUM        BEREIT
```

Abb.3–10

Das obige Summenkriterium ist keine notwendige Bedingung für die
Konvergenz.
Das folgende Beispiel verlangt jedoch 76 Iterationen (bis BZ), ehe die
Lösung (2;1;–3) erzeugt wird:

$$2x-y-z=6$$
$$x+3y+2z=-1 \qquad (4)$$
$$3x+4y+3z=1$$

Verwenden wir in der 3. Gleichung von (4) 4z anstelle von 3z, so
erhalten wir mit nur 29 Iterationen die stabile Lösung: x=2,272727;
y= –0,36364; z= –1,0909

Aufgabe

Das obige Verfahren breitet die Lösung mit allen Zwischenergebnissen über das Spreadsheet aus.

Sie sollten versuchen, "auf der Stelle" zu iterieren, d.h. verwenden Sie nur höchstens 3 Spalten, und lassen Sie ein **Makro** die Anzahl der Iterationen steuern. (Es soll z.B. abgebrochen werden, wenn der maximale Unterschied zweier aufeinanderfolgender Werte eine gewisse Grenze unterschreitet.)

Abbildung 3–11 gibt einen Lösungsvorschlag:

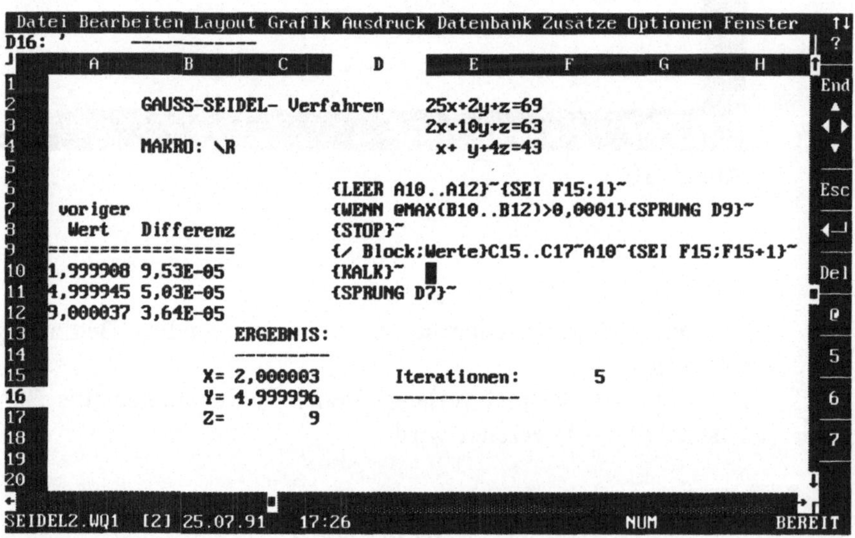

Abb.3–11

In der Differenzspalte steht in B10: @ABS(C15–A10); in B11 steht:
@ABS(C16–A11); in B12: @ABS(C17–A12)
Die erste Makrozeile dient der Initialisierung. D.h. die Startwerte in
A10,A11 und A12 werden auf Null gesetzt, und der Iterationszähler in
F15 erhält den Anfangswert 1.
Wenn das Maximum von B10,B11,B12 größer als 0,0001 ist, wird nach
der Makrozeile D9 gesprungen, sonst hält das Makro an.
In D9 werden die Werte der Zellen C15,C16,C17 nach A10,A11,A12
kopiert. Es reicht, A10 anzugeben. Der Iterationszähler wird um 1
weitergesetzt. In D10 wird eine neue Berechnung gestartet.
Anschließend Sprung zur Zeile D7 zwecks neuen Vergleiches, usw.

3.7 Temperaturverteilung und LAPLACE–Gleichung

Mit der SEIDEL–Iteration hängt das folgende Beispiel zusammen:
Eine kleine Metallplatte wird zunächst mit einem quadratischen Raster
überzogen. U1,U2,U3 und U4 sollen die Temperaturen in 4 gleich–
abständig gelegenen Punkten sein. Der obere Plattenrand wird auf
100°C gehalten, die drei anderen Ränder auf 0°C.

$$
\begin{array}{cccc}
0 & 100 & 100 & 0 \\
0 & \mathbf{U1} & \mathbf{U2} & 0 \\
0 & \mathbf{U3} & \mathbf{U4} & 0 \\
0 & 0 & 0 & 0
\end{array}
$$

Im Laufe der Zeit wird sich eine feste Temperaturverteilung einstellen.
Wir wollen wissen, welche Temperaturwerte in den Rasterpunkten zu
erwarten sind. (In der Praxis wird man natürlich hunderte von Punkten
auswählen, etwa auf der Tragfläche eines Flugzeuges. Um aber das
Wesentliche zu erkennen, bleiben wir zunächst bei nur 4 Punkten.)

Die Zahlenwerte an den Rändern müssen nicht 0 sein, es können beliebige Zahlen dorthin geschrieben werden.

Vorbereitung

Eine genauere Analyse des Problems zeigt, daß man nur fortlaufend
Mittelwerte zu bilden hat. Das soll heißen, U1 ist zunächst gleich
(100+U2+U3+0)/4. Um dieses Mittel berechnen zu können, müssen
Startwerte für U2 und U3 bekannt sein. Wir wählen einfach U2=U3=0.
Wir sollten einfach einmal zwei Berechnungen von Hand durchführen:

1.Durchgang: (=1.Iteration)

U1=(0+100+U2+U3)/4=25 ; beachten Sie: U2 und U3
sind bei der Berechnung von U1 noch beide 0.

Den neuen Wert für U1 benutzen wir aber jetzt bei der
Berechnung von U2:
U2=(U1+100+0+U4)/4=(25+100+0+0)/4= 31,25
U3=(0+U1+U4+0)/4=(0+25+0+0)/4=6,25
U4=(U3+U2+0+0)/4=(6,25+31,25+0+0)/4=9,375

Die Werte von U1..U4 sollen nun solange neu berechnet werden, bis
sich ein Trend (Grenzwert) erkennen läßt. Streben U1..U4 festen Werten
zu? Wie groß sind diese Grenzwerte? Wir *iterieren* nochmals unter
Beibehaltung der Randwerte:

2.Durchgang: (=2.Iteration)

U1=(0+100+31,25+6,25)/4=34,375
U2=(34,375+100+0+9,375)/4=35,9375
U3=(0+34,375+9,375+0)/4=10,9375
U4=(10,9375+35,9375+0+0)/4=11,71875

Eingaben

Um diese Rechnungen mit dem Spreadsheet–Programm durchzuführen,
ist es nötig, auf *spaltenweise-* oder *zeilenweise* Berechnung umzuschal-
ten. Die *"natürliche"* Berechnungsweise liefert in den ersten Iterationen
andere Zahlenwerte.

/ O N Reihenfolge: *Spaltenweise.*

1.   Geben Sie in B2 bis F2 die Zahl 100 ein (das Beispiel soll auf
25–U–Werte ausgedehnt werden). Die Randwerte links, rechts
und unten seien alle gleich 0; also: A3..A7: mit 0 füllen. Ebenso B8..F8 und G3..G7; Vergleichen Sie Abb.3–12.

2.   In B3 folgende Formel eintragen:
(A3+B2+C3+B4)/4

3.   Mit **Strg+K** Kopieren: *Quellbereich*: B3..B3, *Zielbereich*: B3
..F7

4.   Gleich nach dem Kopieren wird die erste Iteration automatisch
durchgeführt (/ONModus sollte auf *Hintergrund* oder *automatisch* stehen). Jede weitere Iteration wird nach Drücken von **F9**
ausgeführt.

Sie können aber auch mit /ONIteration die Zahl der gewünschten Iterationen einstellen. Drücken Sie dann auf **F9**, so werden die eingestellten Iterationen –sehr schnell– ausgeführt. (Die Ergebnisse stimmen bei kleinen Iterationszahlen nicht mit den unsrigen überein. Vermutlich wird bei **/ONI** im *natürlichen* Modus gerechnet. Da wir uns aber nur für die Resultate bei hinreichend großen Iterationszahlen interessieren –also für Grenzwerte–, sind die anfänglichen Unterschiede unerheblich.)

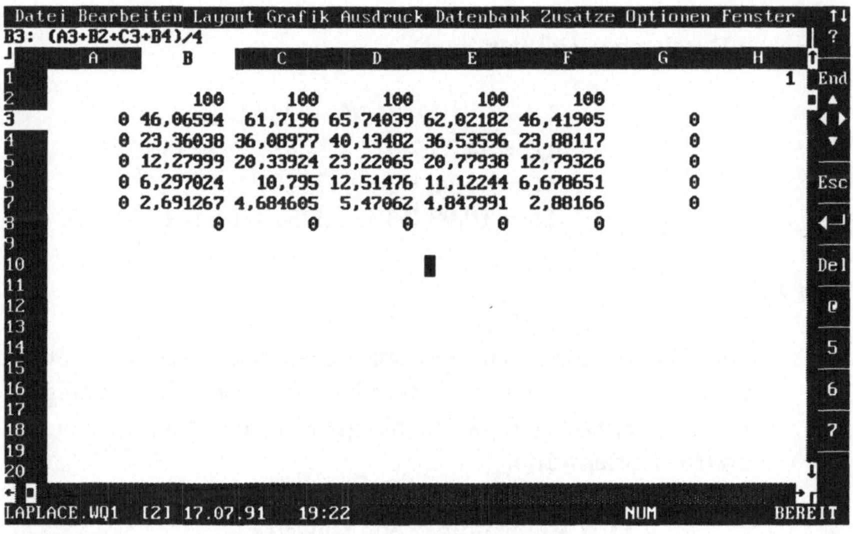

Abb.3–12

Abbildung 3–12 zeigt die errechnete Temperaturverteilung nach 10 Iterationen.

In der folgenden Abbildung 3–13 sehen wir die Situation nach 40 Iterationen.

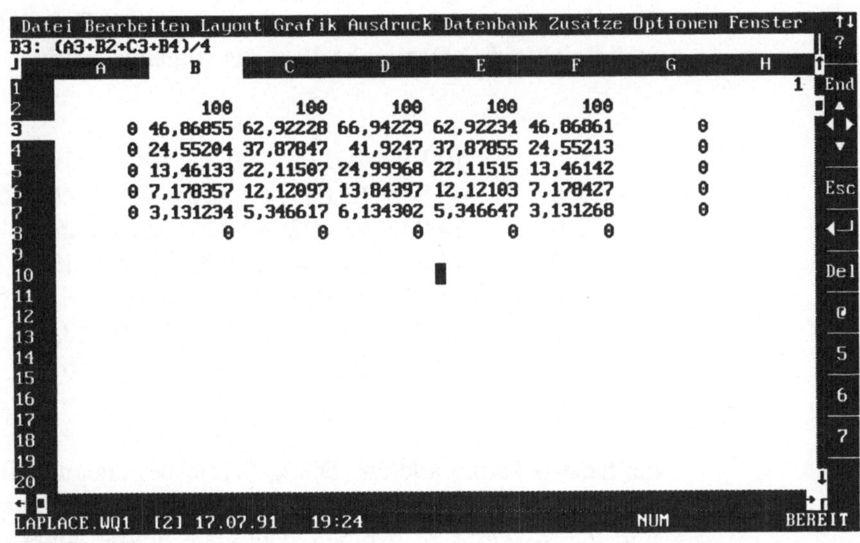

Abb.3–13

Wenn Sie noch einige Iterationen hinzufügen, werden Sie sehen, daß sich die Zahlen kaum mehr ändern, man sagt, es sei Konvergenz eingetreten. Nach 55 Iterationen erscheint im Zentrum der Wert 25.

Anmerkung 1

1. Es gibt strenge Kriterien, die eine Konvergenz garantieren, vergl. die Fußnote im vorigen Beispiel.

2. Die U–Werte, die sich nach vielen Iterationen als Grenzwerte ergeben, lassen sich bei einfachen geometrischen Formen auch *theoretisch* berechnen. Für ein quadratisches Feld von 10*10 L.E. ergibt sich

$$U(x,y) = \sum_n \frac{400}{n\pi \sinh(n\pi)} \sinh\left(\frac{n\pi}{10}(10-y)\right) \sin\frac{n\pi x}{10} \tag{1}$$

$$n = 1,3,5,\dots$$

3.   Berechnet man mit Gleichung (1) die U–Werte, um sie mit
     denen des Spreadsheets zu vergleichen, vergl. Beispiel 3–8, so
     ergibt sich auf 3 Dezimalstellen das folgende Bild:

	100	100	100	100	100	
0	46,955	63,857	67,824	63,857	46,955	0
0	23,937	38,072	42,376	38,072	23,937	0
0	13,072	21,964	25,000	21,964	13,072	0
0	6,967	11,928	13,696	11,928	6,967	0
0	3,036	5,231	6,024	5,231	3,036	0
	0	0	0	0	0	

Ich habe 6 Terme addiert. Die x–Werte der ersten Zeile lauten:
0; 1*5/3;2*5/3;3*5/3;4*5/3;5*5/3 und 6*5/3 =10. Entsprechend
sind die y–Werte zu nehmen. Die erste Spalte lautet von oben
nach unten: 0; 1*5/3;...;5*5/3 und 10. Der zentrale U–Wert hat
die Koordinaten (3*5/3;3*5/3)=(5;5).

Verfeinerung

Diese Werte stimmen nicht besonders gut mit denen aus
Abb.3–13 überein. Der Grund liegt darin, daß die Ebene mit zu
wenigen Zellen bedeckt wurde. Verwenden wir statt nur 5*5
=25 U–Werten derer 11*11=121, so sieht die Sache schon
besser aus. (Die Zahl 121 wurde gewählt, damit jede zweite
neue Zelle mit einer alten Zelle verglichen werden kann, d.h.
die alte Zelle B3 ist der neuen Zelle C4 zugeordnet usw.)
Allerdings werden wir jetzt *150 Iterationen* ausführen müssen,
um Stabilität in der 2. Dezimalstelle zu erreichen (Rechenzeit
ca. 5 Sekunden auf einem 386er PC).
Das Arbeitsblatt sieht bei diesem feineren Netz so aus:

1.   B2..L2: 100; A3..A13: 0; B14..L14: 0 und M3..M13: 0
2.   In B3 wieder die obige Mittelwertformel. Kopieren bis L13.
3.   Die neuen Zellen C4,E4,G4,I4,K4 entsprechen den alten Zellen
     B3..F3. Ebenso: C6, E6, G6,I6,K6 den alten Zellen B4..F4 usw.

Ergebnisse

C4: 46,94; E4: 63,58; G4: 67,59; I4: 63,58; K4: 46,94
C6: 24,14; E6: 38,02; G6: 42,24; I6: 38,02; K6: 24,14

usw.

Offenbar muß man noch feinere Netze verwenden, um die Werte nach Gl.(1) reproduzieren zu können.

Der Name   Hier soll endlich gesagt werden, warum das Beispiel den Namen LAPLACE's trägt.

Wenn man die Temperaturverteilung in einer Platte studiert, die keine Wärmequellen enthält, oder wenn man die Spannungsverteilung in einem ladungsfreien Raum berechnen will, so stößt man auf die sogenannte LAPLACE–Gleichung:

$$\frac{\partial^2 U}{\partial x^2} + \frac{\partial^2 U}{\partial y^2} = 0 \tag{2}$$

allgemein: $\nabla^2 U = 0$

Unsere U–Werte bedeuten je nach Sachlage Temperatur, Spannung, Masse usw.

Man kann nun zeigen, daß unsere Mittelwertgleichung, die in mathematischem Look so geschrieben werden kann:

$$U_{i,j} = (U_{i-1,j} + U_{i+1,j} + U_{i,j-1} + U_{i,j+1})/4 \tag{3}$$

der Gl.(2) genügt.

Anmerkung 2

In vielen praktischen Fällen ist es sehr unbequem, mit rechtwinkligen Koordinaten zu arbeiten. Stellen Sie sich vor, Sie wollten die Temperaturverteilung in einer Konservendose berechnen, deren Mantel–und Deckflächen auf festen Temperaturen gehalten werden.

Sie würden dann in verschiedenen Höhen Schnitte durch die Dose legen und die Schnittfläche mit Zellen überdecken. In jeder Zelle ließe sich dann die Temperatur mit der Mittelwertformel berechnen. Aber wie behandeln Sie die Ränder, die jetzt kreisförmig sind? Hier schreiben Sie die LAPLACE–Gleichung am besten in Zylinderkoordinaten (ohne Winkelabhängigkeit):

$$\frac{\partial^2 U}{\partial z^2} + \frac{\partial^2 U}{\partial r^2} + \frac{1}{r}\frac{\partial U}{\partial r} = 0 \tag{4}$$

Für Punkte auf der r=0 –Achse ist eine eigene Gleichung zu verwenden. Ich will hier nicht weiter auf diese Rechnungen eingehen, vergl.[1]

In vielen praktischen Anwendungen sind quadratische Zellen völlig ausreichend.

Aufgabe

Ermitteln Sie die Temperaturverteilung in einem Zimmer mit folgenden Randwerten:

		26	24	20	20	20	25		
	24	Kamin							30
	23								33
Küche –>	23								32
	22							Heizung–>	23
	21								17
	20								11
Flur–>	20							Balkon–>	9
	20								9
		19	19	18	19	19			

Küche –> 23 steht in der Spalte; Heizung–> 32.

---

[1] CROW,T.T.: Solutions to Laplace's equation using spreadsheets. Am.J.Phys.**55** (1987) 817

```
Datei Bearbeiten Layout Grafik Ausdruck Datenbank Zusatze Optionen Fenster   ↑↓
H15:                                                                          ?
```

	A	B	C	D	E	F	G	H
1								
2		26	24	20	20	20	25	
3	24	24,05354	23,16286	21,90555	22,06577	23,47718	27,33084	33
4	23	23,0577	22,70144	22,4032	22,88864	24,51768	27,84837	33
5	23	22,485	22,19462	22,13044	22,57916	23,86392	26,54759	32
6	22	21,69759	21,4753	21,35921	21,44586	21,81919	22,48078	23
7	21	20,83871	20,66232	20,39871	20,03736	19,49357	18,55876	17
8		20	19,9463	19,54695	18,82079	17,56505	15,26259	11
9		20	19,58273	19,02988	18,14061	16,68757	13,92783	9
10		20	19,35877	18,85382	18,02812	17,11921	14,76176	9
11			19	19	18	19	19	

```
LAPLACE2.WQ1 [2] 18.07.91   19:45        KALK              NUM          BEREIT
```

Abb.3–14

Der Boden des Zimmers wurde mit einem Gitter quadratischer Zellen überzogen. In jeder Zelle wurde die Mittelwertformel eingetragen. Nach etwa 40 Iterationen stehen die Werte mit drei gültigen Dezimalstellen.

Makros

Beim ersten Arbeiten mit den obigen Modellen wird man immer wieder neue Randwerte oder verschiedene Iterationszahlen ausprobieren wollen. Um den Ausgangszustand des Arbeitsblattes erneut herzustellen, sollte man mit einem Makro die nötigen Schritte automatisieren.
Um dies zu erklären, beziehen wir uns auf die Abbildung 3–13.
Wenn wir Abb.3–13 löschen wollen, so können wir folgendermaßen vorgehen:
Wir gehen nach AA1 und schreiben ohne den Makro–Editor einzusetzen den folgenden Zweizeiler:

```
1       {HOME}˜{/ Block;Werte}A1..A1˜B3..F7˜
2       {SEI B3;"(A3+B2+C3+B4)/4"}˜{GEHEZU}B3˜
```

Hiernach geben Sie mit /BN dem Makro einen Namen, z.B. \L, und geben als Blockadresse AA1 an. (Mit ALT+L wird das Makro aufrufen.) In A1 haben wir eine 0 stehen. Diese Null wird mit ALT+L von allen Zellen des Blocks B3..F7 übernommen. Anschließend schreibt das Makro den String (A3+B2+C3+B4)/4 in Zelle B3. Sie drücken **F2** und löschen den führenden Apostroph, damit der String zu einer Formel wird. In B3 erscheint die Zahl 25.

Um diese Formel in die anderen Zellen zu kopieren, schreiben wir in AA5 das kleine Makro **\K** (mit /BN den Namen eintragen).

AA5: {/ Block;Kopieren}B3..B3˜B3..F7˜

Man geht also so vor:

    ALT+L; mit **F2** ' entfernen; RETURN; ALT+K.

Damit ist die erste Iteration ausgeführt. Weitere Iterationen mit **F9**.

Man könnte den Wunsch haben, nicht mit einer *festen Iterationszahl* zu rechnen, sondern mit einer *Abbruchbedingung*, z.B. soll dann abgebrochen werden, wenn zwei aufeinanderfolgende Werte der Mitte, d.h. D5, sich um weniger als 0,0001 unterscheiden. Wir wollen den letzten U–Wert in AH12 aufheben. Dort muß zu Beginn ein von 0 verschiedener Wert stehen, z.B. eine 1. (Das kann man mit \L machen, indem man dort nach ..˜B3..F7˜ noch anfügt: {SEI AH12;1}˜

Das neue Makro kann so aussehen:

AA7: {WENN @ABS(AH12–D5)>0,0001}{SPRUNG AA9}˜
AA8: {STOP}˜
AA9: {/ Block;Werte}D5..D5˜AH12˜{KALK}˜{SPRUNG   AA7}˜

Geben Sie dem Makro mit /BN den Namen \W

Dieses Mal gehen Sie wie folgt vor:

    ALT+L; **F2** zum Entfernen von ' ; ALT+K ; ALT+W

3.8 Berechnung von Reihen

Viele Funktionen,z.B. f(x)=sinx, lassen sich in Form einer Potenzreihe darstellen. Das ist eine Reihe, deren Terme die Gestalt $a_n x^n$ haben. Die Werte der Faktoren a_n bestimmen die Funktion.
Wichtige Anwendungen besitzen auch Reihen, deren Terme aus Sinus– und Kosinus– Gliedern bestehen. Sie sind unter dem Namen FOURIER–Reihen bekannt. Es gibt Reihen, deren Terme aus noch allgemeineren Funktionen aufgebaut sind, z.B. aus Polynomen bei den LEGENDRE–Reihen.
Unsere Aufgabe soll es sein, Arbeitsblätter zu entwerfen für die Berechnung der Summe aus nahezu beliebig vielen Termen einer Reihe.

Als *Beispiel* berechnen wir die Werte der im letzten Beipiel, 3–7, aufgetretenen Reihe

$$U(x,y)=\sum_n \frac{400}{n\pi\sinh(n\pi)}\sinh\left(\frac{n\pi}{10}(10-y)\right)\sin\frac{n\pi x}{10} \qquad (1)$$

für gegebene Werte von x und y.
Die Summe enthält nur ungerade n–Werte.

QUATTRO PRO enthält keine Hyperbelfunktionen. Man muß also auf die Definitionen dieser Funktionen zurückgehen:

$$\sinh x := \frac{e^x - e^{-x}}{2}$$

$$\cosh x := \frac{e^x + e^{-x}}{2} \qquad (2)$$

Eingabe

Wir speichern den x–Wert in E1(z.B.: 1,3), den y–Wert in E2 (z.B.: 2).

1. A5: 1 (n=1); A6: +A5+2;
    B5: +A5*@PI (=n*Pi)
    C5: (@EXP(B5)–@EXP(–B5))/2   (=sinh(nPi))
    D5: +B5/10*(10–E$2)   (=nPi/10(10–y))
    E5: (@EXP(D5)–@EXP(–D5))/2   (=sinh(nPi/10(10–y)))
    F5: @SIN(B5*E$1/10)   (=sin(nPix/10)
    G5: 400*E5*F5/(B5*C5)   (=erster Summenterm)
    H5: +G5; H6: @SUMME(G$5..G6) (Summe der ersten beiden
    Terme)

2. Wollen wir 10 Terme addieren, so kopieren wir die obigen
    Formeln bis zur Zeile 14:
    Strg+K: Q.B.: A6; Z.B.: A6..A14;
    Strg+K: Q.B.: B5..G6; Z.B.: B5..G14;
    Strg+K: Q.B.: H6; Z.B.: H6..H14;
    Man wird bei dieser Reihe feststellen, daß es wenig Sinn hat,
    mehr als 10 Terme zu addieren, da sie sehr schnell konvergiert.

    Für x=1,3 und y=2 ergeben die ersten 10 Terme die Summe
    33,91706.

Aufgabe 1

Addieren Sie die Summe der ersten 10 Terme der SINUS-Reihe für
einige selbstgewählte x–Werte (in Radiant):

$$\sin(x) = x - \frac{x^3}{3!} + \frac{x^5}{5!} + \ldots \qquad (3)$$

Hilfe

QUATTRO PRO hat leider keine *Fakultät* implementiert, so daß wir (3) nicht direkt berechnen können. Aber: bei genauem Hinsehen erkennen wir, daß sich die einzelnen Terme *rekursiv* berechnen lassen, d.h. setzt man y1:=x, so ergibt sich der zweite Term als y2=−x^2/(2*3)*y1. Aus y2 folgt der dritte Term: y3=−x^2/(4*5)*y2 usw.

Also haben wir die folgende *Rekursionsformel*

$$y_1 = x; \quad y_{k+1} = -\frac{x^2}{2k(2k+1)} y_k \qquad (4)$$

$$k = 1,2,3,\ldots,n-1$$

Eingabe

1. In E1: x−Wert, z.B. 2
2. Startwerte in A5 und B5:
   A5: 1 (k=1); B5: +E$1 (=Y1); in der C−Spalte erscheint die Summe; C5: **+B5**
3. A6: **+A5+1**;
   B6: **−E$1^2/(2*A5*(2*A5+1))*B5**; C6: **+C5+B6**
4. **Strg+K**: A6..C6 nach A6..C104; *es werden 100 Terme addiert.*
5. Erweitern Sie die C−Spalte auf 20, um die Güte der Konvergenz besser verfolgen zu können (**/LS 20**). Man läßt sich am besten den C104−Wert in E5 anzeigen, also E5: **+C104**
6. *Ergebnis*:
   x=20 liefert die Summe 0,91294525354737, das ist bis zur 8. Dezimalstelle richtig.

Bemerkung

Die SINUS−Reihe ist für große Winkel (x>20 Rad) nicht mehr brauchbar. Der Grund für dieses betrübliche Verhalten ist die Akkumulation der unvermeidlichen Rundungsfehler.
Diese Schwierigkeit läßt sich jedoch leicht umgehen, denn man kann jederzeit große x−Werte durch Subtraktion oder Addition von ganzzahligen Vielfachen von 2π in das Intervall $[0\,;2\pi]$ bringen.

Aufgabe 2

Entwickeln Sie Arbeitsblätter zur Berechnung folgender Reihen:

1. $\ln(1+x)=x-x\char`^2/2+x\char`^3/3-x\char`^4/4+...$
        für $-1<x<=1$

2. $\ln(z)=2(x+x\char`^3/3+x\char`^5/5+x\char`^7/7+...)$
        mit $x:=(z-1)/(z+1)$; für $z>0$

(Man gibt einen z–Wert ein und berechnet dann x.
T:=x; S:=x; k:=1; (T=Hilfsterm)
Setzen Sie k:=k+2 und Tneu:=X*X*Talt; S:=S+T/k)

3. e^x $=1+x/1!+x\char`^2/2!+x\char`^3/3!+...$

(Mit Y1:=1 folgt Y2=x*Y1/1, dann Y3=x*Y2/2 usw.)

Lösung zu Aufgabe 2, Nr. 2

1.   Eingabe von z in E1; x–Werte in E2
        E2: **(E\$1–1)/(E\$1+1)**
2.   A5: 1 (=k); B5: **+E\$2** (=Hilfsterm T)
        C5: **+E\$2** (=Summenterm)
3.   A6: **+A5+2**
        B6: **+E\$2\char`^2*B5**
        C6: **+C5+B6/A6**
4.   **Strg+K**: von A6..C6 nach A6..C104
                        (100 Terme)
5.   Das Ergebnis der Addition von 100 Termen (Summe von C5
        bis C104) muß noch mit 2 multipliziert werden.
        In E5 steht: **+C104*2**

6.   *Ergebnis*

ln(50)=3,9119853970824 ; auf 3 Stellen genau. Wieder erhält
man bei kleineren z–Werten höhere Genauigkeit.

3.9 Wie kommt der Computer ans π ?

Wir betrachten jetzt einige Algorithmen zur Berechnung von π.

Vorbereitung

Bereits ARCHIMEDES (225 v.Chr.) entwickelte ein Verfahren zur Berechnung von π. Mit Hilfe von regelmäßigen 96–Ecken, die einem Kreis ein–und umbeschrieben waren, fand er heraus, daß der Wert von π zwischen 223/71 und 22/7 liegen muß.

Mit derselben Methode berechnete VIETA (1579) π bis auf 9 Dezimalstellen, wobei er ein Vieleck von 393216 Seiten benutzte.

Zeichnet man einem Kreis vom Radius 1 ein Quadrat mit der Seitenlänge $s_4=\sqrt{2}$ ein, so hat das nachfolgende 8–Eck die Seitenlänge

$$s_{2n}=s_8=\sqrt{2-\sqrt{4-s_4 s_4}}=\sqrt{2-\sqrt{2}}$$

Für das 16–Eck ergibt sich $s_{2n}=s_{16}=\sqrt{2-\sqrt{4-s_8 s_8}}=\sqrt{2-\sqrt{2+\sqrt{2}}}$
Allgemein gilt:

$$s_{2n}=\sqrt{2-\sqrt{4-s_n s_n}} \tag{1}$$

Wir wollen zuerst ein Arbeitsblatt für Formel (1) entwerfen.

Eingaben

Man benötigt 3 Spalten:
B für die Eckenzahl; C für die Seitenlängen und D für den Näherungswert von π, d.h. für den Bruch Umfang/Durchmesser.

Wir beginnen mit 4 in B10;
In C10 steht **@WURZEL(2)**; in D10: **+B10*C10/2**

1.   B11: **2*B10**
          C11: **@WURZEL(2–@WURZEL(4–C10*C10))**
          D11: **+B11*C11/2**

2.   Wollen wir bis zur Eckenzahl 4294967296 gehen, so haben wir
          alle Formeln aus der 11. Zeile bis zur vierzigsten zu kopieren:
          Strg+K: von B11..D11 nach B11..D40

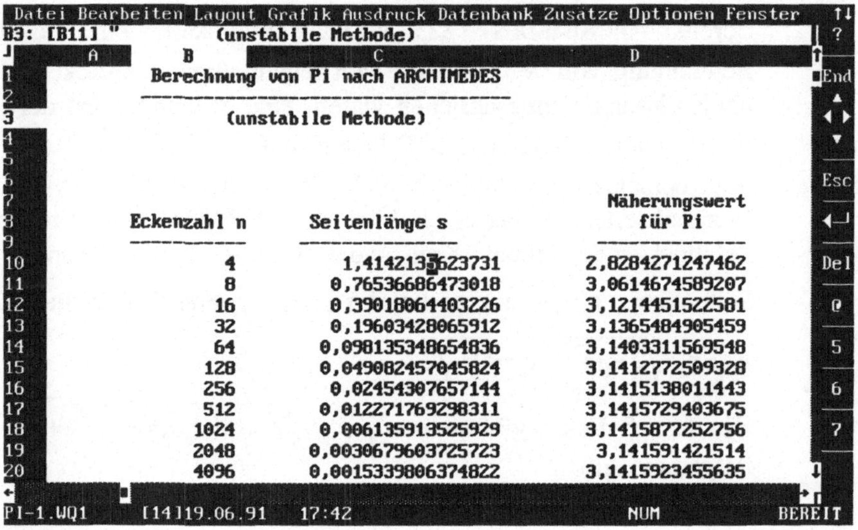

```
 Datei Bearbeiten Layout Grafik Ausdruck Datenbank Zusatze Optionen Fenster   ↑↓
 B3: [B11] "              (unstabile Methode)                                   ?
        A          B               C                       D
 1                  Berechnung von Pi nach ARCHIMEDES
 2                 ---------------------------------------------
 3                           (unstabile Methode)
 4
 5
 6                                                        Näherungswert
 7                                                          für Pi
 8             Eckenzahl n      Seitenlänge s
 9             -----------      -------------            --------------
10                     4      1,4142135623731          2,8284271247462
11                     8      0,76536686473018         3,0614674589207
12                    16      0,39018064403226         3,1214451522581
13                    32      0,19603428065912         3,1365484905459
14                    64      0,098135348654836        3,1403311569548
15                   128      0,049082457045824        3,1412772509328
16                   256      0,02454307657144         3,1415138011443
17                   512      0,012271769298311        3,1415729403675
18                  1024      0,006135913525929        3,1415877252756
19                  2048      0,00306796037725723      3,141591421514
20                  4096      0,0015339806374822       3,1415923455635
 PI-1.WQ1       [14]19.06.91     17:42                       NUM        BEREIT
```

Abb.3–15

Schauen wir uns einmal die Ergebnisse an!

Eckenzahl	Näherungswert für π
16384	3,1415926342982
32768	3,1415926502728
536870912	2,8284271247462
1073741824	0

Die Näherungswerte steigen bis zu einem Bestwert bei n=32768, danach
fallen die Werte bis 0.

(Als Vergleichswert für π verwenden wir: 3,14159265358979...)

Wie ist so etwas zu verstehen?

Man muß dazu wissen, wie ein Computer reelle Zahlen verarbeitet.

Jeder Computer arbeitet mit einer beschränkten Stellenzahl. Nehmen wir der Einfachheit halber an, er könne nur mit vierstelligen Zahlen umgehen. Eine Zahl wie 3.141 wird dabei als .3141E–1 gespeichert. In dieser normalisierten Darstellung steht vor dem Dezimalpunkt nichts, und direkt danach darf keine Null vor den noch folgenden Ziffern stehen. Eine Zahl wie 0.0069 würde in der Form .6900E–2 gespeichert. Beachten Sie, daß wir plötzlich 2 Nullen haben, von denen wir nicht wissen, ob sie gültig sind.

Bei der Addition von .3141E–1 und .6900E–2 müssen die Exponenten zuerst übereinstimmend gemacht werden.

Die Addition wird dann so durchgeführt:

$$
\begin{array}{r}
.3141\text{E}{-}1 \\
+ \quad .0690\text{E}{-}1 \\
\hline
.3831\text{E}{-}1
\end{array}
$$

Wie dieses Anhängen nichtsignifikanter Nullen zu Fehlern führt, erkennen wir leicht, wenn wir einmal unsere π –Rechnung mit nur 3 Dezimalstellen ausführen:

$$
\begin{aligned}
s4 &= .141\text{E}1 \\
s8 &= \text{WURZEL}(.200\text{E}1{-}.142\text{E}1)=.762\text{E}{+}0 \\
s16 &= \text{WURZEL}(.200\text{E}1{-}.185\text{E}1)=.387\text{E}{+}0 \\
s32 &= \text{WURZEL}(.200\text{E}1{-}.196\text{E}1)=.200\text{E}{+}0 \\
s64 &= \text{WURZEL}(.200\text{E}1{-}.199\text{E}1)=.100\text{E}{+}0 \\
s128 &= \text{WURZEL}(.200\text{E}1{-}.200\text{E}1)=\ 0\text{E}{+}0
\end{aligned}
$$

Nehmen Sie den Fall s16: 0.200E1–.185E1=.015E1

Die Normalisierung verlangt aber die Schreibweise .150E1. Die 0 hinter der 5 ist also einfach angehängt worden.

Diese angehängten nichtbedeutsamen Nullen liefern von s128 ab nur noch Null als Ergebnis.

Wie kommt man aus diesem Dilemma heraus?

Da wir den Computer kaum ändern können, bleibt nur die Hoffnung, daß wir den Algorithmus so abwandeln können, daß die Rechnungen stabil werden.

Das Hauptübel stellen zweifellos die beiden Subtraktionen in der Rekursionsformel (1) dar, wobei die zweite, d.h. die in WURZEL(4–S*S), nicht mal die schlimmste ist. Unser Heil kann also nur darin liegen, wenigstens die erste Subtraktion zu vermeiden. Nun ist das garnicht schwer, denn wir haben lediglich S=WURZEL(2–WURZEL(4–S*S)) mit

$$\frac{\text{WURZEL}(2+\text{WURZEL}(4-S*S))}{\text{WURZEL}(2+\text{WURZEL}(4-S*S))}$$

zu multiplizieren.

Die neue Rekursionsformel lautet dann:

$$s_{2n} = \frac{s_n}{\sqrt{2+\sqrt{4-s_n s_n}}} \tag{2}$$

Verwenden wir in unserem Arbeitsblatt diese letzte Formel, so finden wir ab n=12582912 ein stabiles Ergebnis mit 13 richtigen Dezimalstellen!

Neuer Ansatz

Neuere Algorithmen zur Berechnung von π gehen von Reihenentwicklungen aus.

Wir beginnen mit der bekannten LEIBNIZ–Reihe:

$$\pi = 4(1-\frac{1}{3}+\frac{1}{5}-\frac{1}{7}+...) = 4\sum_{n=1}^{\infty}\frac{(-1)^{n-1}}{2n-1} \tag{3}$$

Das zugehörige Arbeitsblatt gestalten wir folgendermaßen:
Wir legen 4 Spalten an:

A für die Nenner 1,3,5,7... ; B für die Faktoren 1,−1,1,−1,1,−1...;
C für die Klammerwerte, d.h. für die Näherung von $\pi/4$, und D für den
Näherungswert von π.

Eingabe

1. C9: 1 (Startwert für die Klammer)

    D9: **+C9*4** (erster Näherungswert für π)

    A9: 1;   B9: 1;

2. A10: 3;   B10: −1 ; C10: **+C9+B10/A10**

    D10: **4*C10**

3. A11: **+A10+2**; B11: **−B10**; C11: **+C10+B11/A11**

    D11: **+4*C11**

4. Kopieren Sie die Formeln aus 3. bis Zeile 100 : **Strg+K**:
    A11..D11 nach A11..D100

5. **/GDX** RETURN

    W: 1.W.B.:   D9..D100

    X−Achsenwerte: A9..A100

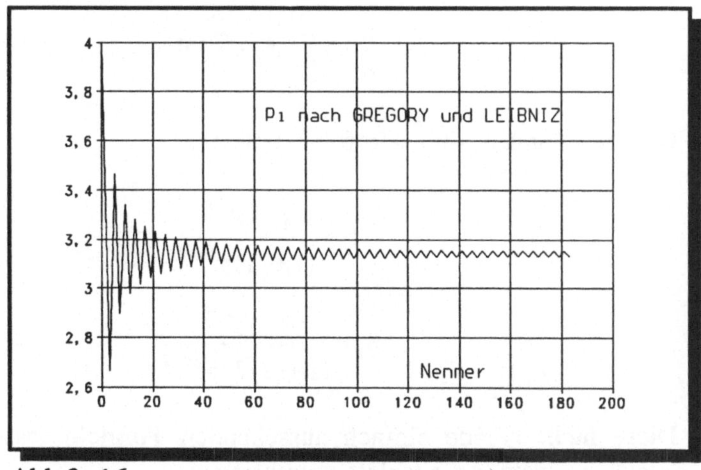

Abb.3−16

Abbildung 3–16 zeigt, wie sich die Werte alternierend einem Grenzwert nähern, den wir als π vermuten. Aber wir erkennen auch, daß die LEIBNIZ–Reihe kaum von praktischem Nutzen ist. Ein vernünftiger π–Wert wird erst nach hunderten von Rechenschritten erreicht.
(Wieviele Terme hätten wir wohl zu addieren, um ein Ergebnis zu erhalten, das auf 4 Dezimalstellen genau wäre?
Für Reihen, bei denen die Vorzeichen der Terme alternieren, wie bei der LEIBNIZ–Reihe, gilt, daß der absolute Fehler kleiner ist als der erste vernachlässigte Term.
Setzen wir den ersten Term, den wir vernachlässigen wollen, also $1/(2n-1)$, gleich dem absoluten Fehler $0{,}5E-4$ (wir wollen ja eine 4–stellige Genauigkeit), so folgt, daß n ungefähr 1000 ist. Wir müßten also 1000 Terme addieren, um nur 4 richtige Dezimalstellen zu erhalten!)
Zum Glück gibt es schnellere Methoden!

GREGORY–MACHIN

Die folgende Reihe geht auf die Engländer J.GREGORY (1671) und J.MACHIN (1706) zurück:

$$\frac{\pi}{4} = 4\sum_{n=1}^{\infty} A_n - \sum_{n=1}^{\infty} B_n \tag{4}$$

Die Summanden sind wie folgt definiert:

$$A_n = \frac{(-1)^{n-1}}{(2n-1)5^{2n-1}}$$

$$B_n = \frac{(-1)^{n-1}}{(2n-1)239^{2n-1}} \tag{5}$$

Diese nicht gerade einfach aussehenden Formeln lassen sich jedoch leicht in einem Arbeitsblatt unterbringen.
Das Arbeitsblatt in Abb. 3–17 läuft nur bis Zeile 22 (so schnell ist die Konvergenz!).
Man benötigt nur 9 Terme der An-Reihe und 3 Terme der Bn-Reihe, um eine 13–stellige Genauigkeit zu erlangen.

Eingabe

1. A10: 3; B10: −1; C9: 5; C10: **25*C9**
    D9: **1/C9**; D10: **+D9+B10/(A10*C10)**
2. A11: **+A10+2**; B11: **−B10** ; C11: **25*C10**;
    D11: **+D10+B11/(A11*C11)**
3. **Strg+K:** A11..D11 nach A11..D18
4. **/LS 20**; E18: **16*D18**
5. Mit dem Eintrag von 239 in C19 beginnt die Berechnung der
    Bn−Terme.
    D19: **1/C19**
6. A20: 3; B20: −1; C20: **57121*C19**
    D20: **+D19+B20/(A20*C20)**
7. A21: **+A20+2**; B21: **−B20**; C21: **57121*C20**
    D21: **+D20+B21/(A21*C21)**
8. **Strg+K:** A21..D21 nach A21..D22
9. In E22 steht **4*D22**
10. Das Ergebnis, also der Näherungswert für π, wird in E6
    angezeigt: **+E18−E22**

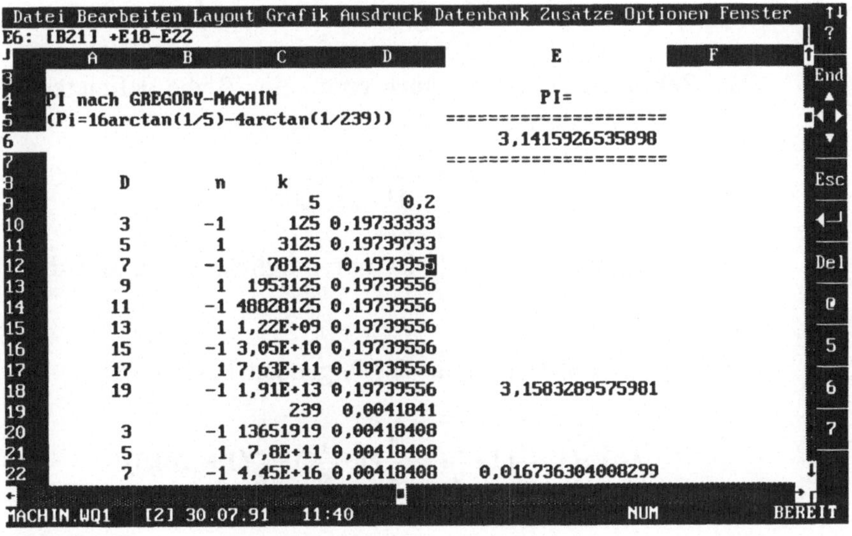

Abb.3−17

3.10 Die EULERsche Zahl und das HORNER–Schema

Im letzten Beispiel betrachteten wir die Berechnung der Zahl π. Eine andere Zahl, kaum weniger bedeutsam für die Mathematik als π, wird nach EULER mit e bezeichnet.

Ein Arbeitsblatt zur Berechnung der EULERschen Zahl e soll erstellt werden.

Vorbereitung

EULER berechnete 1727 den Grenzwert

$$e:=\lim_{n\to\infty}(1+\frac{1}{n})^n \tag{1}$$

bis auf 23 Dezimalstellen genau.   (e=2,718281828459045...)

Die Zahl e läßt sich aber auch durch eine Reihe definieren:

$$e=1+\frac{1}{1!}+\frac{1}{2!}+\frac{1}{3!}.... \tag{2}$$

Die Berechnung nach (2) ist nur möglich, wenn wir die Fakultäten entfernen.

Zum Glück läßt sich (2) in der folgenden Form notieren

$$e=1+(1+\frac{1}{2}(1+\frac{1}{3}(1+\frac{1}{4}(1+\frac{1}{5}(1+\frac{1}{6}(1+...)))))) \tag{3}$$

Dieses Klammergebilde berechnet man am besten von innen nach außen.

Die ersten 5 Terme lassen sich folgendermaßen berechnen:

n	Summe
5	1+1/5= 1,2
4	1+(1,2)/4=1,3
3	1+(1,3)/3=1,43333
2	1+(1,43333)/2=1,71666
1	1+1,71666=2,71666

Eingabe

Wir benötigen demnach lediglich zwei Spalten, um dieses Rechenschema zu realisieren.

1. In A5 geben wir die Zahl der Summanden ein, also etwa A5: 15
2. **B5: 1+1/A5**
3. **A6: +A5–1; B6: 1+B5/A6**
4. **Strg+K:** von A6..B6 bis A6..B19
5. In B19 finden wir den auf 12 Stellen genauen Näherungswert für e.

Aufgabe

Mit Hilfe einer ähnlichen Schachtelungsmethode läßt sich nach HORNER der Wert eines Polynoms für einen bestimmten x–Wert berechnen.

Entwickeln Sie ein Arbeitsblatt zur Berechnung von $P(x) = 4x^3 - 2x^2 + 3x - 6$ an der Stelle x=3.

Hilfe

Das Polynom läßt sich wie folgt schreiben:

$$P(x)= ((4x-2)x+3)x-6$$

Man erkennt eine viermalige Anwendung der Vorschrift **P=P*X+A(I)** mit A(0)=–6; A(1)=3; A(2)=–2 und A(3)=4

Das Arbeitsblatt kann einfach so aussehen:

Nr.A	B	C....	F
1			3
....			
8	A(I)	P	
9		0	
10	4	+C9*F$1+B10=4	
11	−2	+C10*F$1+B11=10	
12	3	+C11*F$1+B12=33	
13	−6	+C12*F$1+B13=93	

Der letzte P−Wert in C13 ist der gesuchte Wert **P(3)=93**

Allgemein trägt man demnach von oben nach unten die Koeffizienten A(I) in die B−Spalte ein. In der C−Spalte notiert man *einmal* die Formel P*X+A(I), z.B. als +C9*F$1+B10, und kopiert sie sooft wie nötig.

3.11 Elliptische Integrale mit SIMPSON

Das Integral $\int_0^\pi \sin(x)dx$ soll näherungsweise berechnet werden.

Vorbereitung

Es ist bekannt, daß sich die meisten Integrale nur näherungsweise berechnen lassen. Faßt man sie als Fläche unter einer Kurve auf, so laufen die einfachen Verfahren darauf hinaus, diesen Flächeninhalt durch Zerlegung in kleine Rechteckflächen zu approximieren, vergl. die Abbildung 3–18:

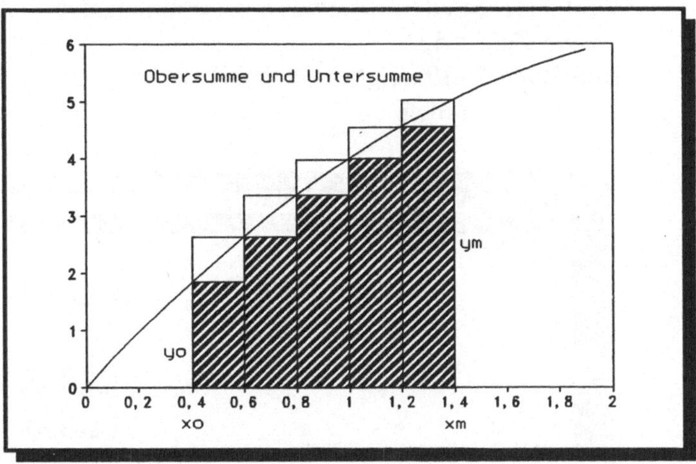

Abb.3–18

Die Summe der unter dem Graphen liegenden elementaren Rechtecke (*Untersumme* Um) liefert eine zu kleine Fläche, die Summe der Rechteckflächen, die über den Graphen hinausschießen (*Obersumme* Om), liefert einen zu großen Integralwert.

Alle Streifen sollen dieselbe Breite h=(Xm–X0)/m haben.

Yi=f(Xi), i=0,1,2,...,m, sind die Funktionswerte an den Stellen Xi.

Offenbar gilt:

$$Um = (Y0+Y1+Y2+...+Ym{-}1)*h \qquad (1)$$

und $\qquad Om = (Y1+Y2+Y3+...+Ym)*h \qquad (2)$

Man darf erwarten, daß der Mittelwert

$$Sm := (Om+Um)/2 \qquad (3)$$

einen besseren Näherungswert liefert als (1) oder (2). (Geometrisch stellt (3) die Summe von m elementaren Trapezen dar, weswegen (3) auch **Trapezformel** genannt wird.)

Faßt man je zwei Streifen zusammen −und legt über die mittlere Ordinate die Tangente an die Kurve−, so erhält man Tangenten−Trapeze mit der Flächensumme

$$Tm = 2*h*(Y1+Y3+Y5+...+Ym{-}1) \qquad (4)$$

Weil hier Streifen paarweise zusammengefaßt werden, *muß m eine gerade Zahl* sein.

Abbildung 3−19 zeigt ein Arbeitsblatt, in dem die Formeln (3) und (4) verwendet wurden:

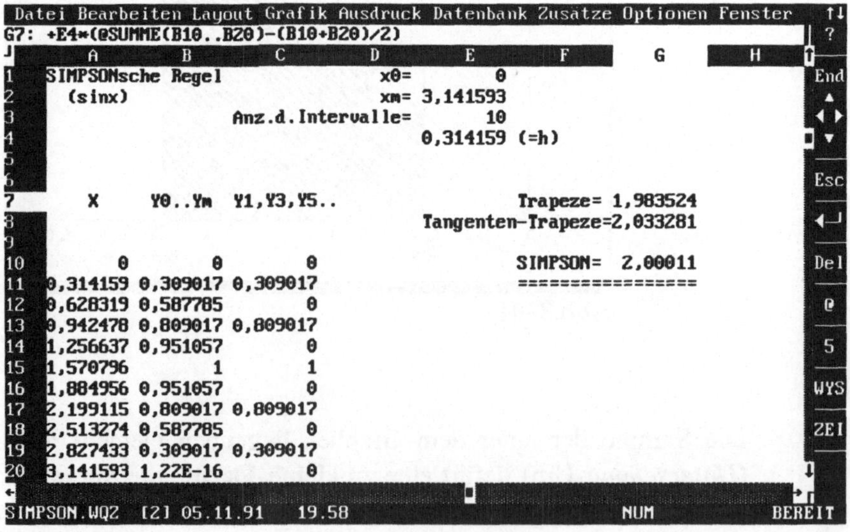

Abb.3−19

In Wirklichkeit ist dieses Arbeitsblatt schon etwas zu sehr fortgeschritten. Wir wollen zunächst nur mit der Trapezformel (3) rechnen:

Eingabe

1.   A10: **+E$1**; A11: **+A10+E$4** (=x0+h).
       In E4 steht die Schrittweite h: **(E2−E1)/E3**
2.   A11 bis A20 kopieren: **Strg+K:** Q.B.: A11; Z.B.: A11..A20
3.   B10: **@SIN(A10)**; auch bis B20 kopieren.
4.   In G7 soll das Resultat stehen:
       G7: **+E4*(@SUMME(B10..B20)−(B10+B20)/2)**

Ergebnis: 1,983524

Um dieses Ergebnis mit der Tangenten−Trapez−Formel vergleichen zu können, haben wir gemäß Formel (4) eine Summe über *ungerade* y-Werte zu bilden. Man kann dies mit folgendem Trick bewerkstelligen:

5.   C10: 0;   C11: **+B11**
       Strg+K: Q.B.: C10..C18;   Z.B.: C12
6.   Ergebnis in G8: **2*E4*@SUMME(C10..C20)**

Ergebnis: 2,033281

Nach SIMPSON (1710−1761) erhält man eine wesentlich bessere Näherung, wenn man 3 aufeinanderfolgende Punkte durch eine Parabel 2. Ordnung verbindet. Dieses Vorgehen liefert im Endeffekt den folgenden Ausdruck:

$$\text{Simp} = (2*Sm+Tm)/3 \qquad (5)$$

Da das Arbeitsblatt bereits Sm und Tm enthält, ist nur noch (z.B. in G10) einzutragen: G10: **(2*G7+G8)/3**

Ergebnis: 2,0001095

Das stimmt schon recht ordentlich mit dem exakten Wert 2 überein.

(Auch bei der SIMPSONschen Regel (5) ist m *geradzahlig* zu wählen, denn in (5) steckt Tm!).

Aufgabe

Das elliptische Integral $\int_0^{48} \sqrt{1+\cos^2(x)}\,dx$ ist mit dem eben erstellten Arbeitsblatt zu berechnen. Wählen Sie m=100 Streifen.

Hilfen

1.   A10 bis A110 enthält die x−Werte
        B10 bis B110 enthält die y−Werte
        In B10: **@WURZEL(1+@COS(A10)^2)**
2.   Die Spalte C für die Berechnung von Tm ist so auzufüllen:
        C10: 0; C11: +B11
        Strg+K: Q.B.: C10..C108; Z.B.: C12
3.   In G7 und G8 sind die Grenzen bis Zeile 110 zu erweitern, d.h.
        B20 ist mit Hilfe von F2 in B110 umzuwandeln−fertig!

Ergebnis: Trapez−Formel: 58,4624
                Tangenten−Trapeze: 58,48768
                SIMPSONsche Regel: 58,47082

(Mit noch besseren Methoden, z.B. ROMBERG−Integration, erhält man bis auf 4 Stellen genau: 58,47047)

3.12 FOURIER–Reihen mit SIMPSON

Die Funktion $f(x) = x^2$ soll im Intervall $-\pi \leq x \leq \pi$ in eine FOURIER–Reihe entwickelt werden.
Ein geeignetes Arbeitsblatt ist zu entwerfen.

Vorbereitung

Im Beispiel 5 des 1.Kapitels hatten wir dieses Problem bereits angeschnitten. Dort wurde aber die richtige Reihenentwicklung vorgegeben. Diesmal sollen die Formeln für $a_0, a_n,$ *und* b_n jedoch numerisch ausgewertet werden, d.h. die Integrale sollen mit Hilfe der SIMPSONschen Regel, die wir im letzten Kapitel behandelten, angenähert berechnet werden.

Wir wählen als Beispiel die Parabel $y = x^2$, weil die Integrale hierfür leicht genau zu berechnen sind –und demnach zum Vergleich zur Verfügung stehen.
In der Praxis entsteht jedoch häufig die Aufgabe, eine Funktion, die nicht in analytischer Form, sondern nur durch eine Wertetabelle oder eine graphische Darstellung gegeben ist, in eine FOURIER–Reihe zu entwickeln. In diesem Falle bleibt nichts anderes übrig, als die Integrale über $f(x)\cos(nx)$ und $f(x)\sin(nx)$ näherungsweise zu berechnen.
Meistens benötigt man nur ein paar Koeffizienten. Wir werden die ersten 7 berechnen. Dazu ist es nur nötig, die entsprechenden Spalten des Arbeitsblattes zur SIMPSONschen Regel siebenmal zu wiederholen, d.h. siebenmal zu kopieren.

(Ich verwende die Periodizitätsbedingung $f(x+2\pi)=f(x)$. Oft benötigt man aber die Darstellung $f(t+T)=f(t)$. Beide Bedingungen sind über

$$x = \frac{2\pi}{T}t = \omega t$$ miteinander verbunden. Es ist meist einfacher, mit der

Periode 2π zu rechnen. Das Intervall kann dabei von $-\pi$ *bis* $+\pi$ gehen, aber auch von 0 *bis* π)

Eingaben

Vergleichen Sie zunächst das folgende Arbeitsblatt:

```
 Datei Bearbeiten Layout Grafik Ausdruck Datenbank Zusatze Optionen Fenster   ↑↓
A1: 'FOURIER-Analyse                                                           ?
J     A          B          C          D        E          F        G        H
1    FOURIER-Analyse                       x0= -3,14159      Ao= 3,289868   Bn:    End
2   (y=x*x)                                xm= 3,141593      A1= -3,99987 -1,9E-17   ▲
3                          Anz.d.Intervalle=        30       A2= 0,999469 -1,1E-17  ◄►
4                                  (h=)  0,20944             A3= -0,44319 -2,8E-16   ▼
5                                                           A4= 0,247629 -7,8E-17
6                                                           A5= -0,15596 1,13E-15  Esc
7      X        Y(x)    Y1,Y3,Y5.    Sm        Tm           A6= 0,104624 8,92E-16
8                                                           A7= -0,07149 2,07E-17  ←┘
9
10 -3,14159 9,869604          0 -9,8696          0 -1,2E-15         0 9,869604   Del
11 -2,93215 8,597522 8,597522 -8,40965 -8,40965 -1,78753 -1,78753 7,854227
12 -2,72271  7,41317          0 -6,77227         0 -3,01521        0 4,960379    е
13 -2,51327 6,316547 6,316547 -5,11019 -5,11019 -3,71277 -3,71277 1,95192
14 -2,30383 5,307654          0 -3,55151         0 -3,94436        0  -0,5548    5
15  -2,0944 4,386491 4,386491 -2,19325 -2,19325 -3,79881 -3,79881 -2,19325
16 -1,88496 3,553058          0 -1,09796         0 -3,37916        0 -2,87448   WYS
17 -1,67552 2,807354 2,807354 -0,29345 -0,29345 -2,79198 -2,79198 -2,74601
18 -1,46608 2,149381          0 0,224671         0 -2,13761        0 -2,10241   ZEI
19 -1,25664 1,579137 1,579137  0,48798  0,48798 -1,50185 -1,50185 -1,27755
20  -1,0472 1,096623          0 0,548311         0  -0,9497        0 -0,54831
FOURIER1.WK1 [2] 07.11.91    23.16                              NUM      BEREIT
```

Abb.3-20

1.   E1: Intervallanfang (Xo)
        E2: Intervallende (Xm)
        E3: Anzahl der Intervalle m (geradzahlig; wir verwenden
        m=30)
        E4: **(E2−E1)/E3** (Schrittweite h)

2.   A10: **+E$1**; A11: **+A10+E$4**
        Strg+K: Q.B.: A11   Z.B.: A11..A40

3.   Die B-Spalte ist für die Y-Werte vorgesehen. Sie werden
        entweder von Hand eingegeben oder, wie hier, als Formel:
        +A10^2. Dann bis B40 kopieren: **Strg+K**: Q.B.: B10
        Z.B.: B10..B40

4.   In der C–Spalte stehen die ungeraden y–Werte, die für die Tangenten–Trapez–Formel Tm benötigt werden. C10: 0; C11: **+B11**. Nun kopieren: **Strg+K** : Q.B.: C10..C38;   Z.B.: C12

5.   Die D–Spalte enthält die y*cos(x)–Terme: D10: **$B10*@COS($A10)**, von D10 bis D40 kopieren .
Die E–Spalte enthält die dazu gehörigen ungeraden Terme: E10: 0; E11: **+D11**
Strg+K: Q.B.: E10..E38; Z.B.: E12

6.   Die F–Spalte enthält die y*sin(x)–Terme:
F10:   **$B10*@SIN($A10)**, von F10 bis F40 kopieren.
In G10..G40 stehen die ungeraden Werte: G10: 0; G11: **+F11**, vergl. 5.

7.   Die Spalten B und C liefern Ao; Spalten D und E ergeben A1; Spalten F und G liefern B1.
Ao soll in G1 erscheinen:
G1: **2*$E$4*((@SUMME(B10..B40)-(B10+B40)/2)+**
       @SUMME(C10..C40))/(6*@PI)
A1 soll in G2 stehen:
G2: **2*$E$4*((@SUMME(D10..D40)-(D10+D40)/2)+**
       @SUMME(E10..E40))/(3*@PI)

8.   Die Formel aus G2 wird jetzt kopiert nach H2, G3, H3, G4, H4,..,G8,H8. Dabei sind mit F2 die nötigen Änderungen durchzuführen:
In H2 gehen die Summen von F10..F40 und G10..G40; in G3: H10..H40 und I10..I40
In H3: J10..J40 und K10..K40 usw. bis H8

9.   Die Formeln in G1 bis H8 setzen voraus, daß die nötigen Spalten ausgefüllt sind. Das aber erreichen wir dadurch, daß wir den Block D10..G40 noch sechsmal kopieren und mit F2 editieren:
Strg+K: Q.B.: D10..G40; Z.B.: H10
           D10..G40; Z.B.: L10
           dann weiter mit den Zielbereichen: P10; T10; X10 und AB10. Die letzte Spalte ist AE

10.　　Die numerischen Ergebnisse können mit den analytischen verglichen werden:

	numerisch	analytisch
$A_0=$	3,2899	3,2899
$A_1=$	−3,9999	−4,0000
$A_2=$	0,9995	1,0000
$A_3=$	−0,4432	−0,4444
$A_4=$	0,2477	0,2500
$A_5=$	−0,1560	−0,1600
$A_6=$	0,1046	0,1111
$A_7=$	−0,0715	−0,0816

Die höheren An−Werte stimmen nicht mehr so gut mit den
analytischen Werten überein wie die Anfangswerte. Alle Bn−
Werte sind in diesem Falle Null, auch numerisch!

Wir können demnach im gegebenen Intervall näherungsweise
schreiben:

$$x*x= 3,2899-3,9999*\cos(x) + 0,9995*\cos(2x)-0,4432* \\ \cos(3x)+0,2476*\cos(4x)$$

Abbildung 3−21 zeigt die Überlagerung von 5 FOURIER−Kom-
ponenten:

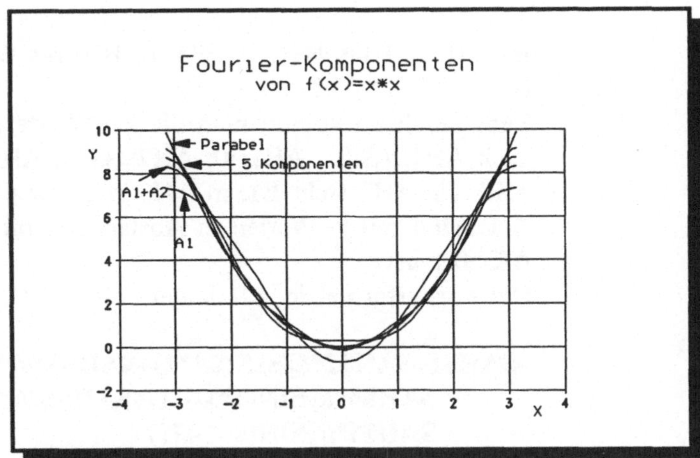

Abb.3–21

Aufgabe

Abbildung 3–22 zeigt einige FOURIER–Komponenten einer Rechteck–
funktion. Berechnen Sie die zugehörigen FOURIER–Koeffizienten mit
Hilfe des vorigen Arbeitsblattes. Zeichnen Sie die Graphen.

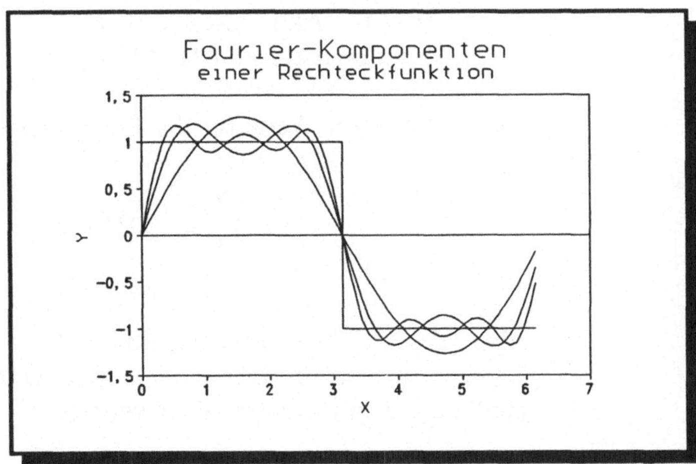

Abb.3–22

Hilfen

1. B10: 0; B11 bis B24: 1; B25: 0; B26 bis B39: −1; B40: 0
2. E1: 0; E2: **2*@PI**
3. Zum Zeichnen kopiert man die Bn−Werte (alle An sind Null) nach AH1..AH8. AH1: 0; AH2: **+H2**, AH3: **+H3** usw. AH8: **+H8** (In AH2 steht B1, in AH3 B2, usw.)
4. AI1..AI64 mit x−Werten in Abständen von 0,1 füllen: AI1: 0; AI2: 0,1 usw.
5. Die Musterformel in AJ1 lautet:

+$AH$1+$AH$2*@SIN($AI1)+$AH$3*@SIN(2*$AI1)+
$AH$4*@SIN(3*$AI1)+$AH$5*@SIN(4*$AI1)+
$AH$6*@SIN(5*$AI1)

Bis AJ64 kopieren.

6. Die Riesenformel aus AJ1 kopiert man nach AK1, AL1 und AM1. Aber sie wird dort verkürzt. In AK1 geht sie nur noch bis **@SIN(3*$AI1)**, in AL1 bis **@SIN(2*$AI1)**, und in AM1 nur bis **@SIN($AI1)**.
   In AN1 bis AN64 stehen dann die Werte der Rechteckfunktion, d.h. die Werte 0, 1 und −1.
7. **/GW**   1.W.B.: AJ1..AJ64,
   2.W.B.: AK1..AK64 usw. bis
   X−Achsenwerte: AI1..AI64

8. Die analytischen Werte für die Bn berechnet man mit:

$$B_n = \frac{2}{n\pi}[1-(-1)^n]$$

Also: B1= 1,273...; B2=0,0; B3= 0,424...; B4=0,0 usw. Die Näherungswerte für B2, B4, B6 sind keineswegs Null; man müßte einen größeren m−Wert verwenden.

4 Regression und Interpolation

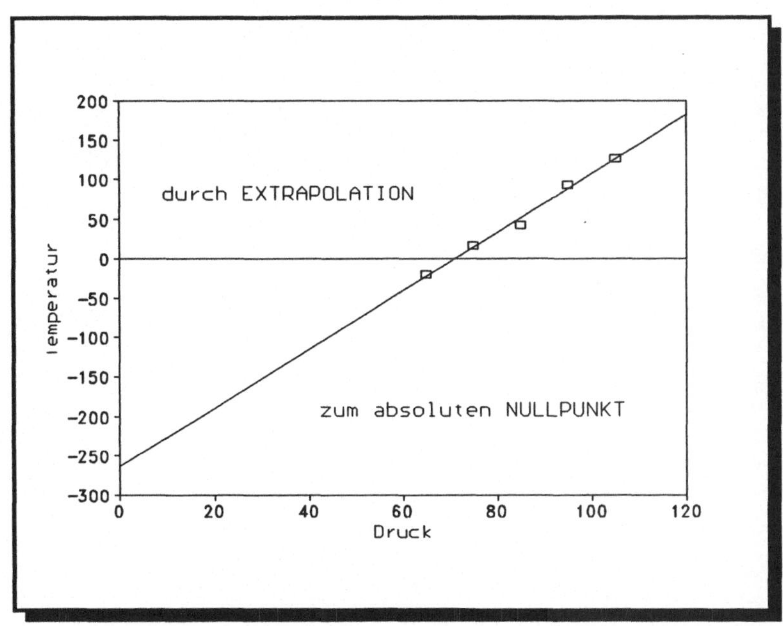

4.0 Einleitung

Heutzutage wird das Experiment als die Basis aller Naturwissenschaften angesehen. Von einzelnen frühen Vorläufern abgesehen, gelangte die Menschheit erst im späten Mittelalter zu dieser Einsicht.
An Meßwerten werden Theorien geprüft. An Hand von Meßwerten wird die Güte eines Produktes kontrolliert: Lebensmittel, Medikamente, Kunststoffe, Computer, ...

Aber Meßwerte selbst müssen einer Kontrolle unterliegen, sie müssen interpretiert und statistisch analysiert werden. Sie enthalten stets Unsicherheiten: praktisch alle Messungen enthalten neben den *zufälligen* Fehlern auch *systematische* Fehler.
Systematische Fehler sind oft nur sehr schwer zu entdecken und in ihrer Größe abzuschätzen. Dagegen hat man für zufällige Fehler ein riesiges Instrumentarium an statistischen Methoden entwickelt. Hier sind Begriffe wie Mittelwert, Standardabweichung, Konfidenzintervall usw. wichtige Parameter der Datenanalyse.

Fast alle Tabellenkalkulationsprogramme bieten Module für die statistische Analyse von Meßwerten.

Im Zusammenhang mit der Fehleranalyse spielt die *Regression* eine wichtige Rolle. Hier geht es darum, Meßwerte durch eine möglichst einfache mathematische Funktion zu beschreiben. D.h. man sucht nach einem mathematischen Modell, in das sich die Daten einfügen lassen. Eine *lineare* Funktion ist sehr oft ein gutes Modell. In komplizierteren Fällen greift man zu Polynomen oder Exponentialfunktionen.
Im Gegensatz zur Regression, bei der die Meßwerte um die Regressionskurve streuen, legt man bei der *Interpolation* die Kurve so, daß die Meßwerte auf ihr liegen.

(Viele Programme bieten außerdem ein Werkzeug zur Lösung von Optimierungsaufgaben. In der Praxis benötigt man meistens die *lineare Optimierung*. Dabei ist eine lineare Funktion mehrerer Variablen gegeben, deren Wert unter Berücksichtigung von Nebenbedingungen zu minimieren oder zu maximieren ist).

4.1 Mit linearer Regression zum absoluten Nullpunkt

Die Dichte von Natrium in Abhängigkeit von der Temperatur in °C ist
in folgender Tabelle wiedergegeben:

Temperatur in °C	Dichte in g/cm^3
100	0,927
200	0,904
300	0,882
400	0,859
500	0,834
600	0,809
700	0,783
800	0,757

Stellt man die Werte grafisch dar, so scheinen sie auf einer Geraden zu
liegen.
Die Gleichung derjenigen Geraden soll gefunden werden, die die Meß–
werte am besten (im GAUSS–schen Sinne) wiedergibt. (Die sogenannte
Ausgleichsgerade oder **Regressionsgerade** ist gesucht).

Vorbereitung

Wir suchen einen funktionalen Zusammenhang der Form **y = a + bx**.
Nach GAUSS ist b mit folgender Formel zu berechnen:

$$b = \frac{\sum\limits_{i=1}^{n} (x_i - \bar{x})(y_i - \bar{y})}{\sum\limits_{i=1}^{n} (x_i - \bar{x})^2} \tag{1}$$

Der y–Achsenabschnitt a ergibt sich dann einfach aus

$$a = \bar{y} - b\bar{x} \qquad (2)$$

Die überstrichenen Variablen sind Mittelwerte.

Wir werden a und b auf zwei Arten berechnen.
Einmal, indem wir die Formeln (1) und (2) auswerten, und dann unter Verwendung der in den meisten Spreadsheet–Programmen eingebauten Regressions–Routine. In QUATTRO PRO ruft man diese mit /ZAR auf– leicht zu merken!

1.Methode

1.   Füllen Sie, wie in Abbildung 4–1 gezeigt, die A–Spalte von A1..A8 mit den Werten 100, 200,...,800 (verwenden Sie am besten /**BF**: Z.B.: A1..A8; *Startwert*: 100; *Schrittwert*: 100).

2.   Anschließend sind die Dichten in B1..B8 einzutragen. Dabei ist es nicht notwendig, die Eingabe jedesmal mit der RETURN–Taste zu bestätigen. Wenn Sie mit der *Pfeil–nach–unten–Taste* zur nächsten Zelle gehen, wird der letzte Wert automatisch eingetragen.

3.   In C1 wird die Formel **(A1–@Mittelwert(A\$1.. A\$8))*(B1–@Mittelwert(B\$1..B\$8))** eingesetzt. In D1 setzen wir die Formel **(A1–@Mittelwert(A\$1..A\$8))^2** .
     Mit **Strg+K** sind beide Formeln von C1..D1 nach C1..D8 zu kopieren.
     Erhöhen Sie die Spaltbreite von E (/**LS 15**).

4.   Die Steigung b erhalten wir jetzt, indem wir in E1 folgende Formel schreiben:

@SUMME(C1..C8)/@SUMME(D1..D8)

Nun fehlt die Konstante a. Tragen Sie in E2 die Formel

@Mittelwert(B1..B8)−E1*@Mittelwert(A1..A8),

ein, so haben Sie a.

5.   Wollen Sie die *Regressionsgerade* zeichnen, so müssen Sie die y−Werte berechnen. Sie können diese in die G−Spalte eintragen (in Abb.4−1 nicht enthalten).
Eintrag in G1: **+E$2+E$1*A1**
Mit **Strg+K** von G1 bis G8 kopieren.

6.   Jetzt erzeugen, Sie den Graphen:
/GDX

      ELM: 1.W.B.:   *D−Quadrat leer*
      ELF: 1.W.B.:   *Symbole*
      (Dies liefert offene Rechtecke zur Kennzeichnung der Meßwerte).
      W: 1.W.B.: B1..B8
            2.W.B.: G1..G8
      X−Achsenwerte: A1..A8
      Die Skalierung steht auf *automatisch* für X−und Y−Achse.

7.   **F10** drücken, um den Graphen zu sehen: Abbildung 4−2.

Die Gleichung der Regressionsgeraden hat die Form:

$$d = 0,9536 - 2,4274E{-}04 * T$$

d= Dichte in *g/cm³* und T= Temperatur in Grad Celsius

Für T=600°C liefert sie d=0,808 *g/cm³*, was gut zum Meßwert paßt.

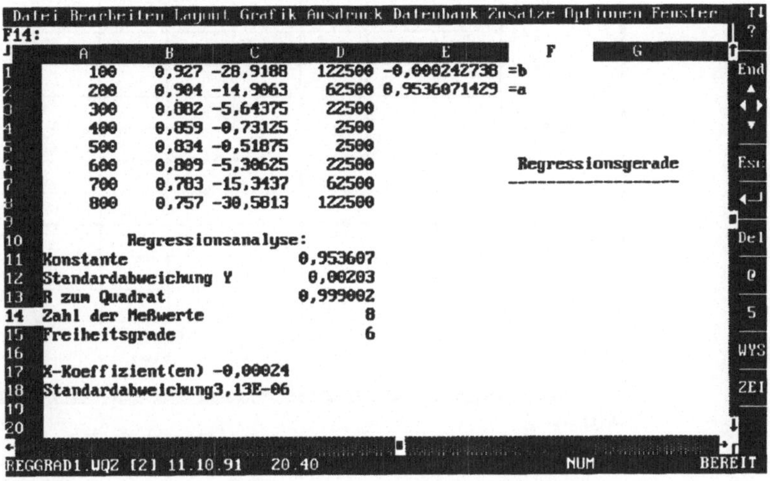

Datei Bearbeiten Layout Grafik Ausdruck Datenbank Zusätze Optionen Fenster

F14:

	A	B	C	D	E	F
1	100	0,927	-28,9188	122500	-0,000242738	=b
2	200	0,904	-14,9063	62500	0,9536071429	=a
3	300	0,882	-5,64375	22500		
4	400	0,859	-0,73125	2500		
5	500	0,834	-0,51875	2500		
6	600	0,809	-5,30625	22500		Regressionsgerade
7	700	0,783	-15,3437	62500		
8	800	0,757	-30,5813	122500		
9						
10		Regressionsanalyse:				
11	Konstante			0,953607		
12	Standardabweichung Y			0,00203		
13	R zum Quadrat			0,999002		
14	Zahl der Meßwerte			8		
15	Freiheitsgrade			6		
16						
17	X-Koeffizient(en)		-0,00024			
18	Standardabweichung		3,13E-06			
19						
20						

REGGRAD1.WQZ [2] 11.10.91 20.40 NUM BEREIT

Abb.4-1

2. Methode

Die Berechnung von a und b wird gewissermaßen automatisch ausgeführt, wenn Sie mit **/ZAR** das Menue *Regression* anwählen.
Der Punkt *Unabhängig* verlangt die Angabe des Blocks der unabhängigen Variablen, hier also A1..A8. Bei *Abhängig* tragen Sie ein: B1..B8.
Die eingebaute Regressions-Routine erzeugt eine ganze Liste von Ergebnissen. Sie müssen unter *Block für Ausgabe* angeben, wohin diese Liste kommen soll (Sie brauchen nur die Zelle für die linke obere Ecke anzugeben). Bei *Y-Achsenabschnitt* sollten Sie *Berechnen* stehen haben. Ist das erledigt, so wählen Sie den Menuepunkt *Start*.
Unter der Überschrift: "Regressionsanalyse" erhalten Sie dann zunächst den a-Wert (=Konstante).
Den b-Wert finden Sie unter der Bezeichnung "X-Koeffizient". Der Wert "R zum Quadrat" sollte möglichst nahe bei 1 liegen, wenn die Ausgleichung gut sein soll. R heißt Korrelationskoeffizient. Die Zahl der "Freiheitsgrade" ist hier um 2 kleiner als die Zahl der Meßwerte.

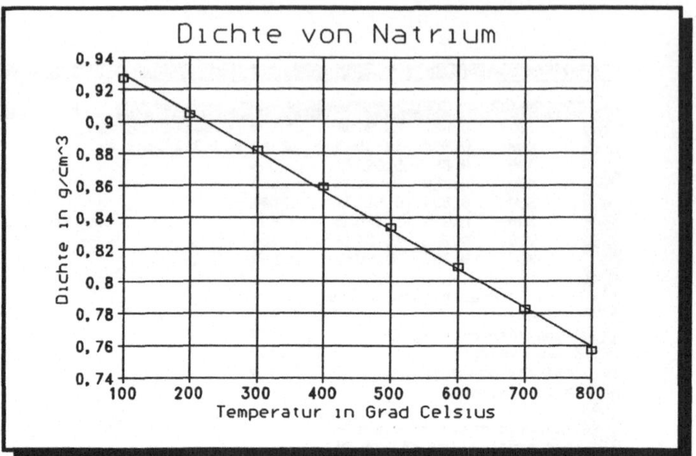

Abb.4-2

Man kann sagen, daß nach Berechnung von a und b nur noch n–2
= 8–2= 6 Freiheitsgrade vorhanden sind, n= Zahl der Meßwerte. (Bei
einer parabolischen Regression mit y = a + bx + cx^2 sind 3 Konstanten zu bestimmen, also ist die Zahl der Freiheitsgrade n–3).
Des weiteren wird die "Standardabweichung Y" angegeben.
QUATTRO PRO berechnet sie nach der folgenden Formel:

$$\sigma_y^2 = \frac{1}{n-2} \sum_{i=1}^{n} (y_i - a - bx_i)^2 \qquad (3)$$

Für die Standardabweichung des X–Koeffizienten wird Formel (4) verwendet:

$$\sigma_b^2 = \frac{n\sigma_y^2}{n\sum_{i=1}^{n} x_i^2 - \left(\sum_{i=1}^{n} x_i\right)^2} \qquad (4)$$

Die Konstanten a und b sind Funktionen der Meßwerte yi. Infolge der Fehlerfortpflanzung überträgt sich die Unsicherheit in den y–Werten auch auf die Werte von a und b.

Die Ungewißheit in a wird nicht ausgegeben. Sie könnte folgendermaßen berechnet werden:

$$\sigma_a^2 = \frac{\sigma_y^2 \sum\limits_{i=1}^{n} x_i^2}{D} \qquad (5)$$

D ist hierin der Nenner aus Formel (4).
Bei Kenntnis der Zahlen a und b kann, wie oben beschrieben, der Graph gezeichnet werden.

Aufgabe

Ein Student änderte bei konstantem Volumen die Temperatur eines nahezu idealen Gases. Zu jeder Temperatur maß er den Druck in mm Hg. Folgende Werte wurden dabei festgestellt, vergl. [TAYLOR82], S.160:

Druck in mm Hg	Temp. in °C
65	–20
75	17
85	42
95	94
105	127

Tragen Sie die Temperatur gegen den Druck auf, und ermitteln Sie den sog. *absoluten Nullpunkt*, d.h. die Temperatur, bei der der Druck (mathematisch) Null wird.

Hilfe

Wählen Sie den Druck als unabhängige Variable, und tragen Sie die 5 Werte in A1..A5 ein.

Die Temperaturen kommen in B1..B5. In C1..C5 tragen Sie noch das Quadrat des Drucks ein, um σ_a berechnen zu können.

/ZAR liefert Ihnen die Regressionsanalyse, z.B. mit E1 als Blockanfang. Dann erscheinen a in H2 und b in G8 (a=−263,35; b=3,71).

In F11 tragen Sie die Formel zur Berechnung von D ein: **5*@SUMME(C1..C5)−(@SUMME(A1..A2))^2.** Sie erhalten D=5000 in F11.

D=Nenner aus Gleichung (4)

In F12 sollten Sie eintragen:

$$\textbf{+H3^2*@SUMME(C1..C5)/F11,}$$

dies liefert Ihnen in F12 den Wert σ_a^2 =331,4

Die Wurzel daraus ergibt 18,2 als Standardabweichung für den y−Achsenabschnitt a.

Der absolute Nullpunkt liegt also bei $a \pm \sigma_a$ =(−263±18)°C. Der "offizielle" Wert liegt bei −273 °C.

Die 5 Temperaturwerte (=y−Werte) sollten mit einem Fehlerbalken der Breite 2*6,7=13,4 versehen werden. (6,7 ist die Standardabweichung Y, die das Arbeitsblatt in H3 anzeigt).

Setzen Sie jetzt in A6 ein **@NV** ein, in A7: 0.

In A8: **+A7+20** −dies bis A13 kopieren.

In D7 wird die Gleichung der Regressionsgeraden eingetragen und bis D13 kopiert.

Also in D7:   **+H\$2+G\$8*A7**   (y=a+bx)

Nun zum Graphen:

1.   **/GDX**
          ELM: 1.W.B.: *D−Quadrat leer*
          ELF: 1.W.B.: *Symbole*
2.   **W:**   1.W.B.: B1..B5
                 2.W.B.: D1..D13
                 X−Achsenwerte: A1..A13

3.   Skalierung automatisch.

4.   /GT   *X-Titel* : Druck in mmHg
                     Y-Titel : Temperatur in Grad Celsius

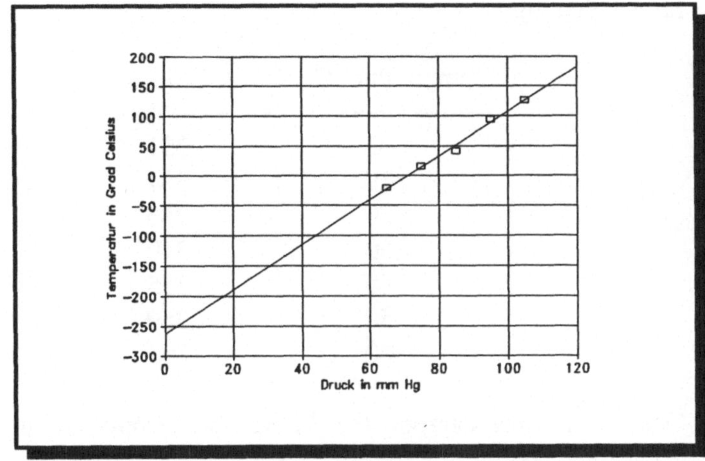

Abb.4–3

Dieses Beispiel zeigt eine gewagte Extrapolation weit über den gemes-
senen Bereich hinaus. In diesem speziellen Fall eines "verdünnten"
Gases war aber wegen der Gültigkeit des Gasgesetzes ($pV=nRT$) ein
linearer Zusammenhang bis in die Nähe des absoluten Nullpunktes zu
erwarten; die Extrapolation war somit gerechtfertigt.

4.2 Schallgeschwindigkeit mit parabolischer Regression

Die Geschwindigkeit des Schalles in trockener Luft ist von der Temperatur abhängig:

Temperatur/°C	v in m/s
0	331
10	337
20	343
30	349
40	355
50	360
60	366

Gesucht ist eine Parabel, die die Meßwerte optimal (im GAUSS–schen Sinne) approximiert.

Vorbemerkung

Gesucht ist eine Gleichung der Form

$$y = a + b_1 x + b_2 x^2 \tag{1}$$

Zur Bestimmung der 3 Parameter a, b1, b2 verwenden wir wieder die eingebaute Regressions–Routine von QUATTRO PRO.

Eingabe

1.   **/BF** *Zielbereich*: A1..A7; *Startwert*: 0
         Schrittwert: 10 ; *Stoppwert*: RETURN
2.   **B1: +A1^2**; **Strg+K**: von B1 bis B1..B7
3.   Von C1..C7 die v–Werte eintragen

4. /ZAR *Unabhängig*: A1..B7
         Abhängig: C1..C7
         Block :   D1
         Start

Ergebnis: v=330,9 + 0,6178*T − 5,952E−4*T^2

(Um den b2−Wert zu sehen, fährt man mit dem Zellzeiger auf G8. In der Editorzeile, zweite von oben, wird der genaue Wert angezeigt.)
Wegen der Kleinheit von b2 hätte man ohne weiteres eine lineare Regression durchführen können. Aber den Werten ist es nicht immer anzusehen, ob sie mit hinreichender Genauigkeit durch eine Gerade beschrieben werden können.

5. Um Meßwerte und Ausgleichsparabel zu *zeichnen*, rufen wir zuerst **/GELM** auf und geben ein: 1.W.B.: *D−Quadrat leer*, dreimal **Esc** drücken, dann **ELF**: 1.W.B.: *Symbole*, dreimal **Esc**.

6. A8: @NV
    A9 bis A69 mit 0 bis 60 füllen, vergl.1 (Schrittwert: 1).

7. In H9 tragen wir die Parabelgleichung ein:
    H9: **+G$2+F$8*A9+G$8*A9^2**
    Bis H69 kopieren. **Strg+K**: Q.B.: H9; Z.B.: H9..H69

8. /GD X
        W: 1.W.B.: C1..C7;
              2.W.B.: H1..H69
              X−Achsenwerte: A1..A69

9. **F10**

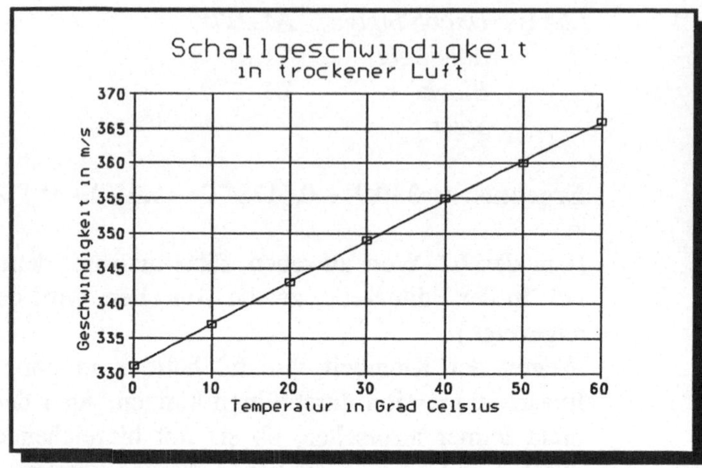

Abb.4–4

Aufgabe

Folgende Tabelle stellt die spezifische Wärmekapazität von Wasser (in kJ/kg/K) in Abhängigkeit von der Temperatur (in °C) dar.
Die Werte sollen durch eine *kubische* Parabel approximiert werden, also durch eine Gleichung der Form:

$$y = a + b_1 x + b_2 x^2 + b_3 x^3 \qquad (2)$$

Temperatur	spez.W.Kap.
0	4,2177
5	4,2022
10	4,1922
15	4,1858
20	4,1819
25	4,1796
30	4,1785
35	4,1782
40	4,1786
45	4,1795
50	4,1807

55	4,1824
60	4,1844
65	4,1868
70	4,1896
75	4,1928
80	4,1964
85	4,2005
90	4,2051
95	4,2103
100	4,2160

Hilfe

Sie haben im Vergleich zum letzten Arbeitsblatt nur eine Spalte für x^3 (+A1^3) hinzuzufügen: in A1..A21 die Temperaturwerte, in B1.. B21 die Werte von T^2, also +A1^2. In C1..C21 stehen dann die Werte von T^3. Die spez. Wärmekapazitäten werden in D1..D21 aufgeführt.
Die Ergebnisse der Regressionsanalyse lassen Sie in E1 erscheinen.

Ergebnis $c = a + b_1 T + b_2 T^2 + b_3 T^3$ mit:

c= spez. Wärmekapazität; T= Temperatur und

a= 4,212776 (in H2); b1= −0,0020867 (in G8);
b2= 3,538E−5 (in H8); b3= −1,445E−7 (in I8)

(21 Meßwerte und 21−4=17 Freiheitsgrade)

Die für die Zeichnung zu verwendenden y−Werte berechnen Sie in J23..J73.
Die Formel für J23 lautet: **+H$2+G$8*A23+H$8*A23^2+I$8*A23^3**
Sie muß bis J73 kopiert werden.
In A23 steht 0, in A24: 2, in A25: 4 usw. bis A73

Für die Zeichnung ist der 1.W.B.: D1..D21, der 2.W.B.: J1..J73;
X−Achsenwerte: A1..A73

Spez.Wärmekapazität von Wasser
in Funktion der Temperatur
Spez.Wärmekapazität in kJ/kg/K
4,22
4,215
4,21
4,205
4,2
4,195
4,19
4,185
4,18
4,175
0   10 20 30 40 50 60 70 80 90 100
Temperatur in Grad Celsius

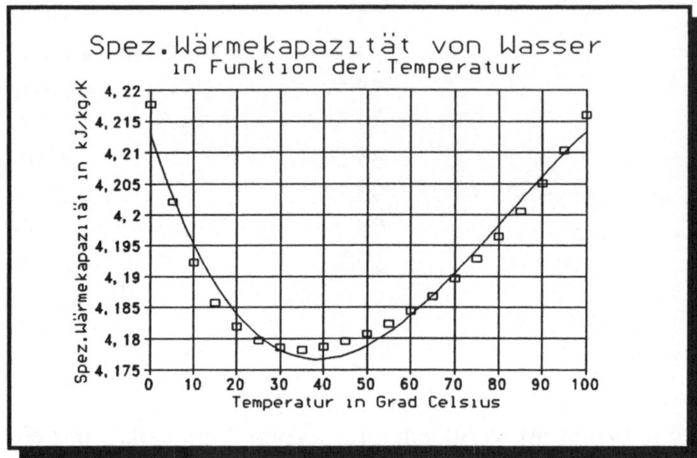

Abb.4–5

4.3 Matrix–Operationen (polynomiale Regression)

An dieser Stelle soll einmal gezeigt werden, wie man die **Matrix-Operationen** von QUATTRO PRO einsetzen kann, um ein Regressionspolynom zu finden.

Die drei Parameter a,b1,b2 in $y=a+b_1x+b_2x^2$ ergeben sich, wenn man das folgende Gleichungssystem nach a,b1,b2 auflöst (diese Gleichungen werden Normalgleichungen genannt):

$$a\,n \quad +b_1\sum x \; +b_2\sum x^2 = \sum y$$

$$a\sum x \; +b_1\sum x^2+b_2\sum x^3 = \sum xy \qquad (1)$$

$$a\sum x^2+b_1\sum x^3+b_3\sum x^4 = \sum x^2 y$$

n ist die Anzahl der Meßwerte (x_i,y_i) .

Das zu (1) passende Arbeitsblatt ist in Abb.4–6 wiedergegeben:

```
 Datei Bearbeiten Layout Grafik Ausdruck Datenbank Zusätze Optionen Fenster  ↑↓
 C2: 'Prabolische Regression                                                   ?
        A          B          C          D          E          F        G      H   End
  1     x          y         x^2        x^3        x^4        xy       x^2y
  2                      Prabolische Regression
  3          0      1,333         0          0          0          0         0
  4          5      1,3403       25        125        625      6,7015   33,5075
  5         10      1,3479      100       1000      10000     13,479    134,79
  6         15      1,3557      225       3375      50625     20,3355  305,0325    Esc
  7         20      1,3639      400       8000     160000     27,278    545,56
  8         25      1,3723      625      15625     390625     34,3075  857,6875
  9         30      1,3811      900      27000     810000     41,433   1242,99
 10         35      1,3902     1225      42875    1500625     48,657   1702,995    Del
 11         40      1,3997     1600      64000    2560000     55,988   2239,52
 12  Summen:
 13        180     12,2841     5100     162000    5482500    248,1795 7062,083
 14  Gleichungssystem:                                    invertierte Matrix:      5
 15          9        180      5100      12,2841           0,660606 -0,06182 0,001212
 16        180       5100    162000     248,1795          -0,06182 0,008978 -0,00021  WYS
 17       5100     162000   5482500    7062,083            0,001212 -0,00021 5,19E-06
 18                      Lösungen:        a= 1,333045                              ZEI
 19                                      b1= 0,001417
 20                                      b2= 6,19E-06
 PARREG1.WQZ  [2] 16.10.91   19.41                             NUM        BEREIT
```

Abb.4–6

In A3..B11 stehen 9 Meßwertepaare (es handelt sich um den Brechnungsindex n einer wäßrigen Rohrzuckerlösung).
Die x−Werte in A3.. A11 stellen die Zuckerkonzentration in % dar.
Die *Formeleinträge* sind:
C3: +A3^2; D3: +A3^3; E3: +A3^4; F3: +A3*B3; G3: +C3*B3
Mit **Strg+K** von C3..G3 nach C3..G11 kopieren.
Die Summen in Zeile 13 werden mit **@SUMME** (oder kürzer **@SUM**) gebildet. In A13: **@SUMME(A3..A11)**, usw.
Das Gleichungssystem (1) tragen wir in die Zellen von A15..D17 ein. Nur die Konstanten, die Summen, werden notiert. (Die erste Gleichung heißt: 9a + 180b1 + 5100b2 = 12,2841)
Nun bilden wir die **invertierte Matrix**:
/ZAI   Quellbereich: A15..C17
          Zielbereich :   F15
Diese wird mit der Matrix der "rechten Seite", also mit dem Block D15..D17, multipliziert:
/ZAM   erste Matrix: F15..H17
          zweite Matrix: D15..D17
          Zielbereich : E18

Die gesuchte Parabel lautet: $y=1{,}33304+1{,}417 \cdot 10^{-3}x+6{,}19 \cdot 10^{-6}x^2$
Die nach dieser Formel berechneten Werte stimmen ausgezeichnet mit den Meßwerten überein.
Im Falle einer Ausgleichs**geraden** reduziert sich Gleichung (1) auf

$$a\,n\quad +b_1\sum x =\sum y$$

$$a\sum x+b_1\sum x^2=\sum xy \qquad (2)$$

Mit Hilfe der CRAMERschen Regel folgen dann

$$a=\frac{\sum x^2 \sum y-\sum x \sum xy}{n \sum x^2-(\sum x)^2}$$

$$b_1=\frac{n \sum xy-\sum x \sum y}{n \sum x^2-(\sum x)^2} \qquad (3)$$

Die Gln.(3) sind äquivalent den Gln.(1) und (2) aus Beispiel 1.

4.4 Zweifach logarithmisch = linear

Eine Fotozelle wurde von einer Lampe beleuchtet und erzeugte folgende Ströme in Funktion des Abstandes x zwischen Lampe und Fotozelle:

Abstand in m	Fotostrom in μA
0,11	632
0,14	500
0,18	317
0,25	167
0,30	115
0,40	65
0,50	41
0,60	28
0,70	21
0,80	16

Beim Auftragen der Werte auf doppelt logarithmischem Papier ergibt sich eine Gerade –mehr oder weniger. (Spötter behaupten, daß auf doppelt logarithmischem Papier alles zu einer Geraden wird!)
Wie lautet die Gleichung der Funktion, die die gegebenen Werte am besten approximiert?

Vorbereitung

Die obige Behauptung lautet in Gestalt einer Gleichung:

$$\log y = \log a + b \log x \qquad (1)$$

Dies bedeutet, daß die gesuchte Funktion eine Potenzfunktion sein muß:

$$y = a\, x^{b} \qquad (2)$$

Wir können eine lineare Regression durchführen, wenn wir als unabhängige Variable nicht x sondern $\log x$ wählen. QUATTRO PRO schreibt
den 10-er Logarithmus mit @LOG. Natürlich müssen wir für y den
Logarithmus von y einsetzen.

Eingabe

In Abbildung 4–6 haben wir in der 1. Zeile Überschriften verwendet.
Wenn man die Daten in einem gemeinsamen Graphen darstellen will,
vergl. z.B. Abb.4–5, so muß die 1. Zeile auch schon Daten enthalten.

1.   In A1..A10 die 10 x–Werte eintragen
2.   In B1..B10 die 10 y–Werte eintragen (Ströme)
3.   In C1 **@LOG(A1)** schreiben; in D1: **@LOG(B1)**
4.   Mit **Strg+K** kopieren: C1..D1 nach C1..D10
5.   **/ZAR** *Unabhängig*:   C1..C10
          Abhängig: D1..D10
          Block   :   E4
6.   **Ergebnis:**   Konstante: 1,036246 (=lg a)
                            X–Koeff. : –1,191994 (=b)
          Das gesuchte a für Gleichung (2) ist

$$a = 10^{\wedge}1{,}036246 = 10{,}87 \text{ (gerundet)}$$

Die gesuchte Ausgleichskurve hat demnach die Gleichung

$$y = 10{,}87\mu A \ x^{-1{,}92} \tag{3}$$

x ist in Meter einzusetzen. (Theoretisch sollte der Exponent –2
sein).

7.   Berechnet man mit Hilfe von Gleichung (3) die Ströme zu den
          vorgegebenen x–Werten –und vergleicht mit der Tabelle–, so
          findet man bei kleinen Abständen keine besonders gute Über-
          einstimmung.
8.   Nun zur Zeichnung des Graphen:
          A15: 0,1; A16: **+A15+0,05**; bis A33 kopieren
          I15: **10,87*A15^–1,92**; diese Formel bis I33 kopieren.
          /GDX

ELM:	1.W.B.:	*D–Quadrat leer*
ELF:	1.W.B.:	*Symbole*
W:	1.W.B.:	B1..B10
	2.W.B.:	I1..I33
	X–Achsenwerte:	A1..A33
	Skalierung :	*automatisch*

9.   **F10**

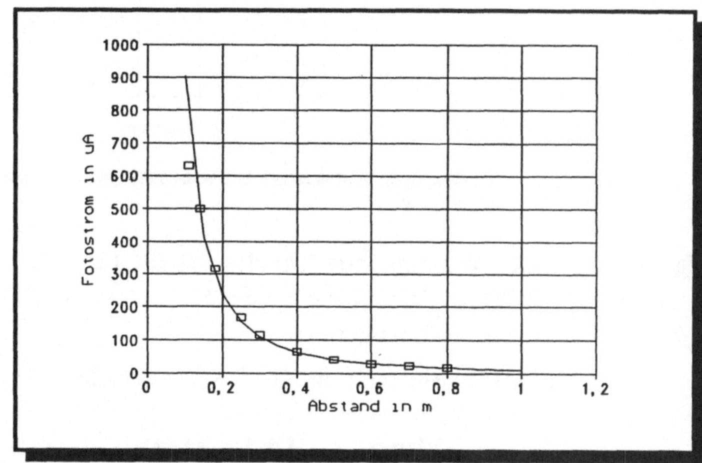

Abb.4–7

Zum Vergleich sei hier auch die doppelt logarithmische Darstellung der Meßwerte gegeben.

Um den Graphen zu erzeugen, hat man folgende Eingaben zu machen:

/GELF:	1.W.B.: *beide*
X S:	*automatisch*
E:	*Log*
Y S:	*automatisch*
E:	*Log*
/GW:	1.W.B.: B1..B10
	X–Achsenwerte: A1..A10

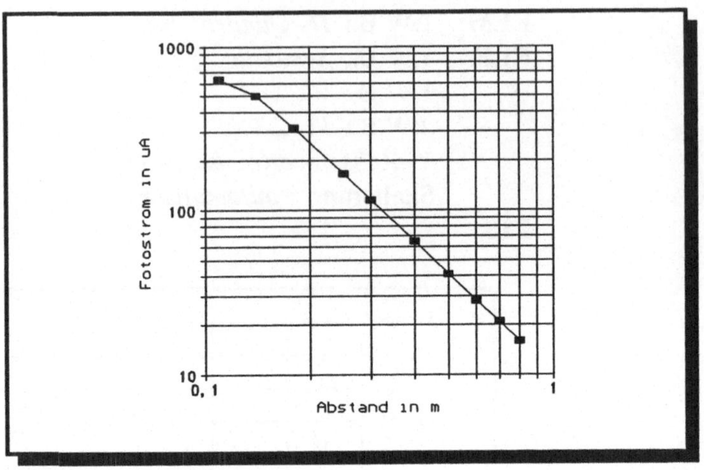

Abb.4–8

Aufgabe   Die hier folgende Tabelle enthält für jeden Planeten die Umlaufszeit T und die große Halbachse a . (Alle Werte sind auf die Erde bezogen).

Stellen Sie fest, ob das 3.KEPPLERsche Gesetz gilt: $a = T^{2/3}$

Planet	Umlaufzeit	gr.Halbachse
Merkur	0,241	0,387
Venus	0,615	0,723
Erde	1	1
Eros	1,76	1,46
Mars	1,88	1,52
Ceres	4,6	2,77
Jupiter	11,9	5,20
Saturn	29,5	9,54
Uranus	84,0	19,2
Neptun	165	30,1
Pluto	248	39,5

Lösung   Die lineare Regression mit den Logarithmen von Umlaufszeit und Halbachse ergibt (zum Glück für KEPPLER):

$$y = 0{,}999656 \; x^{0{,}666799} \tag{4}$$

4.5 Interpolation nach LAGRANGE

Durch die Punkte (1;4), (3;6) und (4;12) soll ein Polynom gelegt wer–
den, das genau durch die vorgegebenen Punkte verläuft.
Wie ist das Polynom aufgebaut?

Vorbereitung

Bei diesem Beispiel handelt es sich um eine Aufgabe der **Interpolation**.
Wir suchen nicht mehr einen Graphen, der die vorgegebenen Punkte
möglichst gut approximiert (=Regression), sondern eine Kurve, von der
die gegebenen Punkte selbst Elemente sind.
Von den vielen existierenden Lösungsverfahren wollen wir die Methode
nach LAGRANGE verwenden.
Man sucht ein Polynom der Form

$$p(x) = y_1 L_0(x) + y_2 L_1(x) + ... + y_{n+1} L_n(x) \qquad (1)$$

Die sogenannten LAGRANGE–Polynome $L_i(x)$ werden nach folgender
Vorschrift gebildet:

$$L_i(x) = \frac{(x-x_1)...(x-x_i)\ (x-x_{i+2})...(x-x_{n+1})}{(x_{i+1}-x_1)...(x_{i+1}-x_i)\ (x_{i+1}-x_{i+2})...(x_{i+1}-x_{n+1})} \qquad (2)$$

Diese Formel sieht nicht sehr einladend aus, aber sie ist leicht in ein
Arbeitsblatt einzubauen. Denn sie sagt ja nur, daß man für den Zähler
alle Produkte der Differenzen aus x und den x–Werten der gegebenen
Punkte zu bilden hat –lediglich bleibt bei Lo der 1. Punkt unberück–
sichtigt, bei L1 der zweite usw. Entsprechend wird der Nenner gebildet.
In unserem Fall sieht die Angelegenheit also folgendermaßen aus:

$$L_0(x) = \frac{(x-3)(x-4)}{(1-3)(1-4)} = \frac{x^2-7x+12}{6}$$

$$L_1(x) = \frac{(x-1)(x-4)}{(3-1)(3-4)} = \frac{x^2-5x+4}{-2} \tag{3}$$

$$L_2(x) = \frac{(x-1)(x-3)}{(4-1)(4-3)} = \frac{x^2-4x+3}{3}$$

Diese Elementarpolynome müssen in (1) eingesetzt werden:

$$p(x) = 4L_0 + 6L_1 + 12L_2$$

Ausgerechnet ergibt dies

$$p(x) = \frac{5x^2}{3} - \frac{17x}{3} + 8 \tag{4}$$

Eingabe

Die Interpolation soll zwischen x=1 und x=4 ausgeführt werden. Wenn
wir eine Schrittweite von h=0,1 wählen, so ist die A–Spalte bis A31 mit
x–Werten zu besetzen:

1.   **/BF**   *Zielbereich*:   A1..A31
               Startwert: 1
               Schrittwert: 0,1
               Stoppwert :   RETURN
2.   In C1 eintragen:
      ($A1–3)*($A1–4)/((1–3)*(1–4)) (=Lo)
      (Da wir diese Formel noch zweimal nach rechts kopieren wol-
      len, leiten wir A1 mit einem Dollarzeichen ein)
3.   Kopieren Sie die Formel aus C1 nach D1 und E1. Sie ist an-
      schließend noch zu editieren (**F2**–Taste verwenden).
      In D1 steht dann: **($A1–1)*($A1–4)/((3–1)* (3–4))** (=L1)
      In E1: **($A1–1)*($A1–3)/((4–1)*(4–3))** (=L2)

4. In der F–Spalte sollen die p(x)–Werte erscheinen,
    also F1: **4*C1+6*D1+12*E1**

5. Bis Zeile 31 kopieren:
    Strg+K: *Quellbereich*:   C1..F1
                       Zielbereich :   C1..F31

6. Wenn wir den Kurvenzug des Polynoms zusammen mit den 3
    Stützpunkten aufzeichnen wollen, so haben wir diese noch ins
    Arbeitsblatt einzutragen:
    A32: @NV
    A33: 1; A34: 3; A35: 4; B33: 4; B34: 6 und B35: 12

7. **/GELM:**   1.W.B.: *D–Quadrat leer*
    ELF: 1.W.B.: *Symbole*
    W: 1.W.B.: B1..B35
                      2.W.B.: F1..F31
                      X–Achsenwerte: A1..A35
                      Skalierung: *automatisch*

8. **F10**

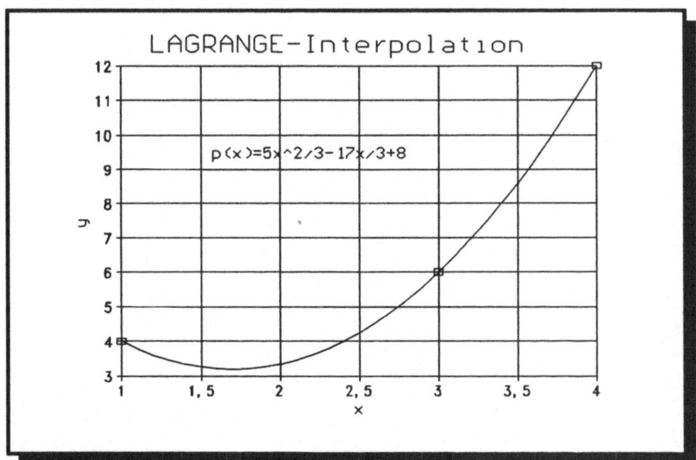

Abb.4–9

5 Simulation dynamischer Systeme

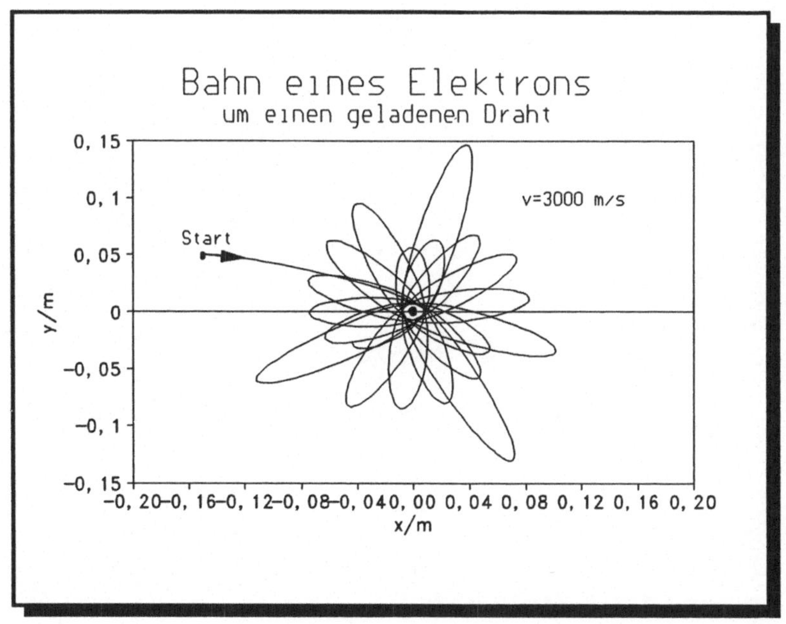

5.0 Einleitung

Elektronische Spreadsheet–Programme sind geeignete Hilfsmittel, um Naturvorgänge zu simulieren. Hat man etwa für einen fallenden Apfel ein Spreadsheet–Modell aufgestellt, so reicht es, den Inhalt der " g–Zelle" von 9,81 auf 1,6 zu reduzieren, um das Fallen von Obst auf dem Mond studieren zu können. Das Modell selbst ist ebenfalls dynamisch, weil alle Größen, die vom Inhalt der g–Zelle abhängen, sofort nach Drücken von RETURN neu berechnet werden. Das ist eben WHAT–IF...?

Eine mathematische Formel der Art $y=gt^2/2$ ist bereits ein Modell; sie errechnet die in t–Sekunden durchfallene Strecke unseres Apfels.
Ein Arbeitsblatt, das entworfen wurde, um diese Formel tabellarisch oder grafisch darzustellen, ist ebenfalls ein Modell für fallende Äpfel.
Wir werden in diesem Kapitel einige Modelle zur Simulation dynamischer Systeme mit Hilfe von Tabellenkalkulationsprogrammen entwikkeln.

Formeln wie $s=gt^2/2$ *oder* $y=-\dfrac{g}{2}t^2+v_0t+y_0$ sind jedoch Spezialfälle eines viel allgemeineren Modells: sie sind Lösungen der 2.NEWTONschen Gleichung, d.h. einer Differentialgleichung 2.Ordnung.
Sehr viele Modelle führen auf Differentialgleichungen,–die jedoch sehr häufig nicht geschlossen lösbar sind.
Mit Hilfe von numerischen Methoden entwickelt man dann Naturbeschreibungen, die im Prinzip jeden Genauigkeitsgrad haben können. Allerdings ist es nötig, Computer programmieren zu können. In vielen Fällen ist es aber wesentlich einfacher, diese Algorithmen auf Spreadsheets zu portieren, –man denke nur an die ausgeklügelten grafischen Fähigkeiten der meisten Rechenblätter !

In diesem 5.Kapitel werde ich beschleunigungsorientierte Modelle besprechen, die immer auf eine Differentialgleichung 2.Ordnung führen. Nur in Beispiel 5.11 wird eine Ausnahme gemacht. Dort stelle ich das Material zusammen, das ein Lösungsverfahren für Differentialgleichungen 1.Ordnung liefert.

Modelle mit Differentialgleichungen 2.Ordnung treten in vielen weiteren Bereichen der Naturwissenschaft auf, ohne daß dort von einer *Beschleunigung* gesprochen werden könnte. Die Einteilung in beschleunigungs- und geschwindigkeitsorientierte Modelle ist bei den hier diskutierten Beispielen jedoch recht nützlich.

Im 6. Kapitel werden einige geschwindigkeitsorientierte Modelle besprochen. Sie verwenden Differentialgleichungen 1.Ordnung.

Vieles, was heutzutage *mathematisches Modellieren* heißt, wurde früher schlicht angewandte Mathematik genannt. Damit behandelte man nicht nur ballistische Probleme. Schon sehr früh hat man die Mathematik auf Wachstumsvorgänge in Biologie und Wirtschaft angewandt.
Will sich eine neue Disziplin durchsetzen, so muß sie sich als erstes die Erweiterung "-Science" bzw. " -Wissenschaft" zulegen. Dann aber muß sie sich sehr bald nach einer Mathematisierung umsehen. So finden wir mathematische Modelle in fast allen Disziplinen. Ein wenig schockierend wirkt jedoch, was ABELSON und SUSSMAN bezüglich der *Computer Science* zu sagen haben.[1]

Ich werde versuchen, Spreadsheetmodelle aus möglichst vielen Bereichen zu beschreiben. Daß die Physik im Vordergrund steht, liegt daran, daß der Verfasser von anderen Dingen nur wenig weiß. Aber Modelle aus der Physik sind andererseits am weitesten ausgereift. In jedem Fall werden auch die physikalischen Modelle so einfach wie möglich dargestellt.

Nach dieser langen Vorrede nun zum ersten Beispiel, -was wird es wohl sein? *Die Bewegung von Körpern im Gravitationsfeld der Erde.* Vernachlässigt man Reibungskräfte, so handelt es sich um Systeme im schwerelosen Zustand.

---

[1] In der Einleitung zu *Structure and Interpretation of Computer Programs*, MIT press 1986, S.XVI sagen ABELSON und SUSSMAN: Underlying our approach to this subject is our conviction that "computer science" is not a science and that its significance has little to do with computers.

5.1 Erdnahe Schüsse

Nachdem in der Einleitung zu diesem Kapitel die (reibungsfreien) Bewegung in der Nähe der Erdoberfläche angesprochen wurde, soll nun zuerst ein Arbeitsblatt vorbereitet werden, mit dem sich der Flug einer Kugel modellieren läßt, die von einem 35 m hohen Turm mit der Anfangsgeschwindigkeit v0= 80m/s unter einem Abschußwinkel von 25 Grad abgeschossen wurde.

Vorbereitung

Um das Spreadsheet anlegen zu können, brauchen wir ein mathematisches Modell der Kugelbewegung.
Dieses Modell ist in den folgenden Formeln enthalten

$$x(t) = v_{x_0} t + x_0$$

$$y(t) = -\frac{g}{2} t^2 + v_{y_0} t + y_0$$

$$v_x(t) = v_{x_0} = v_0 \cos(\alpha)$$

$$v_y(t) = -gt + v_{y_0} \; ; \; v_{y_0} = v_0 \sin(\alpha)$$

$$(1)$$

Die indizierten Variablen bedeuten Anfangswerte. g ist die Gravitationsbeschleunigung mit dem Wert: $g = 9{,}81 m/s^2$
Wollen wir das Arbeitsblatt so anlegen, daß wir mit den Anfangswerten (fast) beliebig experimentieren können, so ist es günstiger, aus den obigen Formeln die Zeit zu eliminieren. Man kann dann x als unabhängige Variable in der A–Spalte speichern. Alpha und v0 sind Parameter. Für jeden Wert von Alpha legen wir eine neue Y–Spalte an.
Das zeitfreie Modell der Flugbahn lautet

$$y = x \, \tan(\alpha) - \frac{g}{2 v_{x_0}^2} \, x^2$$

$$(2)$$

$$mit \quad v_{x_0} = v_0 \, \cos(\alpha)$$

Wir werden zunächst ein Rechenblatt für *Modell* (1) entwerfen. Den Aufbau gestalten wir nach folgendem Bild:

```
Datei Bearbeiten Layout Grafik Ausdruck Datenbank Zusätze Optionen Fenster  ↑↓
A1:                                                                          ?
         A        B        C        D        E        F        G        H
 1                                                              h=      0,5  End
 2              Schräger Schuß in Erdnähe                       x0=       0
 3              =============================                   y0=      35
 4                                                              v0=      80
 5                                                            Alpha=     25
 6                                                             vx0= 72,50462  Esc
 7       t      x(t)     y(t)    vx(t)    vy(t)    v(t)        vy0= 33,80946
 8       s       m        m      m/s      m/s      m/s          g=      9,81
 9
10       0        0       35   72,50462 33,80946     80                       Del
11     0,5  36,25231 50,67848 72,50462 28,90446 78,05375
12       1  72,50462 63,90446 72,50462 23,99946 76,37339                       0
13     1,5 108,7569  74,67794 72,50462 19,09446 74,97679
14       2 145,0092  82,99892 72,50462 14,18946 73,88005                       5
15     2,5 181,2616  88,8674  72,50462  9,284461 73,09666
16       3 217,5139  92,28338 72,50462  4,379461 72,63677                       6
17     3,5 253,7662  93,24686 72,50462 -0,52554 72,50653
18       4 290,0185  91,75784 72,50462 -5,43054 72,70771                       7
19     4,5 326,2708  87,81632 72,50462 -10,3355 73,23758
20       5 362,5231  81,4223  72,50462 -15,2405 74,0891                        ↓
Q5NR1-1.WQ1  [2] 19.05.91    08:14                            NUM        BEREIT
```

Abb.5-1

Eingabe

1.   Wir füllen die Zeitspalte A von A10.. A40 aus. Man brauchte hier mit h=0,5s nur bis A25 zu gehen, da die Kugel von A26 (=8s) an schon unter der Erde wäre (y ist negativ). Hier verwenden wir nicht den **Füll-Befehl**, da wir den Zeitschritt h eventuell ändern wollen. Also in A10: 0 und in A11: **+A10+H$1** einsetzen; mit **Strg+K** von A11..A40 kopieren.

2.   Folgende Formeln sind einzutragen:

        B10:   +$H$6*A10+$H$2 (x)

        C10:   -$H$8/2*A10^2+$H$7*A10+$H$3 (y)

        D10:   +$H$6 (vx ändert sich nicht)

        E10:   -$H$8*A10+$H$7 (vy)

        F10:   @WURZEL(D10^2+E10^2)   (v)

3. Alle Formeln bis Zelle 40 einer jeden Spalte kopieren.

4. **/ G D X**
    W: 1.W.B.: C10..C40   (y–Werte)
              2.W.B.: F10..F40   (Geschwindigkeit)
              X–Achsenwerte: B10..B40 (x–Werte)
    Unter *Einstellungen*:   1.W.B.: *Erste Y–Achse*
                              2.W.B.: *Zweite Y–Achse*

5. Unter **X–Achse** manuelle Skalierung wählen.
    Kleinster Wert: 0; *Größter Wert*: 600; *Wertzuwachs*: 50
    Y–Achse: *manuell*; *Kleinster Wert*: 0; *Größter Wert*: 100;
    Wertzuwachs: 20

6. **/ G** Text: *1.Zeile*: Schräger Schuß in Erdnähe
                         X–Titel: Horiz. Entfernung in m
                         Y–Titel: Höhe in m
    Titel 2.   *Y–Achse*: Geschw. in m/s

7. Nachdem man mit **/G** Bearbeiten im Grafikeditor noch die zu-
    sätzlichen Verzierungen am Graphen angebracht hat, schaut
    man sich das Werk mit **F10** an, Abb.5–2.

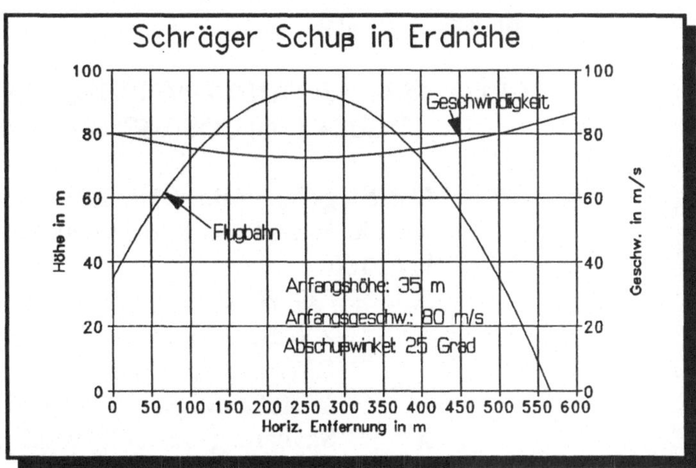

Abb.5–2

Nun soll das Rechenblatt für die *Formeln (2)* erarbeitet werden, mit dem sich Abb.5–3 erzeugen läßt.

Wir werden keine Zeit–Spalte einführen. In der A–Spalte speichern wir die X–Werte und in den Spalten B,C,D,E und F die Y–Werte zu den den Winkeln: 15,30,45,60 und 75 Grad.

Zur Gestaltung der Zeile 7 mit den Winkelüberschriften (B7..F7) benötigen wir den Startwert 15° für Alpha in F1. In F2 speichern wir den Winkelzuwachs, ebenfalls 15°.

In H4 steht der Wert der Anfangsgeschwindigkeit v0(=85). x0 ist in H2 und y0 in H3 (beide =0); H1 ist dieses Mal unbesetzt, vergl. auch Abb.5–1.

Eingabe

1. In A7 schreiben wir die Überschrift: **X**; in B7: **+F$1** und in C7 **+$F$1+B7**. Mit **Strg+K**: Q.B.: C7 ; Z.B.: C7..F7 tragen wir die restlichen Winkelwerte ein.

   Die A–Spalte können wir mit / **B F** füllen: Z.B.: A10..A100; *Startwert*: 0, *Schrittwert*: 10

2. Die Zeile 10 enthält die Formeln. Da wir Gl.(2) nur in B10 einzugeben haben –und sie dann bis F100 kopieren können (**Strg+K**), schreiben wir den X–Wert nicht einfach als **A10**, sondern **$A10**, da ansonsten in C10 nicht A10 verwendet wird, sondern B10, usw.

   B10:   +$A10*@TAN(B$7*@PI/180)−9,81*$A10^2/
              (2*$H$4^2*(@COS(B$7*@PI/180))^2)

   C10:   Mit **Strg+K**: Q.B.: B10; Z.B.: B10..F100 übertragen wir die Formel aus B10 in den ganzen Block von B10 bis F100!

   3.   **/ G W**:   1.W.B.: B10..B100
           2.W.B.: C10..C100 usw. bis
           5.W.B.: F10..F100
           X–Achsenwerte: A10..A100

   X: Skalierung manuell; vergl. Abb.5–3
   Y: Skalierung manuell; vergl. Abb.5–3

4.   Mit **/G** **B**earbeiten kommt man in den Grafikeditor, wo die Bezeichnungen eingesetzt werden.

5.   **F10** liefert dann folgende Abbildung:

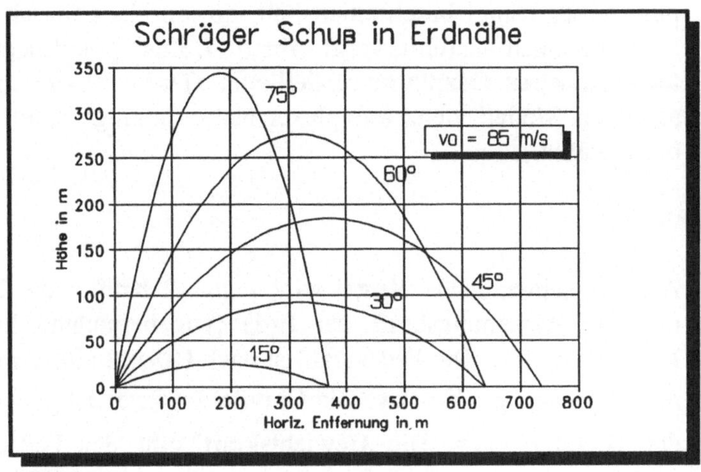

Abb.5-3

Schüsse unter Winkeln, die sich zu 90 Grad ergänzen, haben dieselbe Reichweite; ein Schuß unter 45 Grad hat die größte Reichweite.

Um unser Modell realistischer zu gestalten, sind noch Luftreibung (in Abhängigkeit von der Höhe, Temp. usw), Wind, Spin usw. einzuschließen. Für dieses allgemeinere Modell gibt es aber keine geschlossenen Formeln mehr, mit denen man die Bahnpunkte berechnen könnten. Man setzt *numerische Verfahren* ein.

Im nächsten Beispiel werde ich solche Methoden besprechen.

5.2 Harmonischer Oszillator (EULER–Methode; FPM)

Wir wollen ein Spreadsheet–Modell aufstellen, mit dem sich die Bewegung einer Kugel beschreiben läßt, die an einer Spiralfeder hängt und Schwingungen ausführt, vergl. Abb.5–5. Das Spreadsheet soll also einen **harmonischen Oszillator** modellieren. (Daß der harmonische Oszillator selbst als Modell vieler komplexer Naturvorgänge dient, sei nur nebenbei erwähnt.)

Vorbereitung

Auf die schwingende Kugel wirken nur 2 Kräfte: die Kraft der Feder und die Anziehungskraft der Erde (wir betrachten hier noch keine Reibungskräfte). Die Federkraft ist nach HOOKE einfach *Federkonstante* mal *Auslenkung*: $F_f = -kx$. Die Gravitationskraft ist gleich dem Gewicht der Kugel: $F_g = mg$. Die Gewichtskraft gibt der Feder eine gewisse Anfangslänge (Gleichgewichtslänge). Die Beschleunigung a ist durch

$a = -\dfrac{k}{m}x$ gegeben. x=Abweichung von der Gleichgewichtslage, vergl. Abb. 5–5.

Man kann in diesem einfachen Fall leicht eine exakte Lösung finden: Die jeweilige Lage der Kugel berechnet sich mit $x(t) = A\sin(\omega t + \phi_0)$.

A ist die maximale Auslenkung, d.h. die Amplitude, $\omega^2 = k/m$, und ϕ_0 ist eine Konstante, mit der sich die Lage zur Zeit t=0 berechnen läßt. Amplitude und Phase lassen sich mit den folgenden Formeln berechnen:

$$A = \sqrt{x_0^2 + (\frac{v_0}{\omega})^2} \ ; \qquad \phi_0 = \tan^{-1}(\frac{\omega x_0}{v_0})$$

x_0 *und* v_0 sind die Anfangswerten von x und v.

Nun aber kommt das *Problem*: Wenn die Feder keinem so einfachen Kraftgesetz gehorcht und wenn Reibungskräfte vorhanden sind, wie sieht dann die analytische Lösung aus?

Hier kommen wir nur weiter, wenn wir uns auf die Definitionen von Beschleunigung und Geschwindigkeit als Grundbestandteilen unseres Modells besinnen.

Die durchschnittliche Geschwindigkeit im Zeitintervall Δt ist definiert

als $v := \dfrac{\Delta x}{\Delta t} = \dfrac{x_2 - x_1}{\Delta t}$.

Für die Beschleunigung gilt: $a = \dfrac{\Delta v}{\Delta t} = \dfrac{v_2 - v_1}{\Delta t}$.

Wieso helfen uns diese Definitionen weiter? Nun, schreiben wir sie doch einfach einmal um:

$$x_2 = x_1 + v\,\Delta t$$
$$v_2 = v_1 + a\,\Delta t$$

Was besagen diese Gleichungen?
Bleiben wir zunächst bei einem reibungsfreien HOOK–Oszillator und nehmen an, k/m sei gleich 1 und a habe die einfache Form: $a = -x$
Nehmen wir weiter an, daß zur Zeit t=0 auch x=0 ist (also $x_0 = 0$), und daß $v_0 = 2$ ist; die Einheiten sollen uns im Augenblick nicht stören.

Wir stellen nun folgende Fragen: wie groß sind x und v zur Zeit t=0,1? Und dann: wie groß sind sie zu den Zeiten t=0,2; 0,3 usw. ?
Legen wir zur Beantwortung unserer Fragen eine kleine Tabelle an:(statt Δt schreiben wir h, und der Wert für h ist 0,1)

t/s	x/m	v/m/s	a/m/s/s	x2=x1+v*h	v2=v1+a*h
0	0	2	0	x2=0+2*0,1	v2=2+0*0,1
0,1	0,2	2	–0,2	x2=0,2+2*0,1	v2=2–0,2*0,1
0,2	0,4	1,98	–0,4	x2=0,4+1,98*0,1	v2=1,98– 0,4 *0,1

Die unterlegten Felder enthalten die Anfangswerte t=0; x_0=0 und v_0=2.
In der 4. Spalte berechnen wir a=–x, was mit x=x_0=0 ebenfalls 0 ergibt.
In der 5. Spalte wird der x–Wert für t=0,1 berechnet. Das Ergebnis
x=0,2 wird in die 2. Spalte neben t=0,1 eingetragen.
In der 6. Spalte berechnen wir schließlich das neue v; das Ergebnis
v=2, also noch unverändert, tragen wir in die 3. Spalte neben x=0,2 ein.

Nun wird wieder eine neue Beschleunigung a berechnet: a=–x=–0,2.
usw.
In der praktischen Durchführung dieses Rechenschemas kann man
natürlich auf die 5. und 6. Spalte verzichten.

Im Rechenblatt füllen wir die A–Spalte mit den Zeiten, die B–Spalte
enthält die x–Werte. In der C–Spalte stehen die Geschwindigkeiten, und
in der Spalte D werden die Beschleunigungen berechnet.

```
 Datei Bearbeiten Layout Grafik Ausdruck Datenbank Zusatze Optionen Fenster   ↑↓
B11: +B10+(G$1*C10)                                                            ?
┘       A          B         C        D       E          F          G       H
1                                                                 h=       0,1      End
2       Harmonischer Oszillator mit                              x0=       0
3              EULER-Methode                                     v0=       2
4          (first-point-Methode)                                 k=        1
5                                                                m=        1
6                                                             omega=       1        Esc
7        t        x(t)      v(t)     a(t)                        A=        2
8        s         cm       cm/s    cm/s^2                     phi0=       0
9
10       0         0         2        0                                            Del
11      0,1       0,2        2       -0,2
12      0,2       0,4       1,98     -0,4                                           @
13      0,3      0,598      1,94    -0,598
14      0,4      0,792     1,8802   -0,792                                         5
15      0,5     0,98002    1,801   -0,98002
16      0,6     1,16012   1,702998 -1,16012                                        6
17      0,7     1,33042   1,586986 -1,33042
18      0,8    1,489118   1,453944 -1,48912                                        7
19      0,9    1,634513   1,305032 -1,63451
20       1     1,765016   1,141581 -1,76502
EULER1.WQ1    [2] 09.05.91    17:54                          NUM           BEREIT
```

Abb.5–4

Die Bildschirmkopie zeigt den Aufbau des Arbeitsblattes.

Eingaben

1. **/ B F** : A10..A110
    Startwert: 0;   *Schrittwert*: 0,1

2. Folgende Einträge sind zu machen:
    B10:   **+G2**   (x0)
    C10:   **+G3**   (v0)
    D10:   **–G\$4/G\$5*B10**   (a)

3. Weitere Einträge für B11 bis D11:
    B11:   **+B10+(G\$1*C10)**

$$x_{neu}=x_{alt}+\Delta t\,v_{alt}$$

denn: *oder*:

$$x(t+\Delta t)=x(t)+\Delta t\,v(t)$$

Meist schreiben wir h anstatt Δt .

C11:   **+C10+(G\$1*D10)**

$$v_{neu}=v_{alt}+\Delta t\,a_{alt}$$

denn: *oder*:

$$v(t+\Delta t)=v(t)+\Delta t\,a(t)$$

D11 enthält schon eine Kopie von D10, also: **–G\$4/G\$5*B11**

4. Alle Formeln bis ans Ende der jeweiligen Spalte (110) kopieren
    (Strg+K)

5. **/ G W** 1.W.B.:   B10..B110
    X–Achsenwerte: A10..A110

6. Achseneinteilung: *automatisch*

7. Die Skizze wurde mit **/ G** Bearbeiten erstellt. Mit **F10** den
    Graphen anschauen!

Der erzeugte Graph, Abb.5–5, ist nun leider nicht ganz so, wie wir es
wohl erwarteten: Die Amplituden wachsen! Das ließe sich verbessern,
wenn wir für h kleinere Werte nähmen. Aber wirklich gut werden die
Ergebnisse nicht werden.
Wenn man unser Verfahren, es heißt EULER–Methode, auf die Berechnung von Planetenbahnen anwendet, erhält man keine geschlossenen
Ellipsen!   Was soll geschehen?

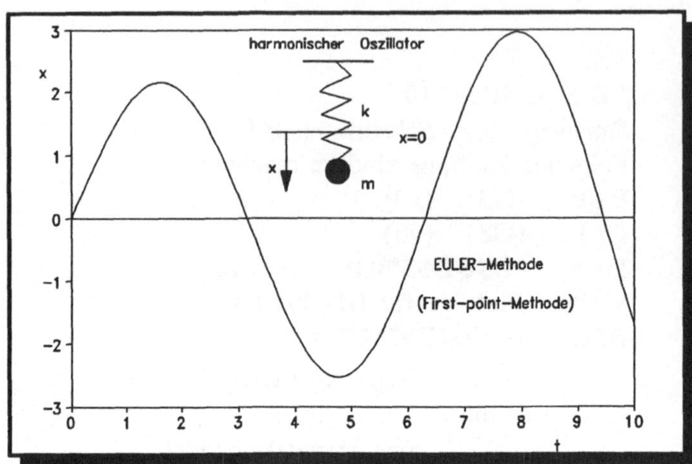

Abb.5-5

Machen Sie einmal das folgende Experiment:
Schreiben Sie in der Formel in B11 nicht C10 sondern C11.
Dann kopieren Sie dies von B11 bis B110. Beobachten Sie die Werte
in der Tabelle. Alle ändern sich! Drücken Sie jetzt **F10**, um die Aus-
wirkung dieser kleinen Änderung zu beobachten. Was sagen Sie jetzt?
Sieht das nicht besser aus?

Durch diesen winzigen Eingriff haben Sie bei der Berechnung von x
nicht wie vorhin die Geschwindigkeit zu Beginn des Zeitintervalls h
genommen, sondern die am Ende von h. Deswegen heißt diese neue
Methode auch *Last–Point–Methode* (LPM) im Gegensatz zur *First–*
Point–Methode (FPM) von vorhin, die jedoch meistens als EULER-
Methode bezeichnet wird.

(Dieses Vertauschen von C11 mit C10 entspricht einem Algorithmus,
bei dem Sie zuerst v und dann erst x berechnen, so als würden Sie in
der vorigen Tabelle die Spalten 5 und 6 vertauschen. Wenn Sie die
Berechnung in dieser umständlichen Weise durchführen wollen, so
müssen Sie in D10 die Formel **–G\$4/G\$5*C10** stehen haben.
In B11: **+B10+(G\$1*D10)**, in C11: **+C10 + (G\$1*B11)**. Die B–Spalte
wird dann die Geschwindigkeiten und die C–Spalte die x–Werte enthalten).

Aufgabe

Ergänzen Sie das Arbeitsblatt zur Last–Point–Methode derart, daß ein Vergleich mit den Formeln der analytischen Lösung möglich ist.

Hilfe

Setzen Sie   in G6: **@WURZEL(G$4/G$5)**
                     in G7: **@WURZEL(G$2^2+(G$3/G$6)^2)**
                     in G8: **@ATAN(G$6*G$2/G$3)**

Verwenden Sie die E–Spalte für die x–Werte der analytischen Lösung, d.h. setzen Sie in E10 die Formel: **+G$7*@SIN(G$6*A10+G$8)**

Lösung

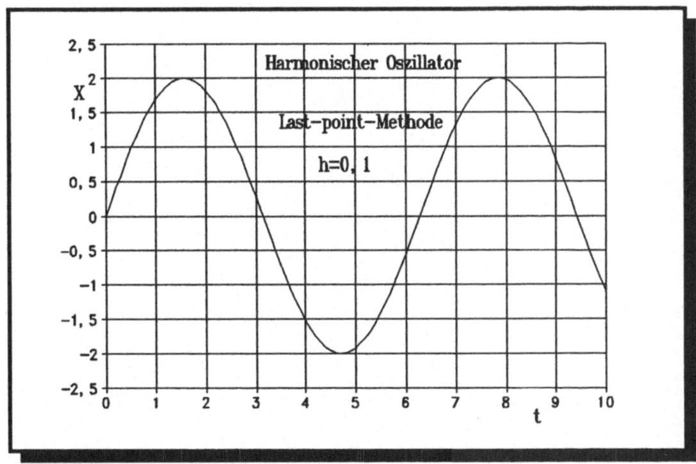

Abb.5–6

Beachten Sie, daß der "theoretische" Graph praktisch nicht vom numerisch berechneten unterschieden werden kann!

Anmerkung

Die Last–point–Methode (LPM) wurde 1981 rein zufällig entdeckt, als
eine Studentin aus Versehen zuerst v und dann erst x berechnete.
Dieser Fund löste in den folgenden Jahren eine Reihe von Artikeln aus,
die sich mit dem theoretischen Hintergrund der Verbesserung beschäf-
tigten.[1]

Wir werden die LPM neben anderen numerischen Methoden noch in
einer Reihe von Beispielen anwenden. Eine sehr viel verwendete Methode ist das RUNGE–KUTTA–Verfahren. Es liefert bei relativ großer
Schrittweite h sehr gute Resultate, allerdings ist dieser Algorithmus
etwas aufwendiger zu programmieren als die LPM oder FPM.

[1]STANLEY,R.W.: Numerical methods in mechanics. Am.J.Phys.**52** (1984)499

5.3 Harmonischer Oszillator (Last–Point–Methode; LPM)

Für einen harmonischen Oszillator mit x0=0,25m, v0=0,8m/s, k=105 N/m und m=2kg sollen x,v und a nach der **Last–Point–Methode** berechnet und in einem gemeinsamen Diagramm dargestellt werden. Die numerischen x–Werte sollen mit denen der analytischen Lösung verglichen werden. (Zur Theorie vergl. das vorige Beispiel 5.2)

Vorbereitung

Das Arbeitsblatt kann folgendermaßen gestaltet werden (die ersten Ergebnsisse wurden zur Kontrolle mit eingetragen):

A: t	B: x	C: v	D: a	E:x(analytisch)
0,0	0,25	0,8	−13,125	0,25
0,01	0,256688	0,66875	−13,4761	0,257337
0,02	0,262027	0,533989	−13,7564	0,263324

Aus den Eingabedaten errechnet man dabei:

$$\omega = 7,245688\,s^{-1}\; ; \; A=0,273296m \; ; \; \phi_0 = 1,154915$$

Da die numerischen Werte von x,v und a erheblich voneinander abweichen, sollte man mit *zwei y–Achsen* arbeiten. Vergl. die folgende Abb. 5–7.

Eingaben

1. / **B F**: A10..A110 (Zeit t)
       Startwert: 0;   *Schrittwert*: 0,01
2. Folgende Einträge sind zu machen:
    G1: 0,01 (h)
    G2: 0,25 (x0)
    G3: 0,8 (v0)

G4: 105 (k)
G5:   2 (m)

Die Werte von ω, Amplitude A und Phasenkonstante ϕ_0 stehen in G6,G7 und G8.

3.   Tragen Sie folgende Formeln ein:
         In G6: @WURZEL(G$4/G$5)
            G7:   @WURZEL(G$2^2+(G$3/G$6)^2)
            G8:   @ATAN((G$6*G$2)/G$3)

4.   B10:   **+G$2**
      C10:   **+G$3**
      D10:   **−G$4/G$5*B10**   (a)
      E10:   **+G$7*@SIN(G$6*A10+G$8)**   (x−anal.)
      B11:   **+B10+(G$1*C11)**   (x mit v(t+h) aus C11)
      C11:   **+C10+(G$1*D10)**   (v)

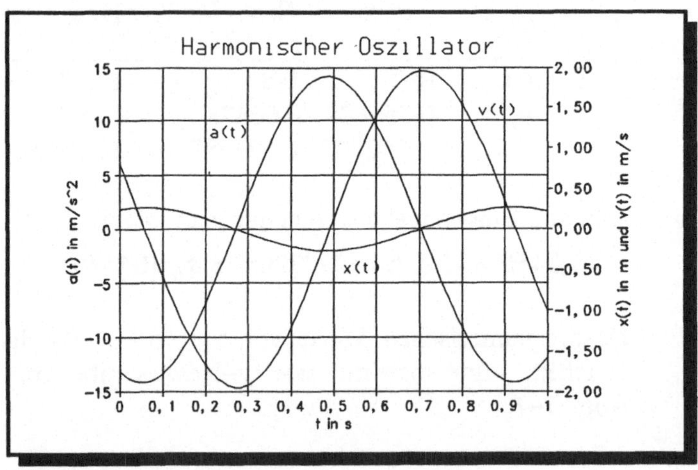

Abb.5−7

Die Formeln sind noch zu kopieren:

Strg+K: Q.B.: B11..C11; Z.B.: B11..C110
Strg+K: Q.B.: D10..E10; Z.B.: D10..E110

5.   **/ G D X**
     W: 1.W.B.:   B10..B110
              2.W.B.:   C10..C110
              3.W.B.:   D10..D110
              X–Achsenwerte: A10..A110; **Esc**
     E: (Einstellungen)
              Y–Achse: 1.W.B.: *Zweite Y–Achse*
                            2.W.B.: *Zweite Y–Achse*

6.   Die Skalierungen der Achsen geschieht automatisch. Wir wäh-
     len unter *Y–Achse* den Punkt: *Zweite Y–Achse*: Hier tragen wir
     manuelle Skalierung ein.*Kleinster Wert*: –2, *größter Wert* 2 und
     Wertzuwachs: 0,5.

7.   Zur Beschriftung gehen wir mit / **G** in das Textmenü: *1. Zeile*:
     Harmonischer Oszillator; *X–Titel*: t in s; *Y–Titel*: a(t) in m/s^2
     Titel der 2.Y–Achse: x(t) in m und v(t) in m/s

8.   Untersuchen Sie mit Hilfe von **F10** den Einfluß verschiedener
     Anfangswerte. (What if...? Was wäre, wenn....?)

Aufgabe

Tragen Sie in einem neuen Diagramm die numerischen x–Werte und
die analytisch berechneten x–Werte zum Vergleich zusammen auf.

Hilfe

Sie bleiben im alten Arbeitsblatt, aber die Grafik–Einstellung muß
geändert werden:

/ G W: 1.W.B.: B10..B110
            2.W.B.: E10..E110
            3.W.B.: D1..D1
     E: **Y**–Achse: 1.W.B.: *Erste Y–Achse*
                          2.W.B.: *Erste Y–Achse*

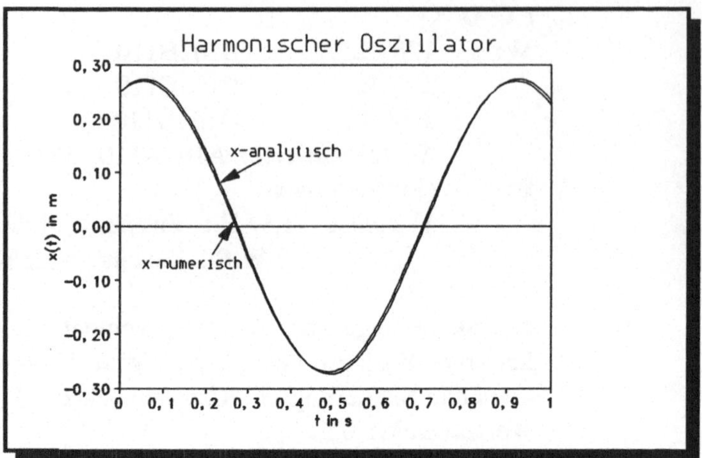

Abb.5-8

Anmerkung   Man kann in der Grafik kaum einen Unterschied zwischen numerischer und analytischer Lösung erkennen. Zu Beginn liegt der Graph der analytischen Lösung ein wenig oberhalb der numerischen Lösung.

5.4 Gedämpfter Oszillator (FPM und LPM)

In Wirklichkeit sind alle freien Schwingungen infolge unvermeidbarer
Reibungsverluste *gedämpft*.
Die Bewegung eines gedämpften Oszillators soll mit einem geeigneten
Spreadsheet–Modell untersucht werden. Man vergleiche die First–
Point–Methode mit der Last–Point–Methode. Auch soll dem Einfluß
der Schrittweite nachgegangen werden.
Die numerische Lösung soll mit der analytischen verglichen werden.

Vorbereitung

Modellmäßig versucht man den Einfluß der Reibung durch einen Zu-
satzterm im Ausdruck für die Beschleunigung zu erfassen. Bei kleinen
Geschwindigkeiten kann man die Reibungskraft proportional zur 1.
Potenz der Geschwindigkeit ansetzen.
Die Beschleunigung lautet damit:

$$a=-\frac{k}{m}x-\frac{r}{m}v$$

Die Reibungskonstante r hat die Einheit kg/s und muß experimentell
bestimmt werden.
Wir wollen für die Anfangswerte x(0)=0,04m und v(0)=0m/s die Bewegung des Oszillators studieren. Die Konstanten seien: m=0,2kg; k=9,8
N/m und r=0,4kg/s.
Als Schrittweite wählen wir 0,02 s und berechnen 100 Punkte, so daß
wir den Bewegungsablauf zwischen 0 und 2 Sekunden verfolgen können.
Die **analytische** Lösung lautet für diesen speziellen Fall:

$$y=\frac{e^{-t}}{100}[\frac{\sqrt{3}}{3}\sin(4\sqrt{3}t)+4\cos(4\sqrt{3}t)]$$

Die Periode dieser gedämpften Schwingung beträgt:

$$T = \sqrt{3}\,\frac{\pi}{6}\ s; \quad (ca.\,0,91s).$$ Im übrigen verwenden wir die im vorigen Beispiel entwickelte Technik.

Eingaben

1. Wir füllen das Arbeitsblatt ohne einleitenden Text aus. In H1
   bis H7 stehen die Konstanten h(=0,02), x0(=0,04), v0(0),
   k(=9,8), m(=0,2), g(=9,81) und r(=0,4).

2. Mit / **B F** füllen wir die A–Spalte (=Zeit–Spalte) von A1 bis
   A101 mit dem Schrittwert 0,02.
   Wenn man die Schrittweite h veränderbar halten will, so ist es
   ratsam, die Zeitspalte A nicht mit **/BF** zu füllen. Denn verändert man jetzt h, so ändern sich die Zeitwerte in A nicht automatisch. Das erreicht man jedoch, wenn man in A1 den Startwert 0 schreibt und in A2 die Formel **+A1+H$1**, falls der Wert
   von h in H1 steht. Diese Formel kopiert man dann mit **Strg+K**
   von A2 bis A101.

3. Die Anfangswerte x0 und v0 werden aus H2 und H3 nach B1
   und C1 kopiert. Also in B1:**+H$2**, in C1:**+H$3.**
   In B2 schreiben wir die Formel **+B1+C2*H$1**, das ist:
   $$x(t+h) = x(t) + v(t+h)\,h$$
   In C2 wird die Geschwindigkeitsformel eingetragen:
   +C1+D1*H$1. Das setzt voraus, daß wir in D1 die
   Beschleunigung berechnen:
   In D1: **–H$4/H$5*B1–H$7/H$5*C1**, das ist:
   $$a(t) = -\frac{k}{m}\,x(t) - \frac{r}{m}\,v(t)$$

4. Die Formel der analytischen Lösung in E1 ist sehr lang:
   @EXP(–A1)*(@WURZEL(3)/3*@SIN(4*@WURZEL(3)*
   A1)+4*@COS(4*@WURZEL(3)*A1))/100
   (Wenn man das erste @, vor **EXP**, geschrieben hat, kann man
   die anderen @ weglassen. QUATTRO PRO setzt sie nachträglich
   ein. $\sqrt{3}$ hätte man vorher speichern können.)

5.   Alle Formeln müssen mit **Strg+K** bis zur jeweiligen Zelle 101 kopiert werden.
Strg+K: Q.B.: B2..C2; Z.B.: B2..C101
Strg+K: Q.B.: D1..E1; Z.B.: D1..E101

6.   In Abb.5–9 haben wir die Last–Point–Methode verwendet, d.h. bei der Berechnung der x–Werte in Spalte B setzen wir die v–Werte der nachfolgenden C–Zelle ein, also: die Berechnung von x in B2 verwendet das v aus C2.
(Abb.5–10 wurde mit der First–Point–Methode errechnet: in B2 steht nicht C2 sondern das zeitlich frühere C1.)

7.   **/GDX**
        W: 1.W.B.:   E1..E101 (analytische Lösung)
           2.W.B.:   B1..B101 (numerisch berechnete x–Werte).
       X–Achsenwerte: A1..A101

8.   Die Achseneinteilungen können automatisch vorgenommen werden.

Speichern Sie das Arbeitsblatt für spätere Anwendungen.

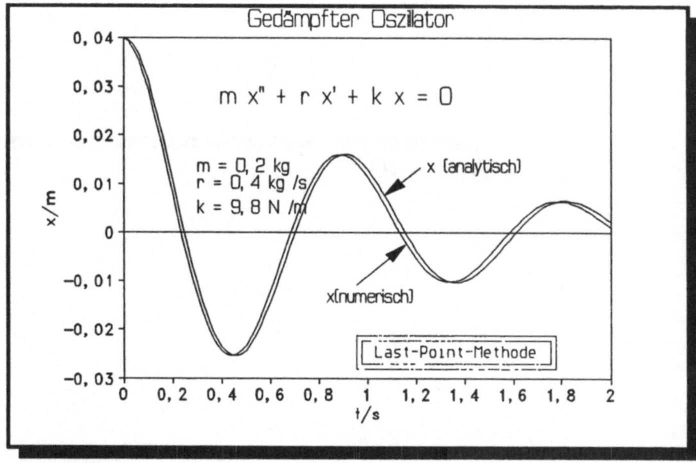

Abb.5–9

Wir erkennen, daß sich analytische und numerische Lösung deutlich unterscheiden.
Bei größerer Schrittweite wird der Unterschied beträchtlich.

Wenn wir nun die First-Point-Methode, also die eigentliche EULER-Methode benutzen, so stellen wir fest, daß die numerischen Ergebnisse einfach unbrauchbar werden. Wird dann noch die Schrittweite verdoppelt, so kann aus einer gedämpften Schwingung eine (exponentiell) anwachsende Schwingung werden –probieren Sie es aus!
Vergleichen Sie Abb.5–11.

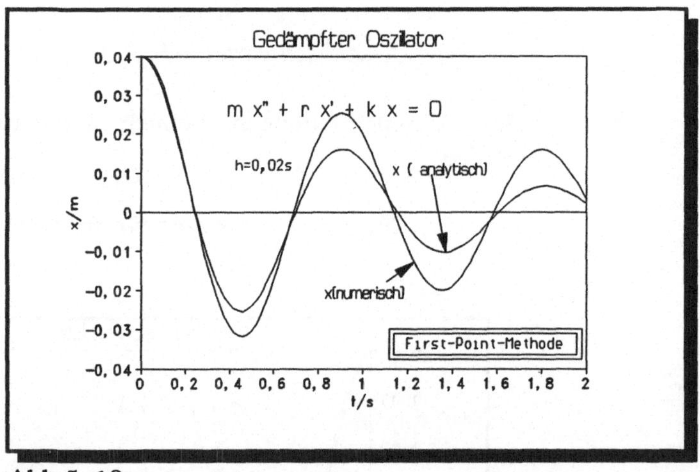

Abb.5–10

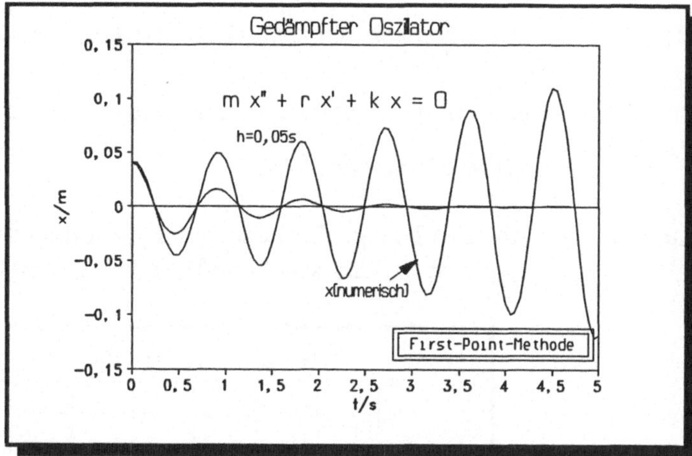

Abb.5-11

Abbildung 5-11 zeigt auf recht drastische Art, daß die numerische Lösung nichts mehr mit dem wirklichen Verhalten des
Oszillators zu tun hat. (Die Schrittweite ist zu groß.)

Offenbar ist es dringend nötig, Algorithmen einzusetzen, die
auch bei relativ großer Schrittweite noch gute Modelle dynamischer Systeme liefern. In dieser Situation ist es tröstlich zu
erfahren, daß derartige Rechenmethoden schon lange existiern.
Wir werden sie bald kennenlernen.

Aufgabe 1

Nehmen Sie einmal ein Oszillator-Modell, bei dem die rück-
treibende Kraft nicht zu x proportional ist, sondern einfach eine
Konstante ist, die für positive x den Wert −R und für negative
x den Wert +R hat. Studieren Sie den Fall ohne Reibung und
den Fall mit Reibung. (Es handelt sich um einen anharmonischen Oszillator.)

Hilfen   Für a machen wir einmal den Ansatz $a=-c\dfrac{x}{|x|}$ mit: $c:=\dfrac{R}{m}$

und ein andermal mit Reibungsterm: $a=-c\dfrac{x}{|x|}-\dfrac{r}{m}v$

(*Arbeitsblatt speichern!*)

Lösung   Abb.5–12 zeigt die Lösung für die folgenden Daten:
c=1; r/m=0,075; x0=0,00001; v0=1,4; h=0,05

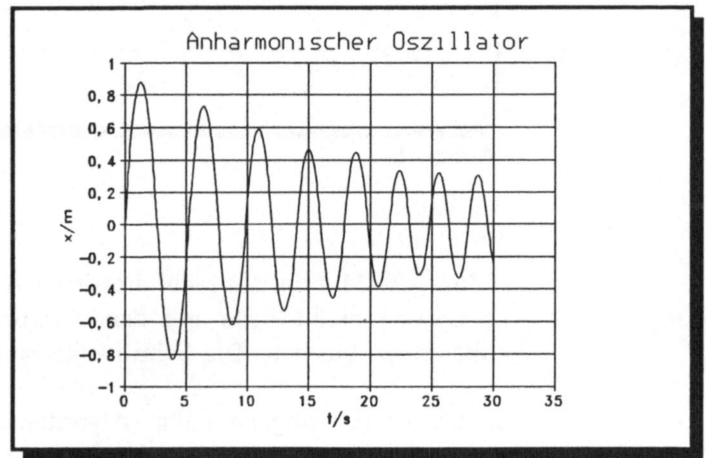

Abb.5–12

Man erkennt, daß sich die *Schwingungsdauer* mit abnehmender *Amplitude* verkleinert. Die Abhängigkeit der Periodendauer von der Amplitude ist ein Kennzeichen aller Schwingungen, die einem nichtlinearen Kraftgesetz gehorchen.

Aufgabe 2

Untersuchen Sie den Verlauf der Schwingung unter der Annahme, daß die Rückstellkraft mit der 3.Potenz der Auslenkung zunimmt. Verwenden Sie folgenden Ansatz für die Beschleunigung:

$$a=-\frac{c}{m}x^3-\frac{r}{m}v$$

Setzen Sie c/m=1; r/m=0,075; h=0,05; x0=0; v0=1,4

Lösung

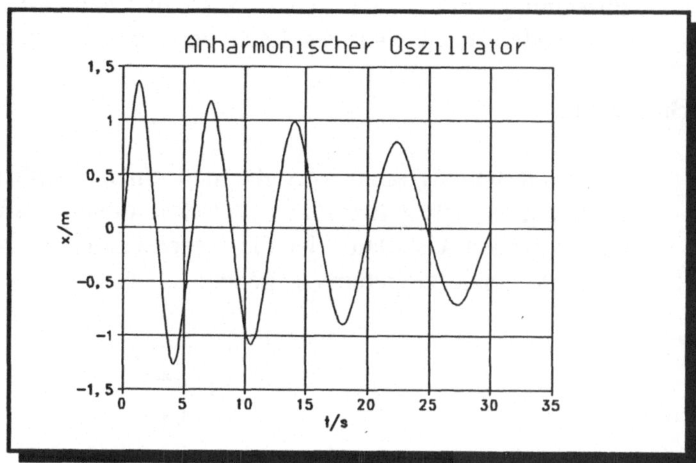

Abb.5-13

Beachten Sie, daß die Schwingungsdauer im x^3-Fall mit abnehmender Amplitude anwächst.

(Nehmen Sie dasselbe Spreadsheet, das Sie in der vorigen Aufgabe erstellt hatten. Nur die Formel für a haben Sie zu ändern: **-B10^3-0,075*C10.** Dabei wird angenommen, daß x0 in B10 und v0 in C10 stehen. a(t) steht in D10.)

5.5 Phasendiagramme

Für den harmonischen und für den gedämpften Oszillator sollen die
Phasendiagramme gezeichnet werden. Auch ein Vergleich mit den
Phasendiagrammen der anharmonischen Oszillatoren ist erwünscht.
Verwenden Sie die Arbeitsblätter der letzten beiden Beispiele.

Vorbereitung

Unter Phasendiagramm versteht man einen Graphen, der den Zusammenhang zwischen Impuls und Ortskoordinate grafisch darstellt. Beim
harmonischen Oszillator ist die Geschwindigkeit v für jeden x–Wert
durch folgende Gleichung gegeben:

$$v = \hat{v}\sqrt{1-\left(\frac{x}{\hat{x}}\right)^2} \tag{1}$$

$$\hat{v} = \omega\hat{x}$$

Man kann diese Formel leicht umschreiben, sodaß man sofort erkennt,
daß der Graph eine Ellipse sein muß:

$$\frac{x^2}{\hat{x}^2}+\frac{v^2}{\hat{v}^2}=1 \quad oder:$$

$$\frac{x^2}{\dfrac{2W}{m\omega^2}}+\frac{p^2}{2mW}=1 \tag{2}$$

In (2) bedeutet p der Impuls: p=mv; W=Gesamtenergie.
Der Flächeninhalt einer Ellipse ist $A = \pi ab$, wobei a und b die beiden
Halbachsen sind.
Dies liefert im p–x–Phasendiagramm als Flächeninhalt:

$$A(W)=\frac{W}{f} \tag{3}$$

Die Ellipsen wachsen also mit der Gesamtenergie W des Oszillators.

Um die Ellipsen zu zeichnen, ist es nur nötig, die in den letzten Bei-spielen bereits berechneten v−Werte gegen x aufzutragen.

Abbildung 5−14 zeigt die Phasen−Ellipse mit Werten aus Beispiel 5.3. Wir haben die analytisch berechneten x−und v−Werte genommen. Für v gilt die Gleichung:

$$v(t) = A\,\omega\cos(\omega t + \phi_0)$$

Die numerisch berechneten Werte liefern eine leicht gedrehte Ellipse.

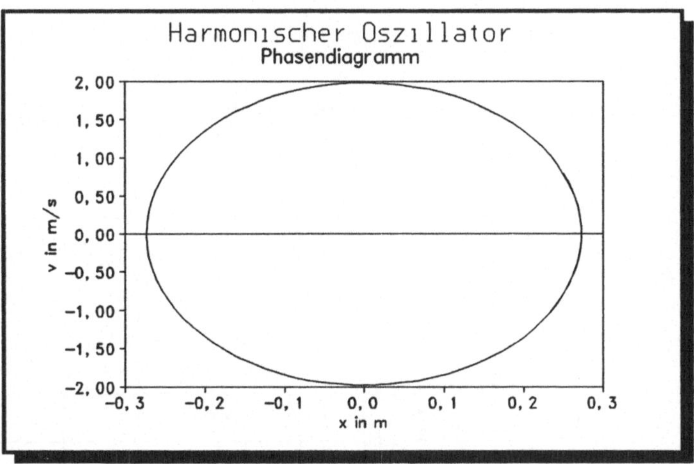

Abb.5−14

Die folgende Abbildung 5−15 verwendet die Daten des gedämpften Oszillators aus Beispiel 5.4.

Die Spiralform ist typisch für gedämpfte Oszillatoren.

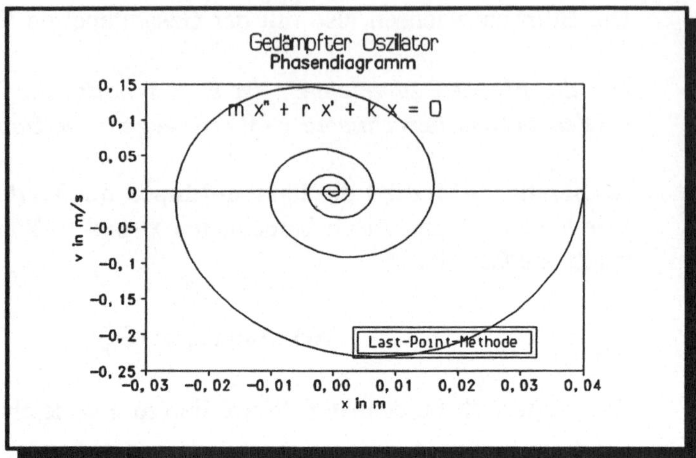

Abb.5-15

Abbildung 5-16 ist das Phasendiagramm des *anharmonischen* Oszillators, x^3-Fall.

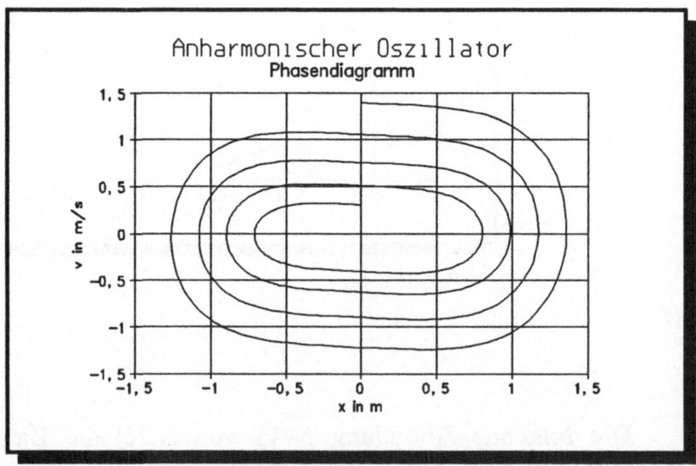

Abb.5-16

Als letztes Beispiel betrachten wir das Phasendiagramm des anharmonischen Oszillators mit

$$a = -c\frac{x}{|x|} - \frac{r}{m}v$$

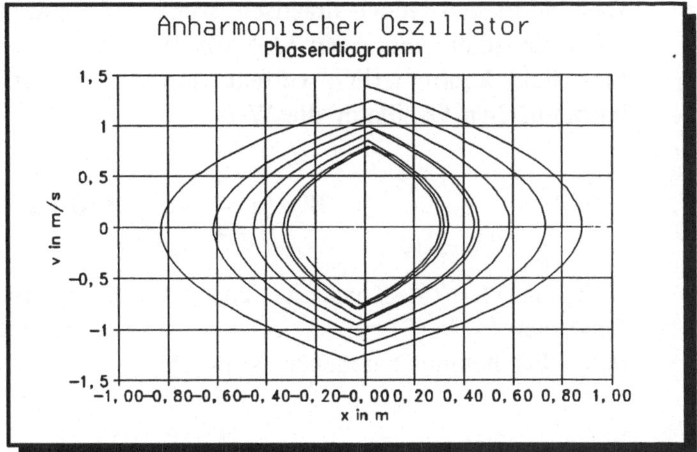

Abb.5–17

Beim Vergleich der Phasendiagramme mit den zugehörigen x–t–Diagrammen fällt sofort auf, daß die v–x–Darstellung, also ein Phasendiagramm, die Bewegung wesentlich klarer charakterisiert als die x–t–Darstellung.

Oft muß man im x–t–Diagramm sehr genau hinschauen, um die Anharmonizität zu erkennen; das Phasendiagramm zeigt sofort, daß etwas nicht harmonisch ist.

Anmerkung

In Formel (3) sahen wir, daß der Flächeninhalt einer Ellipse im p–x–
Diagramm der Gesamtenergie des Oszillators direkt proportional ist. Da
W –in einem gewissen Bereich– beliebige Werte annehmen kann, wird
die p–x–Ebene mit einem Kontinuum von Ellipsen bedeckt.
Das ändert sich jedoch drastisch, wenn wir einen sogenannten *quanti-
schen* Oszillator, etwa ein Molekül, betrachten. Die Energiewerte sind
hier nicht kontinuierlich verteilt, sondern diskret und haben für den
harmonischen Oszillator die Werte:

$$W_n = (n + \frac{1}{2})\,hf\,, \quad n = 0,1,2,3,\dots \tag{5}$$

h ist die PLANCK–Konstante und f ist die Frequenz des Oszillators.
Setzt man (5) in (3) ein, so erkennt man, daß nur Ellipsen möglich sind,
deren Flächeninhalt gegeben ist durch

$$A(W_n) = \frac{1}{2}h,\ \frac{3}{2}h,\ \frac{5}{2}h,\ usw. \tag{6}$$

Die innerste Ellipse hat in der p–x–Ebene demnach einen Flächeninhalt

von $A(W_0) = \frac{h}{2} = 3{,}313088^{-34} Js$.

5.6 Ein bißchen Science–fiction

Wir sind nun in der Lage, eine Aussage des Science–fiction–Autors A.C.CLARKE zu kontrollieren, die er in seinem Buch "Jupiter V" macht. CLARKE behauptet, daß ein Körper, der aus seiner Umlaufbahn auf sein Anziehungszentrum fällt, eine Fallzeit hat, die gleich ist dem 0,177–fachen der Umlaufszeit.
Würde die Erde eines Tages vergessen, sich weiter um die Sonne zu bewegen, so fiele sie 365*0,177 = 64,6 Tage lang auf die Sonne zu, bis sie deren Zentrum erreicht hätte. (Wir sehen von den leicht unrealistischen Voraussetzungen dieses Ereignisses einmal ab.)
Die CLARKEsche Behauptung soll mit Hilfe eines Spreadsheetmodells überprüft werden.

Vorbereitung

Bei der üblichen Diskussion des freien Falls in Erdnähe ist die Beschleunigung in jedem Augenblick gleich $9,81\,ms^{-2}$, also konstant. Hier aber handelt es sich um ein Beispiel, in dem die Veränderlichkeit der Beschleunigung mit dem Abstand vom Anziehungszentrum berücksichtigt werden muß.
Die Beschleunigung ist gegeben durch

$$a=-\frac{GM}{x^2} \quad ; \quad mit:$$

$$G=6,6726.10^{-11}\frac{m^3}{kgs^2} \tag{1}$$

$$M=1,989.10^{30}kg$$

G=universelle Gravitationskonstante; M=Sonnenmasse

Man kann für die Fallzeit einen geschlossenen Ausdruck berechnen:

$$t=\frac{a\pi}{2}\sqrt{\frac{a}{2MG}} \qquad (2)$$

mit: $a=1{,}495{.}10^{11}m$

a ist die mittlere Entfernung zwischen Erde und Sonne (a=1AE; astro-
nomische Längeneinheit).
Die Fallzeit beträgt nach (2): 64,5 Tage.

Eingaben

1. Wir verwenden ein Arbeitsblatt, das sich an Abb.5−1 orientiert.
    Als Zeitintervall wählen wir h=8640 Sekunden (=0,1 Tage).
    Dies wird in G1 gespeichert. Weitere Eingaben:

G2:	x0=a=1,495E+11
G3:	v0=0
G4:	M=1,989E+30
G5:	G=6,6726E−11
G6:	M*G=1,327E+20

2. Anfangswerte: 0 in A10; **+G$2** in B10 (=x)
    +G$3 in C10 (=v) ; **−G$6/B10^2** (=a) in D10
3. Formeln eintragen:

+A10+G$1 (=t)	in A11;
+B10+(G$1*C11) (=x;LPM)	in B11;
+C10+(G$1*D10) (=v)	in C11;

    Kopieren:
    Strg+K: Q.B.: A11..C11; Z.B.: A11..C1000
    (Tatsächlich brauchen werden wir nur die Werte bis Zeile 655.)

4. Es sollten noch zwei Spalten E und F angelegt werden.
    In E stehen die Zeiten *in Tagen*, also in E10: **+A10/86400**.
    In die F−Spalte schreiben wir die durch 10^9 dividierten
    Entfernungen. Also in F10: **+B10/1E+9**. Die Achsen lassen sich
    dann besser einteilen.

    Strg+K: Q.B.: D10..F10;   Z.B.: D10..F1000

5.   **/GDX**
        W: 1.W.B.:   F10..F655
        X–Achsenwerte: E10..E655
6.   **X**–Achse: *Manuell; Kleinster Wert*: 0, *Größter Wert*: 70;
        Wertzuwachs: 10
        Y–Achse: *Manuell; Kleinster Wert*: 0, *Größter Wert*: 160;
        Wertzuwachs: 20

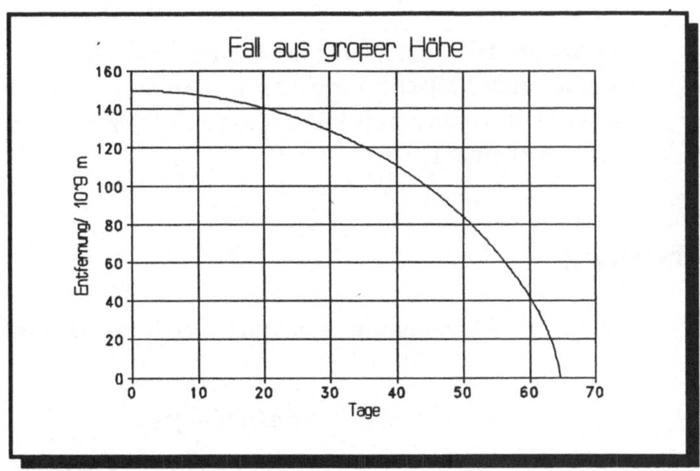

Abb.5–18

Anmerkung   CLARKE hatte recht: nach ca. 64,4 Tagen wurde x negativ, d.h. die Erde kam endlich im Sonnenzentrum an und ...
Der numerische Wert von 64,4 Tagen stimmt gut mit dem oben errechneten Wert von 64,5 Tagen überein.

5.7 Regentropfen und radioaktiver Müll

In Abwandlung des vorigen Beispiels lassen wir eine Kugel eine Strek-
ke H durch eine Flüssigkeit fallen. Da H klein gewählt wird, ist g
konstant (=9,81 m/s^2). Ein Spreadsheet–Modell soll erstellt werden, mit
dem man Ort, Geschwindigkeit und Beschleunigung der Kugel für einen
bestimmten Zeitpunkt berechnen kann. x(t), v(t) und a(t) sollen als
Funktionen der Zeit t grafisch dargestellt werden.

Dieses Modell eignet sich auch zum Studium des Fallens von Regen-
tropfen und Fallschirmspringern. (Auch das Absinken von im Meer
versenkten Tonnen mit radioaktivem Material kann untersucht werden,
vergl. Aufgabe 1)

Vorbereitung

Für die Beschleunigung a hat sich der folgende Ansatz bewährt:

$$a = g\,(u-(\frac{v}{v_0})^2)$$

$$u := 1 - \frac{\rho_{fl}}{\rho_k}$$

$$v_0^2 := \frac{8\,R g\,\rho_k}{3\,\rho_{fl}\,c} \tag{1}$$

$$\rho_{fl} = \textit{Dichte der Flüssigkeit}$$

$$\rho_k = \textit{Dichte des Körpers}$$

c ist der Widerstandsbeiwert, der experimentell ermittelt werden muß.
Zur Bestimmung von c mißt man die Fallzeit einer Kugel vom Radius
R und berechnet, z.B. nach der Last–Point–Methode, die theoretische
Fallzeit.

Man ändert in der Rechnung den Wert von c solange ab, bis beide Zeiten übereinstimmen.

In einem Beispiel wurde für eine Stahlkugel (R=4mm; ρ_k=7800$\frac{kg}{m^3}$), die H=20 cm in Wasser fiel, eine Fallzeit von t_{exp} =0,25 s gemessen. Welchen Wert muß c haben ?

Um die Eingaben leichter überblicken zu können, schauen wir uns die Bildschirmkopie des fertigen Arbeitsblattes, Abb. 5–19, an:

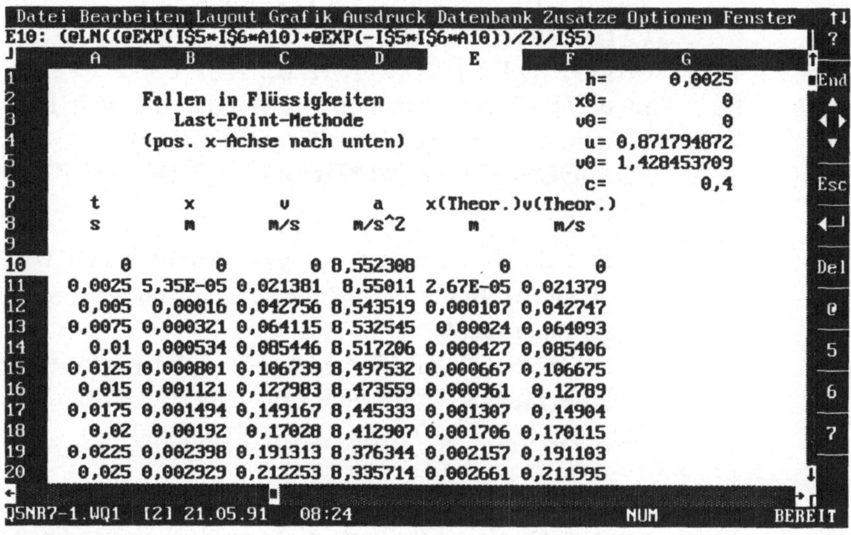

Abb.5–19

Eingaben

1. Wir verwenden, wie in Beipiel 2 bzw. Beispiel 3, die Last–Point–Methode (LPM).
    Die Konstanten stehen in Spalte G:
    G1: 0,0025(=h);
    G2: 0(=x0);
    G3: 0(=v0);
    G4: 1–1000/7800(=u);

G5: **@WURZEL(8*0,004*9,81*7800/(3*1000*G$6))**
G6: 0,4(= Startwert für c)
In A10: 0; B10: **+G$2**; C10: **+G$3**.
Zu den beiden mit x(Theor.) und v(Theor.) bezeichneten Spalten vergleichen Sie bitte die Anmerkungen.

2. *Formeln*:
D10: **9,81*(G$4–(C10/G$5)^2)**   (=a); von D10 bis D300 kopieren.
A11:**+A10+G$1**   (=t) ;
B11:**+B10+(G$1*C11)**   (=x; bei der LPM wird C11 verwendet anstatt C10, wie bei der EULER–Methode)
C11:**+C10+(G$1*D10)**   (=v);
Strg+K: Q.B.: A11..C11;   Z.B.: A11..C300

3. In der E–Spalte stehen die x–Werte, die sich mit Hilfe der Theorie ergeben, vergl. weiter unten Gl.(3).
E10: **@LN(((@EXP(I$5*I$6*A10)+@EXP(–I$5*I$6*A10))/2)/I$5** ;

In I5 steht die Konstante $k=g/v_0^2$, in I6 haben wir $\alpha = v_0 \sqrt{u}$, vergl. Gl.(2). In der F–Spalte befinden sich die theoretischen v–Werte nach Gl.(4):
F10: **+I$6*(((@EXP(I$5*I$6*A10)–@EXP(–I$5*I$6*A10))/(@EXP(I$5*I$6*A10)+@EXP(–I$5*I$6*A10)))** ;
Strg+K: Q.B.: E10..F10;   Z.B.: E10..F300

4. x, v und a sollen zusammen als Funktion von t dargestellt werden. Da sich ihre Werte nicht wesentlich voneinander unterscheiden, verwenden wir nur eine Y–Achse.

    / G W: 1.W.B.:   B10..B300
                      2.W.B.:   C10..C300
                      3.W.B.:   D10..D300
                      X–Achsenwerte: A10..A300

5. Skalierung im Menü Grafik:
    X–Achse: *manuell*; *kleinster Wert*: 0; *größter Wert*: 0,7; *Wertzuwachs*: 0,1
    Y–Achse: *manuell*; *kleinster Wert*: 0; *größter Wert*: 1,5; *Wertzuwachs*: 0,3.

6. **/ G** Layout: *Rasterlinien*: schwarz; *Füllfarbe*: weiß .

7. **F10** zeigt die folgende Abbildung 5–20:

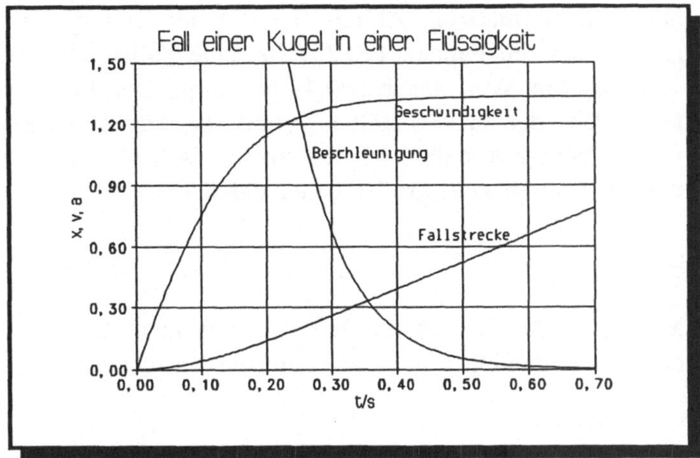

Abb.5-20

Schon nach ca. 0,4 Sekunden strebt v einer konstanten Sinkgeschwindigkeit entgegen; a geht auf Null zu, und die x–t–Kurve nähert sich einer Geraden.

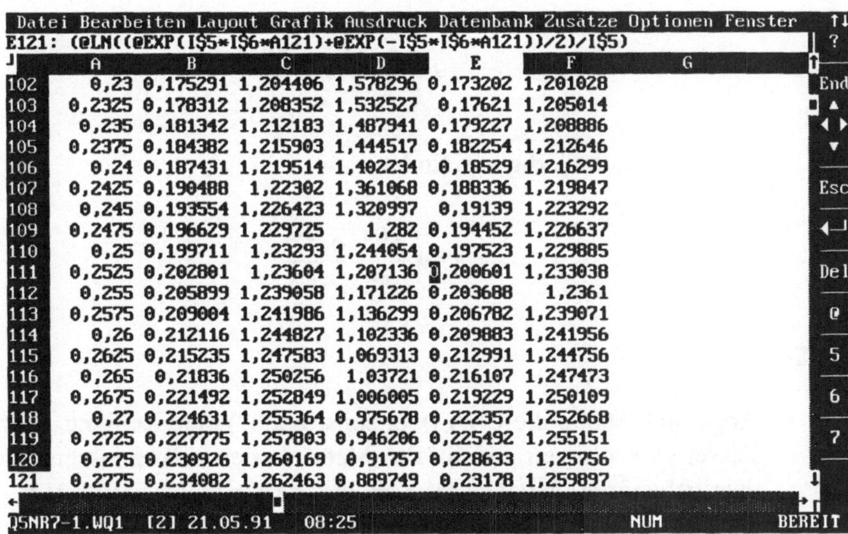

```
 Datei Bearbeiten Layout Grafik Ausdruck Datenbank Zusätze Optionen Fenster  ↑↓
 E121: (@LN((@EXP(I$5*I$6*A121)+@EXP(-I$5*I$6*A121))/2)/I$5)                    ?
          A        B        C        D        E        F        G           ┃
 102     0,23 0,175291 1,204406 1,578296 0,173202 1,201028                  End
 103   0,2325 0,178312 1,208352 1,532527  0,17621 1,205014                   ▲
 104    0,235 0,181342 1,212183 1,487941 0,179227 1,208886                  ◄ ►
 105   0,2375 0,184382 1,215903 1,444517 0,182254 1,212646                   ▼
 106     0,24 0,187431 1,219514 1,402234  0,18529 1,216299
 107   0,2425 0,190488  1,22302 1,361068 0,188336 1,219847                  Esc
 108    0,245 0,193554 1,226423 1,320997  0,19139 1,223292
 109   0,2475 0,196629 1,229725    1,282 0,194452 1,226637                  ◄┘
 110     0,25 0,199711  1,23293 1,244054 0,197523 1,229885
 111   0,2525 0,202801  1,23604 1,207136 0,200601 1,233038                  Del
 112    0,255 0,205899 1,239058 1,171226 0,203688    1,2361
 113   0,2575 0,209004 1,241986 1,136299 0,206782 1,239071                  @
 114     0,26 0,212116 1,244827 1,102336 0,209883 1,241956
 115   0,2625 0,215235 1,247583 1,069313 0,212991 1,244756                  5
 116    0,265  0,21836 1,250256  1,03721 0,216107 1,247473
 117   0,2675 0,221492 1,252849 1,006005 0,219229 1,250109                  6
 118     0,27 0,224631 1,255364 0,975678 0,222357 1,252668
 119   0,2725 0,227775 1,257803 0,946206 0,225492 1,255151                  7
 120    0,275 0,230926 1,260169  0,91757 0,228633  1,25756
 121   0,2775 0,234082 1,262463 0,889749  0,23178 1,259897
 Q5NR7-1.WQ1  [2] 21.05.91   08:25                         NUM       BEREIT
```

Abb.5-21

Der Bildschirmabzug, Abb.5–21, zeigt die Zeilen von 102 bis 121. In
A110 steht die Fallzeit t=0,25s für eine Fallstrecke von x= 0,1997m,
was unseren Wert für c (=0,4) bestätigt. Der theoretische Wert von
t=0,2525s, der zu x=0,2006m gehört, ist dem numerischen Wert recht
nahe. Überhaupt stellen wir fest, daß zwischen numerischen und analytischen Werten kein großer Unterschied besteht.

Anmerkung 1

Man kann das betrachtete Beispiel auch theoretisch durchrechnen. Für
den in t Sekunden von einer Kugel durchfallenen Weg erhält man:

$$x=\frac{1}{k}\ln\,\cosh(\alpha k t)\quad mit\;k:=\frac{g}{v_0^2}$$

$$und\;\;\alpha=v_0\sqrt{u}$$

$$(2)$$

Die Funktion cosh ist aber auf Spreadsheets meist nicht zu finden,
daher verwenden wir statt (2) die folgende Formel

$$x=\frac{1}{k}\ln\frac{e^{\alpha k t}+e^{-\alpha k t}}{2}\qquad(3)$$

Für die Geschwindigkeit findet man

$$v=\alpha\,\frac{e^{\alpha k t}-e^{-\alpha k t}}{e^{\alpha k t}+e^{-\alpha k t}}\qquad(4)$$

Aufgabe 1

Angeblich haben die USA (wer sonst noch?) eine Zeitlang Atommüll in
Fässer verschlossen und auf den Meeresboden sinken lassen. Die Atom-
energiebehörde versicherte, daß die Fässer beim Auftreffen auf dem
Meeresboden nicht platzen könnten. Eine Gruppe von Ingenieuren
bezweifelte dies. Sie behaupteten, daß die Behälter sehr wohl aufplatzen
könnten, wenn ihre Auftreffgeschwindigkeit größer als ca. 12 m/s sein
sollte.

Untersuchen Sie dieses Problem, vergl. [BRAUN91].

Hilfe   Die Ingenieure schlugen das folgende Beschleunigungsgesetz vor:

$$a = g - \frac{b}{m} - \frac{r}{m} v \tag{5}$$

Die folgenden Werte wurden für die Konstanten vorgeschlagen:
b=2346 N; m=239kg; r=1,167kg/s
Meerestiefe: ca. 91m (300 feet).

Sie haben das letzte Arbeitsblatt, Abb.5–19, nur geringfügig abzuändern:
Konstanten: h=0,05 in G1; x0=0 in G2; v0=0 in G3
b/m=8,53556 in G4 und r/m=0,0048828   in G5.
Formeln: D10: **9,81–G$4–G$5*C10** (=a)
E10: **263,07*(A10+1/G$5*@EXP(–G$5*A10)–1/G$5)** (=x(Theor.))
F10: **263,07*(1–@EXP(–G$5*A10))** (=v(Theor.))
Die anderen Formeln bleiben unverändert.
Die Formeln für x und v lauten in diesem Fall:

$$v = \frac{mg-b}{r}(1 - e^{-\frac{r}{m}t})$$

$$\tag{6}$$

$$x = \frac{mg-b}{r}(t + \frac{m}{r}e^{-\frac{r}{m}t} - \frac{m}{r})$$

Ergebnis

Das Spreadsheet wird Ihnen zeigen, daß die Fässer nach 12 Sekunden
eine Tiefe von x=90,37524m erreicht haben werden. Ihre Geschwindigkeit beträgt dann: v=14,85556m/s. (Die Formeln der Theorie liefern
x=90,70594m und v=14,97146m/s).

Also können die Fässer sehr wohl platzen!

Aufgabe 2

Zur Bestimmung der Reibungskräfte, die auf ein Auto wirken, studiert man häufig den Geschwindigkeitsabfall beim Auslaufen auf ebener Straße bei Windstille. D.h. man beschleunigt den Wagen auf die Geschwindigkeit v0, nimmt den Gang weg und liest, etwa alle 10s,die Geschwindigkeit am Tachometer ab. (Man spricht von coast–down tests).
Um ein Modell des Auslaufvorgangs zu erhalten, nimmt man an, daß ein Term a+bv die Reibungskraft beschreibt, die von Reifen, Getriebe,usw. herrührt. Die Luftwiderstandskraft setzt man dem Quadrat der Geschwindigkeit proportional.

Berechnen Sie c mit Hilfe der folgenden Gleichung

$$c = 0{,}5\, C_w \rho_{Luft} A \tag{7}$$

Cw ist die dimensionslose Widerstandszahl. $\rho_{Luft} = 1{,}3\ kg/m^3$

A = Querschnittfläche des Wagens ($=1{,}68\, m^2$)
Masse des Wagens mit Fahrer: m=1385kg.
Die Konstante a wurde zu 190N bestimmt.
Bestimmen Sie b so, daß die Computerlösung möglichst genau den folgenden Meßdaten entspricht:

t in s	v in m/s
0	27
10	22.5
20	18
40	12
60	7
105	0

Hilfen

Die Gleichung für die Beschleunigung lautet:

$$\frac{dv}{dt} = -(a+bv+cv^2)/m \qquad (8)$$

Aus (7) ergibt sich mit Cw=0,5 ein Wert von ungefähr 0,55 N/s^2 für c.

Lösung

Durch Probieren mit verschiedenen b–Werten kommt man bald auf einen Wert um b=10. Man stellt ebenso fest, daß diese Zahl nicht sehr kritisch ist.

Natürlich verwenden Sie wieder unser letztes Arbeitsblatt mit der Formel –(190+8*C10+0,55*C10^ 2)/1385 in D10. h=0,5 ist eine brauchbare Schrittweite.

Anmerkung 2

- Der Formel (7) begegnet man sehr oft bei Strömungsproblemen. Sie ist der Standardansatz für den Strömungswiderstand von umströmten Körpern (es kann sich auch um vom Wasser umströmte Fische handeln, oder um in Luft sinkende Fallschirme, Pollen, Staub, usw.). Sie wird auch auftreten bei Wurfbahnen mit Luftreibung oder beim Schwingen von Pendeln mit Berücksichtigung des Luftwiderstandes.

- Gleichung (8) hat auch eine analytische Lösung. Sie sei der Vollständigkeit halber hier mitgeteilt:

$$v = \frac{k}{2c}\tan\left[\tan^{-1}\left(\frac{2cv_0+b}{k}\right)-\left(\frac{k}{2m}\right)t\right]-\frac{b}{2c} \qquad (9)$$

$$\textit{mit: } k=\sqrt{4ac-b^2}$$

5.8   Die Bahn des Merkur nach FEYNMAN

Wir wollen uns nun die Aufgabe stellen, die Bahnen von Planeten und
Satelliten zu berechnen.
Ferner soll ein neues Rechenverfahren vorgestellt werden: die Halb-
schrittmethode (sie ist auch als FEYNMAN-Verfahren bekannt).
Konkret soll die Bahn des Planeten *Merkur* um die Sonne berechnet
und gezeichnet werden.

Vorbereitung

Wir schauen uns am besten zuerst das Bild 5–22 an.

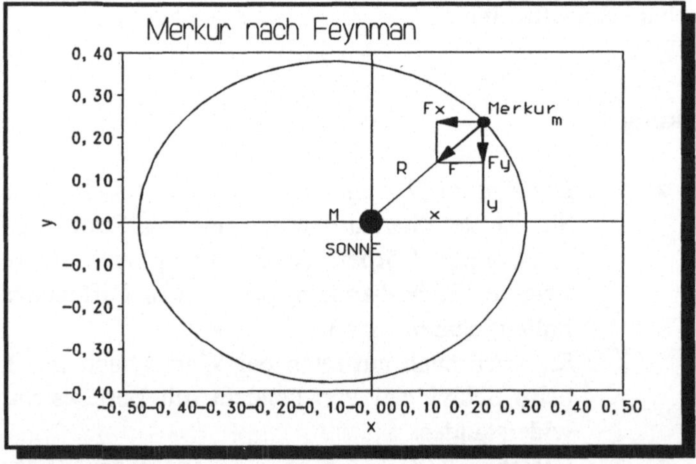

Abb.5–22

Auf den Merkur wirkt nur eine Kraft: die Anziehungskraft der Sonne
(von der Wechselwirkung des Planeten mit anderen Körpern wollen wir
absehen). Diese Kraft zerlegen wir in die beiden Komponenten Fx und
Fy. Wir berechnen diese Komponenten mit den folgenden Formeln:

$$F_x = -C\, m\,\frac{x}{r^3}$$

$$F_y = -C\, m\,\frac{y}{r^3} \tag{1}$$

$$r := \sqrt{x^2+y^2} \qquad C := \gamma M = 1.3284 . 10^{20}\frac{m^3}{s^2}$$

Die Konstante C ist das Produkt aus Sonnenmasse und universeller Gravitationskonstante.

Wie in Beispiel 5.1 haben wir zwei Ortskoordinaten x und y, zu denen die beiden Geschwindigkeiten u und v gehören.

Die Werte von x für verschiedene Zeitpunkte errechnen wir wie bisher mit dem Ansatz: *Xneu = Xalt+Geschw.* Zeitinkrement*, d.h. *x:=x+uh*. Entsprechend für y: *y:=y+vh*. Die Werte von u ergeben sich mit der bekannten Gleichung *Uneu = Ualt+ Beschl.* Zeitinkrement*, vergl. Beispiel 5.2, d.h. *u:=u+Fh*. Entsprechend folgt *v:=v+Gh*; F und G sind die Beschleunigungen in x- und y-Richtung.

Nun kommt ein *wichtiger Punkt*: Bei der Last-Point-Methode, die ja meist recht brauchbare Werte ergab, bedeutete v immer der Wert *am Ende* des Zeitintervalls h. Jetzt aber wollen wir bei der Berechnung von x und y einen Geschwindigkeitswert verwenden, der der *Mitte* von h angehört, d.h. u bedeutet nun *u(t+h/2)*. Wir haben also :

$$u(t+h/2)=u(t-h/2)+hF(t) \tag{2}$$

hier bedeutet F die Beschleunigung, d.h. $F=F_x/m=-Cx/r^3$.

Ferner:

$$x(t+h)=x(t)+hu(t+h/2) \tag{3}$$

Es gibt nur *ein kleines Problem*: was machen wir am Anfang, wenn t=0 ist? Denn hier verlangt (2) die Kenntnis von u(-h/2). Dies kennen wir nicht! Lösung des Dilemmas: *Verwende eine spezielle Startgleichung*:

Startgleichung: u(h/2)=u(0)+hF(0)/2

Was eben über x und u gesagt wurde, gilt entsprechend für y und v.

Das mag alles etwas kompliziert klingen. Aber im Aufbau des Rechen–
blattes ergeben sich sicherlich keine Schwierigkeiten, denn der Aufbau
der Formeln ist wie in Beispiel 5.2 bei der LPM. Nur die Startgleichun–
gen für u und v sind (in Zeile 11, Abb.5–4) einzufügen.
Anhand der folgenden Bildschirmkopie, Abb.5–23, werden wir uns
leicht orientieren.

(Dargestellt sind nicht die wirklichen Zeiten, Entfernungen, Geschwin–
digkeiten und Beschleunigungen. Um kleine Zahlenwerte zu erhalten,
haben wir C=1 gesetzt. Wie im Beispiel 5.6 verwenden wir die astrono–
mische Längeneinheit: a=1,496E+11m.

Die Zeiten müssen wir mit 5.019E+06s multiplizieren. Anschließend
soll dann auch eine Rechnung mit "tatsächlichen" Einheiten durchge–
führt werden, vergleichen Sie die Aufgaben).

```
 Datei Bearbeiten Layout Grafik Ausdruck Datenbank Zusätze Optionen Fenster  ↑↓
B5:                                                                            ?
 J    A       B         C         D         E        F          G             ↑
 1                                                    h=        0,01         ■End
 2        FEYNMAN-Methode                            x0=      0,30779         ▲
 3                                                   y0=         0            ◄►
 4        (MERKUR-Bahn)                              u0=         0            ▼
 5                                                   v0=      1,9772
 6                                                    c=         1            Esc
 7        t         x         y         u         v        F          G
 8        s         m         m        m/s       m/s      m/s^2      m/s^2     ◄┘
 9
10         0   0,30779         0         0    1,9772 -10,5558          0       Del
11      0,01  0,307262  0,019772  -0,05278   1,9772 -10,5266  -0,67737824
12      0,02  0,305682  0,039476  -0,15805 1,970426 -10,4397  -1,34819464     ℓ
13      0,03  0,303057  0,059046  -0,26244 1,956944 -10,2963  -2,00605544
14      0,04  0,299403  0,078415   -0,3654 1,936884 -10,0988  -2,64489467     5
15      0,05  0,294739  0,097519  -0,46639 1,910435  -9,8503  -3,25911773
16      0,06   0,28909  0,116297   -0,5649 1,877844  -9,55468 -3,84372256     6
17      0,07  0,282486  0,134691  -0,66044 1,839406  -9,21629 -4,39439357
18      0,08   0,27496  0,152646   -0,7526 1,795462  -8,83996 -4,90756579     7
19      0,09   0,26655   0,17011    -0,841 1,746387  -8,43079 -5,38045849
20       0,1  0,257297  0,187036  -0,92531 1,692582  -7,99405 -5,81107951     ↓
FEYNSAT1.WQ1 [2] 07.06.91   12:19                          NUM         BEREIT
```

Abb.5–23

Die Anfangswerte sind: h=0,01, x0= 0,30779, y0=0, u0=0, v0=1,9772
und C=1. Diese Werte deponierten wir in den ersten 6 Feldern der G–
Spalte.

Eingaben

1.   Wir füllen zunächst die Zellen in Zeile 10.
A10: **+G\$1**; B10: **+G\$2**; C10: **+G\$3**; D10: **+G\$4**; E10:
+G\$5; F10: **–G\$6*B10*J10**.
In J10 steht: **1/I10** (in I10: **+H10ˆ3**).
In H10 steht die Formel: **@WURZEL(B10ˆ2+C10ˆ2)**.
In G10: **–G\$6*C10*J10**.
Die Formeln in F10,G10,H10,I10 und J10 werden jetzt schon
bis 200 kopiert. (Es würde reichen, bis 161 zu gehen, denn von
Zeile 161 an wiederholen sich die Werte).
Strg+K: Q.B.: F10..J10; Z.B.: F10..J200

2.   Nun zur Zeile 11:
A11: **+G\$1+A10**; B11: **+B10+G\$1*D11**;
C11: **+C10+G\$1*E11**;
(Wir berechnen die Ortskoordinaten mit Hilfe der Geschwin-
digkeit, die der Körper ein halbes Zeitintervall vorher hatte,
daher D11 für das neue x in B11 und E11 für das neue y in
C11).
Strg+K: Q.B.: A11..C11; Z.B.: A11..C200
Jetzt die beiden *Startformeln*:
D11: **+D10+F10*G\$1/2**; E11: **+E10+G10*G\$1/2**
Sie werden nur einmal verwendet, also nicht kopieren.

3.   In die Zellen D12 und E12 sind die eigentlichen Geschwindig-
keitsformeln einzutragen und bis 200 zu kopieren:
D12: **+D11+F11*G\$1**; E12: **+E11+G11*G\$1**

4.   / **G W** 1.W.B.:   C10..C200
      X–Achsenwerte: B10..B200
      Text: *1.Zeile*: Merkur nach FEYNMAN
          X–Titel: x
          Y–Titel: y

X–Achse: *Skalierung*:	Manuell
Kleinster Wert:	−0.5
Größter Wert:	0,5
Wertzuwachs:	0,1
Beschriftungsformat:	fest,1
Y–Achse: *Skalierung*:	automatisch
Layout : *Rasterlinien*:	entfernen

5.   **F10**

Beobachtung

Nach t=1.51, d.h. nach 1,51*5.019E+06s= 87,7 Tagen hat der Merkur seine Ausgangsposition (=Perihel) wieder erreicht. Er befindet sich dann in einer Entfernung von a*0,30779=4,604E+10m von der Sonne. Seine Geschindigkeit v_y beträgt dann 1,9772*a/5,019E+06s= 58921 m/s.

Beachten Sie bitte: die Geschwindigkeiten u und v stehen zwar in derselben Zeitzeile wie die Ortskoordinaten x und y, aber sie gehören immer zu der um h/2 früheren Zeit. Also, vergl. Abb. 5–23, die Geschwindigkeit u=−0,26244 in D13 gehört zur Zeit 0,025.

Aufgabe 1

Führen Sie die obigen Rechnungen mit SI–Daten durch, d.h. mit
x0=4,604E+10m, y0=0, u0=0, v0=58921 m/s.
Um wieder mit ca. 200 Bahnpunkten auszukommen, hat man h=1,51*5,019E+06s/200= 37893,45s zu wählen. Nehmen Sie am besten den glatten Wert: h=40000s.
Für C ist der Zahlenwert 1,3284E+20 einzusetzen.
Wählen Sie die Skalierung automatisch.

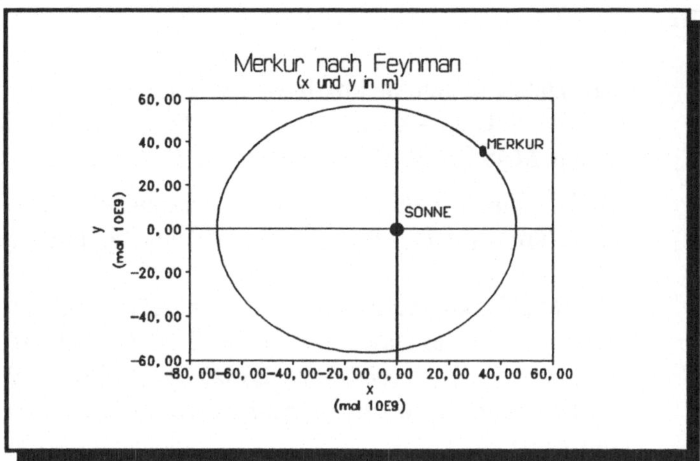

Abb.5–24

Aufgabe 2 Die folgende Abbildung 5–25 zeigt die Bahnen von Erdsatelliten mit verschiedenen Startgeschwindigkeiten.
Stellen Sie das zugehörige Spreadsheet auf.

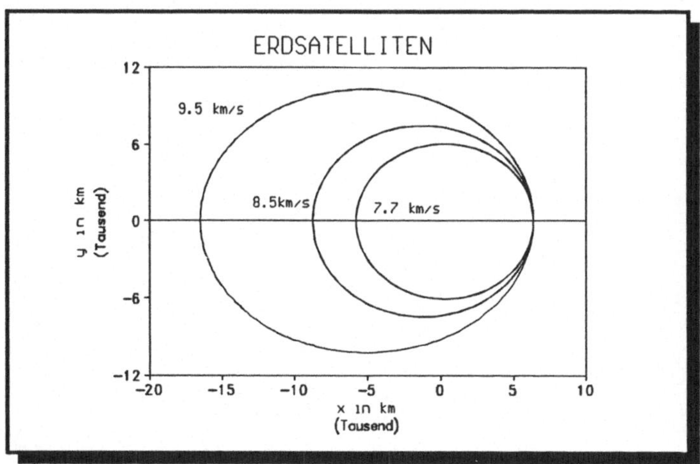

Abb.5–25

Hilfe

Alle Daten sollen in km bzw. km/s eingegeben werden. Dazu ist die universelle Grav.–Konstante mit 1E–09 zu multiplizieren. Die Erdmasse beträgt M=5,9764E+24kg. Der neue C–Wert beträgt demnach: 398700 km^3/s^2. Für h wählen Sie 70s. x0 beträgt 6370km, und für v0 wählen Sie 7,7km/s (in I5); 8,5km/s (in H5) und 9,5km/s (in G5).

Mit **Strg+K** kopieren Sie die Zellen A10..J300 nach A302..J592; anschließend nochmals die Zellen A10..J300 nach A594..J884.
Hierauf ist in E10: **+G$5**; in E302: **+H$5** und in E594 **+I$5** einzutragen (das sind die einzigen Änderungen, die im Arbeitsblatt vorzunehmen sind).
Für die Zeichnung der Graphen wählen Sie *manuelle* Skalierung.

Die Wertebereiche sind: 1.W.B.:   C10..C884
                            X–Achsenwerte: B10..B884

Man könnte die Rechenzeit stark verkürzen, wenn man die Zellenzahl der Geschwindigkeit anpassen würde.

5.9 Grenzen der einfachen Methoden

Die FEYNMAN–Methode soll nun auf das Modell einer Wassersäule angewendet werden, die in einem U–förmigen Rohr gedämpfte Schwingungen ausführt. Ein Schenkel des U–Rohres wird so stark angeblasen, daß sich der Wasserspiegel im anderen Schenkel um 10 cm hebt. Nach Wegnahme des Druckes beginnt die Schwingung.
Um das Modell möglichst realistisch zu gestalten, schließen wir auch die Reibung ein.

Vorbereitung

Die Theorie zu diesem Beispiel kann man in einem Buch über Strömungslehre nachschlagen, z.B. [KALIDE76].
Hier fassen wir das Wesentliche zusammen: Die Beschleunigung ist durch folgende Gleichung gegeben:

$$a(t) = a\ v(t)\,|v(t)| - b\ v(t) - c\ x(t) \tag{1}$$

Die Konstanten a, b, c enthalten genauere Angaben zu U–Rohr und Flüssigkeit.

$a= k/(2L);$ k=Störfaktor der beiden 90°–Krümmer (hier 0,36); L=Länge der Flüssigkeitssäule: (1,5m)

$b=64\ \dfrac{v}{d^2};$ v =kinematische Viskosität; für Wasser hat v

den Wert: $v=1{\cdot}10^{-6}m^2/s$ (bei 20°C);
d=Rohrdurchmesser ;
c:= 2g/L

Die Zahlenwerte für a,b und c sind: a=0,12; b=0,16 und c=13,08.
Wir speichern sie in G4, G5, G6. In G1 steht h=0,05, in G2: x0=0,1 und in G3: v0=0. Wir verwenden eine Dauer von 30s, d.h. die Spalten müssen bis Zeile 610 gefüllt werden.

Eingaben

Der Aufbau des Arbeitsblattes erfolgt ähnlich wie in Abb.5–23, allerdings nur mit den Spalten A,B,C,D, da hier ein eindimensionales Modell benötigt wird.

In A steht die Zeit (von A10 bis A610); in B ist x, in C die Geschwindigkeit v und in D die Beschleunigung a, also Gl. (1).

1.   A10: 0;   B10: **+G\$2**;   C10: **+G\$3**
           D10: **(G\$4*@ABS(C10)*C10–G\$5*C10–G\$6*B10)**
           D10 kann gleich von D10..D610 kopiert werden. **(Strg+K)**

2.   Nun Zeile 11:
           A11: **+G\$1+A10**;
           B11: **+B10+C11*G\$1**;
           Strg+K: Q.B.: A11..B11;   Z.B.: A11..B610
           C11:   ,**+C10+D10*G\$1/2**; nicht kopieren

3.   C12:   **+C11+D11*G\$1**; von C12 bis C610 kopieren.

4.   **/ G W**: 1.W.B.:   B10..B610
           X–Achsenwerte: A10..A610
           X–Achse: automatisch
           Y–Achse: automatisch
           In Text ist die Schriftart Monospace verwendet worden.

5.   **F10**;   vergl. Abb.5–26

Durch Vergleich des Experiments mit der Computerlösung läßt sich die Viskosität ermitteln. Einige Werte bei 20°C seien hier mitgeteilt:

Äthanol:	$1{,}47E{-}6 \; m^2/s$
Benzol :	$0{,}74E{-}6$
Methanol:	$1{,}47E{-}6$
Quecksilber:	$0{,}155E{-}6$

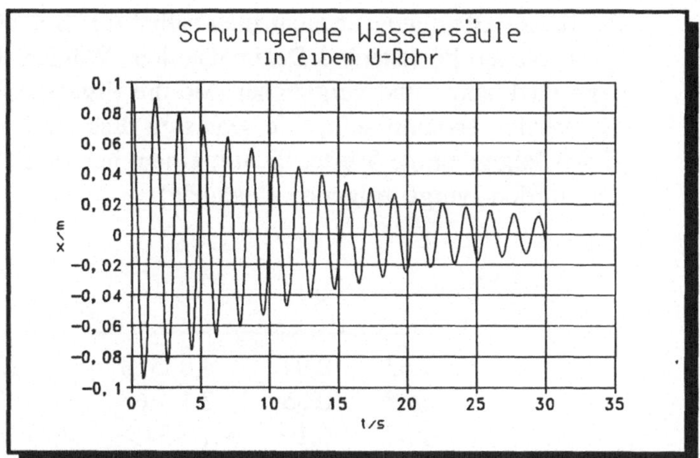

Abb.5-26

Aufgabe

Moderne Federmaterialien (z.B. VACROSIL), die bei Verpackungen mit
hoher Stoßdämpfung eingesetzt werden, lassen sich oft durch eine
Gleichung der folgenden Art modellieren:

$$m\ a(t)+b\ v(t)+c\ x(t)+d\ x^{n}(t)=0 \qquad (2)$$

b, c und d sind Konstanten. Wegen des Exponenten n im letzten Term
spricht man auch von x^{n}-Federn.

Untersuchen Sie die Dämpfung für verschiedene n-Werte. Wählen Sie:

$$m = 1\text{kg}= 0{,}01\ \text{N}s^{2}/\text{cm}, \qquad c = 2\ \text{N/cm}$$
$$b = 0{,}2\text{Ns/cm}, \qquad d = 0{,}2\ \text{N}/cm^{3}$$
$$x0 = 5\text{cm}, \qquad v0 = 0$$

Bei dieser Gleichung erreicht man selbst mit h=0,001 nur eine Genauigkeit bis auf höchstens 2 Dezimalstellen. Wählen Sie zunächst h=0,05, dann 0,01 usw., und vergleichen Sie die Ergebnisse.
Sie werden erstaunt sein, wie sehr sich diese mit h ändern. Zum Vergleich folgen einige Werte, die mit einem besseren Algorithmus errechnet wurden (vergl. folgende Beispiele):

	t	x	v
n=3	0,01	4,83313	−32,3857
n=3	0,05	2,17065	−79,4488
n=3	0,10	−1,19345	−50,6935

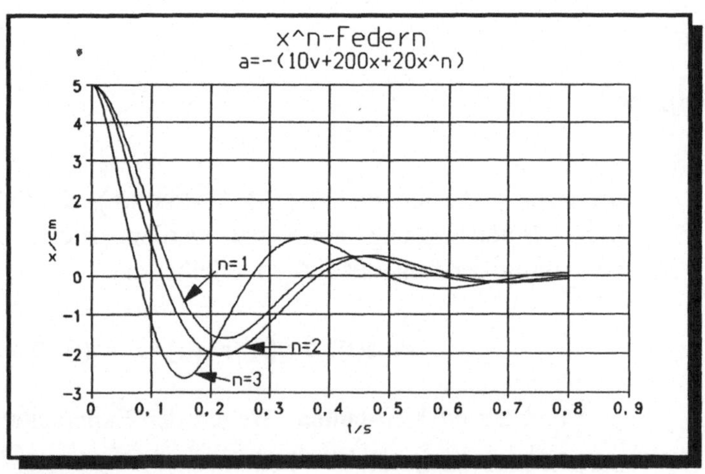

Abb.5-27

5.10 Erste Kontakte mit RUNGE–KUTTA

Im letzten Beispiel sahen wir, daß unsere bisher verwendeten Algorithmen zum Lösen von Bewegungsgleichungen schnell ungenau werden, wenn die Gleichungen kompliziert aufgebaut sind.

Man kann zwar immer kleinere Schrittweiten verwenden, aber das geht nur auf Kosten der Rechenzeit, da die zu berechnende Zahl von Punkten sehr rasch steigt. (Daß sich durch Verkleinerung der Schrittweite nicht automatisch auch genauere Ergebnisse ergeben, sei hier nur am Rande vermerkt. Eine weitere Verringerung von h wird irgendwann durch Rundungsfehler überkompensiert.)

Es ist daher höchste Zeit, ein genaues und schnelles Lösungsverfahren für Differentialgleichungen kennenzulernen.

Wir werden das sogenannte RUNGE–KUTTA-Verfahren einführen. (C.RUNGE 1856–1927; W.KUTTA 1867–1944). Beim R–K–Verfahren handelt es sich in gewissem Sinne um eine Verallgemeinerung der SIMPSONschen Regel. Man berechnet v und a an 4 Punkten des Intervalls und bildet einen Mittelwert.

Wie bisher berechnet man Xneu = Xalt+hv und Vneu = Valt+ha. Aber v und a werden, wie schon erwähnt, durch die folgenden Mittelwerte ersetzt:

$$t_{n+1} = t_n + h; \qquad n = 0,1,2,\ldots$$
$$x_{n+1} = x_n + h \langle v \rangle$$
$$v_{n+1} = v_n + h \langle a \rangle$$

$$mit: \tag{1}$$

$$\langle v \rangle := (v_1 + 2v_2 + 2v_3 + v_4)/6$$

$$\langle a \rangle := (a_1 + 2a_2 + 2a_3 + a_4)/6$$

Bevor wir einen neuen x–Wert in den Händen haben, sind also 4 mittlere Geschwindigkeiten und Beschleunigungen zu errechnen. Das bedeutet, daß in Zeile 10, in der wir bislang die Formel-Prototypen stehen hatten, einige Einträge hinzukommen müssen. Wir kopieren dann anschließend alle Formeln auf einmal mit **Strg+K** bis zur gewünschten Zeilenzahl. Das hört sich nicht gut an, man erahnt viel Arbeit.

Aber ist es nicht beruhigend, zu wissen, daß Sie sich die Schreibarbeit doch nur einmal machen müssen, da sie Ihr Muster–Arbeitsblatt ja immer wieder verwenden können?

Wie sollen nun die Werte v1..a4 berechnet werden? Die Theorie sagt dazu folgendes:

$$
\begin{aligned}
v_1 &:= v & a_1 &:= F(t,x,v) \\[2mm]
v_2 &:= v + a_1\frac{h}{2} & a_2 &:= F(t+\frac{h}{2}, x+\frac{h}{2}v_1, v_2) \\[2mm]
v_3 &:= v + a_2\frac{h}{2} & a_3 &:= F(t+\frac{h}{2}, x+\frac{h}{2}v_2, v_3) \\[2mm]
v_4 &:= v + a_3 h & a_4 &:= F(t+h, x+hv_3, v_4)
\end{aligned}
\tag{2}
$$

Die Funktionsgleichung a:=F(t,x,v) ist die dem Problem zugrundeliegende Gleichung der Beschleunigung.

Den neuen x–Wert können wir auch folgendermaßen berechnen:

$$
x := x + hv + \frac{h^2}{6}(a_1 + a_2 + a_3)
\tag{3}
$$

Links steht der neue x–Wert, der der Zeit t+h angehört.

Formel (3) werden wir in B11 speichern. In C11 kommt die neue Geschwindigkeit:

$$
v := v + \frac{h}{6}(a_1 + 2a_2 + 2a_3 + a_4)
\tag{4}
$$

Nun müssen Sie diese Gleichungen ab Zeile 10 eingeben.

Eingabe   in 5 Gruppen:

1.   **Die erste Gruppe** enthält die Zellen A10..D10

   A10: 0;   B10: **+G\$2** (=x0);   C10: **+G\$3** (=v0);   (in G1 ist h, z.B. 0,01)
   In D10 tragen Sie die Gleichung a=F(t,x,v) ein, die dann a1 liefert.

Wählen Sie aus dem letzten Beispiel F=−(10v+200x+ 20x^n),
so kommt in D10: **−(10*C10+200*B10+20*B10^\$G\$4)**;
n befindet sich in G4. Ferner: G1: 0,01; G2: 5; G3: 0

Die *Mustergleichung* in D10 muß nach H10, L10 und P10
kopiert werden: **Strg+K**: Q.B.: D10; Z.B.: H10 (L10;P10)

2.　　**Die zweite Gruppe** von E10 bis H10:

E10:　**+A10+G\$1/2**　　　(=t2)
F10:　**+B10+C10*G\$1/2**　　(=x2)
G10:　**+C10+D10*G\$1/2**　　(=v2)
H10:　hierhin kommt a2, z.B.: −(10*G10+200*F10+
　　　20*F10^\$G\$4), wenn Sie wieder die Diff.Gl. des
　　　　　　　　letzten Beispiels verwenden.

3.　　**Die dritte Gruppe** von I10 bis L10:

I10:　**+A10+G\$1/2**　　　(=t3=t2)
J10:　**+B10+G10*G\$1/2**　　(=x3)
K10:　**+C10+H10*G\$1/2**　　(=v3)
L10:　hierhin kommt a3, z.B.: −(10*K10+200*J10+
　　　20*J10^\$G\$4)

4.　　**Die vierte Gruppe** von M10 bis P10:

M10:　**+A10+G\$1**　　　(=t4)
N10:　**+B10+K10*G\$1**　　(=x4)
O10:　**+C10+L10*G\$1**　　(=v4)
P10:　**−(10*O10+200*N10+20*N10^\$G\$4)** (=a4)

5.　　**Die fünfte Gruppe** nur mit B11 und C11:
Nun werden die *neuen* t−, x− und v−Werte eingetragen:
A11:　**+A10+G\$1**
B11:　**+B10+G\$1*C10+G\$1^2*(D10+H10+L10)/6**　(=Xneu)
C11:　**+C10+G\$1*(D10+2*H10+2*L10+P10)/6**　　(=Vneu)

6.   Diese Formeln müssen nun in die folgenden Zeilen kopiert
     werden, etwa bis Zeile 100.
     Strg+K: *Quellbereich*:   A11..C11
                          Zielbereich: A11..C100
     und nochmal: *Quellbereich:*   D10..P10
                          Zielbereich: D10..P100

7.   **/ G W**   *1.Wertebreich*: B10..B100 (x–Werte)
                          X–Achsenwerte: A10..A100 (t–Werte)

8.   **X–und Y–Achseneinteilung auf automatisch.**

9.   **F10**

     Bitte speichern Sie das Arbeitsblatt.

Abbildung 5–28 zeigt einen Ausschnitt aus dem Arbeitsblatt.

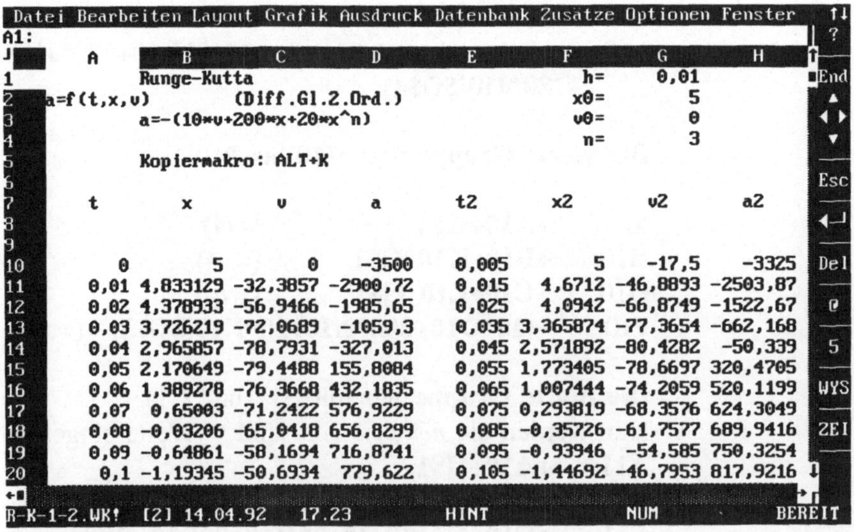

Abb.5–28

Nach Drücken von **F10** erscheint wieder ein Graph wie in Abb.5–27, *diesmal aber bei einer zehnmal größeren Schrittweite*, also mit viel weniger Punkten. (Natürlich verlangt das RUNGE–KUTTA–Verfahren mehr Rechenarbeit, aber es ist dennoch insgesamt schneller und genauer als die bisherigen Methoden.)
Soll das Arbeitsblatt zur Lösung einer anderen Differentialgleichung 2.Ordnung verwendet werden, so hat man die Gleichung nur in Zelle **D10** einzutragen. Für den Übertrag in die Spalten H, L und P kann ein *Makro* eingesetzt werden. In den folgenden Beispielen wird dies erklärt.

Aufgabe

Lösen Sie mit der R–K–Methode die folgende Differentialgleichung (Anfangswert–Problem) :

$$y'' - 3y' + 2y = 0$$
$$y(0) = -1; \ y'(0) = 0 \tag{5}$$

Vergleichen Sie die Ergebnisse mit der exakten Lösung:

$$y(x) = e^{2x} - 2e^{x} \tag{6}$$

Verwenden Sie h=0,1 und rechnen Sie bis x=1

Anmerkung 1

Unsere Bezeichnungen waren die der Physik. In der Mathematik schreibt man anstatt a: y", anstatt v: y', und statt t verwendet man x.
Geben Sie in D10 die Formel **3*C10–2*B10** ein. Kopieren Sie diese zunächst bis D20. (Hier reichen 10 Zeilen aus.) Sodann übertragen Sie diese Spalte nach H10..H20, L10..L20 und P10.. P20. Dazu verwenden Sie am besten den Kopierbefehl **Strg+K**: *Quellbereich*: D10.D20; *Zielbereich*: H10.H20 bzw. L10.L20 oder P10.P20.
In G1 steht h=0,1, in G2: –1 und in G3: 0
Mit **/LS 11** können Sie die Breite der Spalten B und C vergrößern.

Lösung

t	x	v	exakt
0,0	-1,0000000	0,0000000	-1,0000000
0,1	-0,9889417	0,2324583	-0,9889391
0,2	-0,9509872	0,5408308	-0,9509808
0,3	-0,8776105	0,9444959	-0,8775988
0,4	-0,7581277	1,4673932	-0,7581085
0,5	-0,5791901	2,1390610	-0,5791607
0,6	-0,3241640	2,9959080	-0,3241207
0,7	0,0276326	4,0827685	0,0276946
0,8	0,5018638	5,4548068	0,5019506
0,9	1,1303217	7,1798462	1,1304412

Anmerkung 2

Während der Entwicklung eines großen Arbeitsblattes ist es zweckmäßig, die *automatische Neuberechnung* abzustellen. Geben Sie dazu ein: **/ONMM**. Die Durchrechnung starten Sie manuell mit **F9**. Später können Sie das Programm wieder auf *automatisch* oder auf *Hintergrund* stellen.

Das eben entwickelte Modell werde ich **RK-1-2** benennen. (*eine* Differentialgleichung *zweiter* Ordnung nach RUNGE-KUTTA)

5.11 Differentialgleichungen 1. Ordnung mit R–K

Vereinfachen Sie den RUNGE–KUTTA–Formelsatz (1)/(2) aus Beispiel 5.10 derart, daß sich damit eine Differentialgleichung **1. Ordnung** lösen läßt, also eine Gleichung der Form **y'=f(x,y)**;

$$z.B.:\ y' = -y+x+2 \ \text{mit} \ y(0)=2.$$

(Vergleichen Sie die numerische Lösung von y'= −y+x+2 mit der exakten Lösung: y(x)=e^−x + x + 1.)

Da in den Anwendungen meist die Zeit t vorkommt, ist es günstiger, x durch t zu ersetzen.

Vorbereitung

Es ist nur nötig, die zweiten Ableitungen wegzulassen. D.h. Sie schreiben:

$$t_{n+1}=t_n+h;$$
$$y_{n+1}=y_n+h\langle v\rangle$$

$$mit: \tag{1}$$

$$\langle v\rangle:=(v_1+2v_2+2v_3+v_4)/6$$

Die vier Ableitungen berechnen Sie nach dem Muster der Gleichung (2) in Beispiel 5.10:

$$v_1:=F(t,y)$$
$$v_2:=F(t+\frac{h}{2},y+\frac{h}{2}v_1)$$
$$v_3:=F(t+\frac{h}{2},y+\frac{h}{2}v_2) \tag{2}$$
$$v_4:=F(t+h,y+hv_3)$$

Da es keine 2. Ableitungen mehr gibt, fällt auch die linke Spalte von
(2) weg.

Eingaben

1. In G1 steht h(=0,1), in G2: t0(=0) und in G3: y0=y(t0) (=2)

2. A10: **+$G$2**; B10: **+G$3**; in C10 steht die Gleichung y'=f(t,y),
    also hier:
    C10:   **−B10+A10+2**   (=v1)

3. D10:   **+A10+G$1/2**   (=t+h/2)
    E10:   **+B10+G$1*C10/2**   (=y+h*v1/2)
    F10:   **−E10+D10+2**   (=v2)

4. G10:   **+D10**   (=t+h/2)
    H10:   **+B10+G$1*F10/2**   (=y+h*v2/2)
    I10:   **−H10+G10+2**   (=v3)

5. J10:   **+A10+G$1**   (=t+h)
    K10:   **+B10+G$1*I10**   (=y+h*v3)
    L10:   **−K10+J10+2**   (=v4)

6. Alle Formeln bis Zeile 20 kopieren.
    Strg+K: Q.B.: B10..L10;   Z.B.: B10..L20

7. A11:   **+A10+G$1**
    B11:   **+B10+G$1*(C10+2*F10+2*I10+L10)/6**
    Strg+K: Q.B.: A11..B11;   Z.B.: A11..B20

Vergleichen Sie mit dem Arbeitsblatt 6–2.

Die folgende Tabelle zeigt eine Zusammenstellung der numerischen und analytischen Ergebnisse bis t=1.0

t	y	exakt
0,0	2,000000	2,000000
0,1	2,004838	2,004837
0,2	2,018731	2,018731
0,3	2,040818	2,040818
0,4	2,070320	2,070320
0,5	2,106531	2,106531
0,6	2,148812	2,148812
0,7	2,196586	2,196585
0,8	2,249329	2,249329
0,9	2,306570	2,306570
1,0	2,367880	2,367879

Anmerkung

Das lästige Kopieren der *Musterspalte* C10..C100 nach F, I und L kann man mit Hilfe eines kleinen *Makros* automatisieren.

1. Tragen Sie den Term f(t,y) in C10 ein , und kopieren Sie ihn z.B. bis C100. **Strg+K**: Q.B.: C10; Z.B.: C10..C100 (auch das könnte noch in das folgende Makro mit aufgenommen werden).

2. **/ZMM** (Makroaufzeichnung **an**). Nun tippen Sie folgendes ein (Sie sehen von der Aufzeichnung nichts!): (Das Zeichen ˜ bedeutet RETURN)

/ **B K**   C10..C100˜F10..F100˜
/ **B K**   C10..C100˜I10..I100˜
/ **B K**   C10..C100˜L10..L100˜

Jetzt muß das Makro einen Namen bekommen (wir wählen \K):

/ZMK Makronamen angeben: \K

Makroblock angeben: **AA1** (an dieser Stelle stört das Makro nicht).

In der Spalte AA sehen Sie dann den Makrotext:

> *{/ Block;Kopieren}C10..C100˜*
> *F10..F100˜*
> *{/ Block;Kopieren}C10..C100˜*
> *I10..I100˜*
> *{/ Block;Kopieren}C10..C100˜*
> *L10..L100˜*

Dieses Programm beläßt QUATTRO PRO bei Ihrem Arbeitsblatt.
Sollten Sie einen Fehler im Makro haben, so korrigieren Sie ihn mit **F2**.

Wollen Sie kopieren, so rufen Sie das Makro mit **Alt+K** auf. (Auf die
Anzeige: *Quellbereich angeben: C10..C10* reagieren Sie nicht).

Denken Sie daran, das Arbeitsblatt zu *speichern*. Wir werden es noch
benutzen. Der Einfachheit halber nenne ich es **RK–1–1** (*eine* Differentialgleichung *erster* Ordnung nach RUNGE–KUTTA)

5.12 Erzwungene Schwingungen mit der R–K–Methode

Wenn schwingungsfähige Systeme durch die periodische Kraft
$F = F_0 \cos(\omega t)$ angeregt werden, so kann ihr Verhalten oft durch folgende Differentialgleichung beschrieben werden:

$$y'' = (-ry' - ky + F_0\cos(\omega t))/m \tag{1}$$

y=Auslenkung; r=Dämpfungskonstante; k=Federkonstante
Nach Ablauf einer meist verwickelten Einschwingphase kann y mit der folgenden Gleichung berechnet werden:

$$y = A\cos(wt + \gamma) \tag{2}$$

Will man auch den Einschwingvorgang darstellen, so kann man sich der folgenden Formel bedienen:

$$y = Be^{-\frac{r}{2m}t}\cos(\omega_1 t + \beta) + A\cos(\omega t + \gamma) \tag{3}$$

Regt man den Oszillator mit seiner Eigenfrequenz ω_0 an, d.h. mit
$\omega = \omega_0 = (k/m)^{0.5}$, so tritt Resonanz auf.

Wir lösen die Differentialgleichung (1) direkt, und zwar mit dem RUNGE–KUTTA–Verfahren **RK–1–2** gemäß Arbeitsblatt Abb.5–28.
Als Daten nehmen wir: m=0,01kg; ω=3Hz; Fo=0,016N; k=0,25N/m
r=0,002kg/s bzw. r=0,015kg/s. (Resonanz ergibt sich bei ω_0=5Hz).

Eingaben

Wir übernehmen einfach das RUNGE–KUTTA–Arbeitsblatt, Abb.5–28, aus Beispiel 5.10. Den Beschleunigungsterm haben wir in D10 einzutragen.

Zum Kopieren schreiben wir uns ein **Kopier–Makro,** vergleichen Sie dazu auch die Erklärungen am Ende von Beispiel 5.11. Um auch in der Wahl der Konstanten flexibel zu sein, ist es empfehlenswert, von E1 bis E5 der Reihe nach einzutragen: r, k, Fo, ω und m. (In G1 haben wir h(=0,04), in G2 und G3 steht jeweils 0.)

E1: r(=0,002);   E2: k(=0,25);   E3: Fo(=0,016);   E4: ω (=3); E5: m(=0,01)

Bei den folgenden Abbildungen wurde ein Arbeitsblatt mit 1000 Zeilen verwandt. Aber man muß dann schon einige Minuten auf die Ergebnisse warten. Mit 500 Zeilen sollte es auch genug sein. Sie müssen das alte Arbeitsblatt zuerst bis Zeile 500 erweitern:

Strg+K: Q.B.: A11..P11;   Z.B.: A11..P500

Eintrag in D10: (–$E$1*C10–$E$2*B10+$E$3*@COS($E$4*A10))/
$E$5

Das Makro zeichnen wir mit **/ZMM** auf:

```
{/ Block;Kopieren}D10˜
D10..D500˜
{/ Block;Kopieren}D10..D500˜
H10..H500˜
{/ Block;Kopieren}D10..D500˜
L10..L500˜
{/ Block;Kopieren}D10..D500˜
P10..P500˜
```

Mit **/ZMK**: Makroname: \K; Makroblock: **AA1** erhält das Makro den Namen \K.

Der Kopiervorgang kann einige Minuten dauern. (Ich stellte fest, daß das Makro nicht immer richtig arbeitet. Tritt ein Kopierfehler auf, so muß der Term f(t,y,y') nochmals in D10 eingegeben werden,...)

Für die Schrittweite h wählte ich 0,04 oder auch 0,02.
(Es ist sinnvoll, während der Entwicklung des Arbeitsblattes die *automatische Neuberechnung* abzustellen: **/ONMM**. Zum Durchrechnen ist die **F9**–Taste zu drücken. Später wieder auf *automatisch* stellen.)

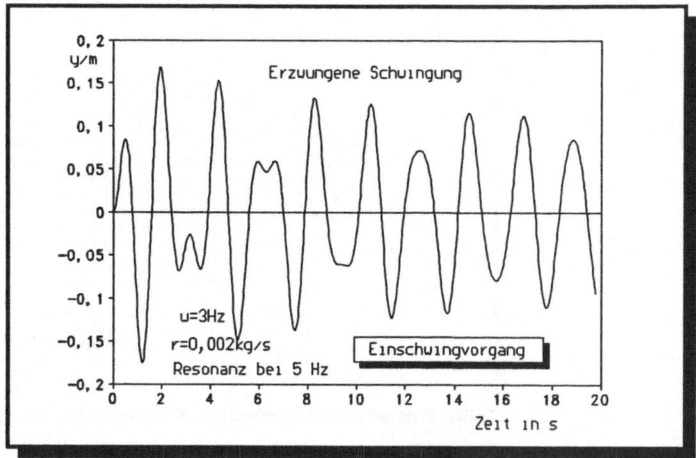

Abb.5–29

Wir sehen deutlich, daß der Einschwingvorgang gut 20s dauert. Danach
stellt sich eine harmonische Schwingung mit ca 0,1 m Amplitude ein.
Wenn Sie den r–Wert variieren, so ergeben sich interessante Ein-
schwingphänomene.

In der folgenden Abb.5–30 erhöhen wir die Anregungsfrequenz auf 5
Hz, d.h. auf die Eigenfrequenz des Oszillators.

Wir beobachten *Resonanz*.

Theoretisch sollte die Amplitude auf $A = F_0/(\omega r) = 1,6$ m anwachsen. Die
Abbildung bestätigt dies. Aber beachten Sie, daß die Amplitude gegenüber dem 3Hz–Wert 16 mal größer ist. Bei r=0, d.h. beim reibungsfreien Schwingen, wird A unendlich groß werden. Dieser Fall kann
zwar nur theoretisch auftreten, aber A=*sehr groß* ist meistens auch
schon schlimm.

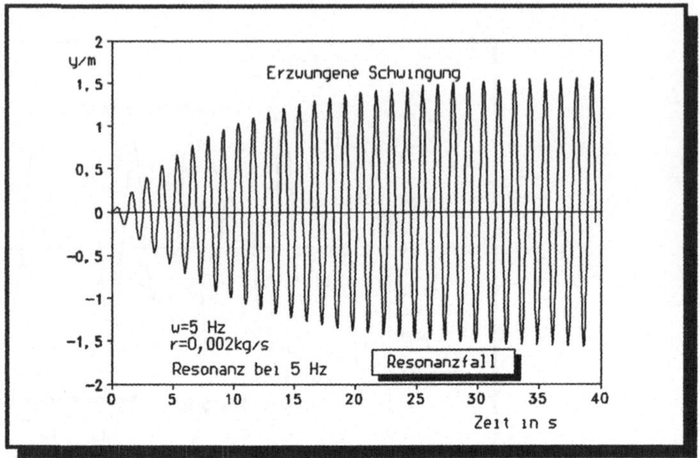

Abb.5-30

Nun werden wir die Reibungskonstante drastisch verkleinern, wir wählen r=1E-5 kg/s.
Die Schwingung nimmt plötzlich einen anderen Verlauf, sie ist nicht
mehr einfach harmonisch, sie ist auf dem Wege, *chaotisch* zu werden.

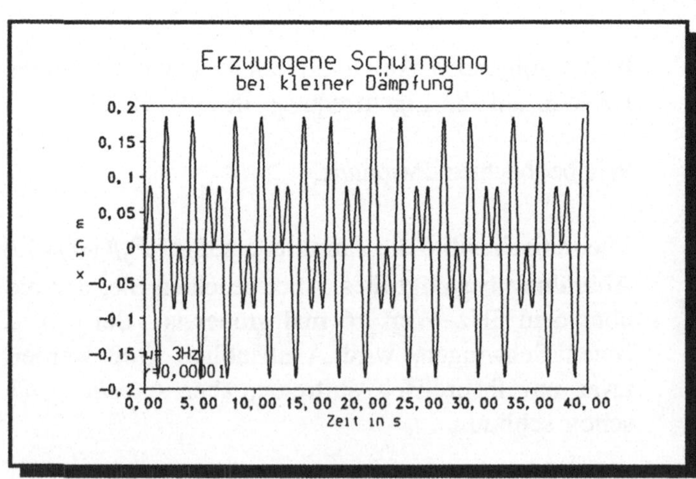

Abb.5-31

Vergleichen Sie Abbildung 5–31 mit dem dazugehörenden Phasenbild 5–32. Sie erinnern sich, daß dies sich einfach dadurch ergibt, daß Sie den 1. Wertebereich mit C10..C1000 und den X–Achsenwertebereich mit B10..B1000 belegen. In Beispiel 5.5 finden Sie Phasendiagramme.

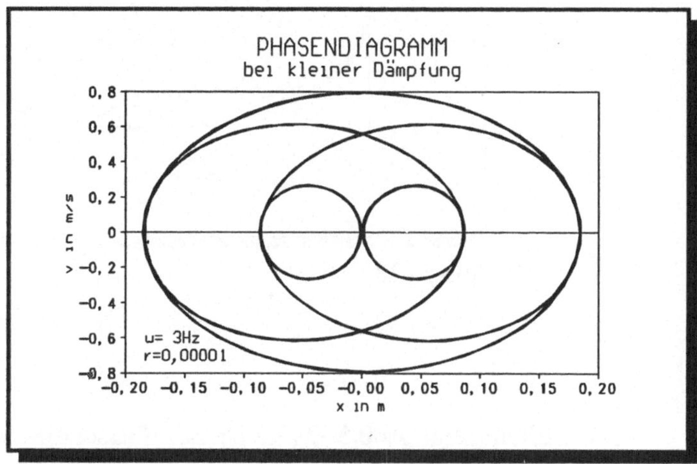

Abb.5–32

Die Phasenraumbahn ist offenbar immer noch geschlossen, d.h. die Bewegung ist weiterhin periodisch. Aber wegen der geringen Dämpfung hat sich die Amplitude in zwei Werte aufgespalten, vergleichen Sie auch Abb. 5–31. Der Oszillator schwingt abwechselnd weit und weniger weit.

Für Abb.5–33 wurde noch ein x^3–Term addiert. Das Phasenbild deutet darauf hin, daß die Amplitude noch weiter aufgespalten wurde.

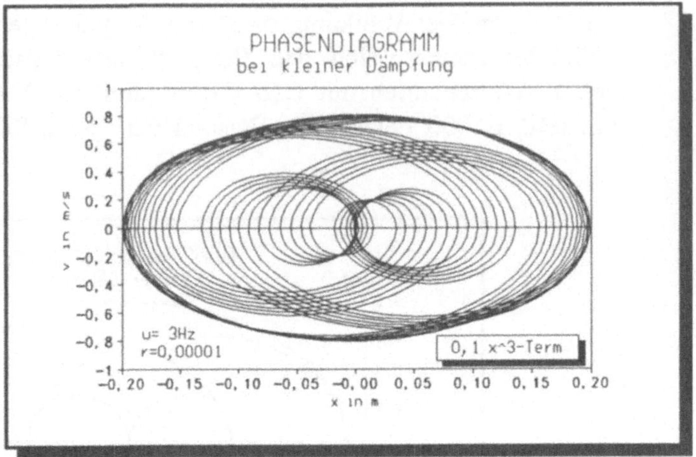

Abb.5–33

Schließlich zeigt Abb.5–34 noch das Phasenbild im Falle der *Reso-*
nanzanregung, vergleichen Sie auch Abb.5–30

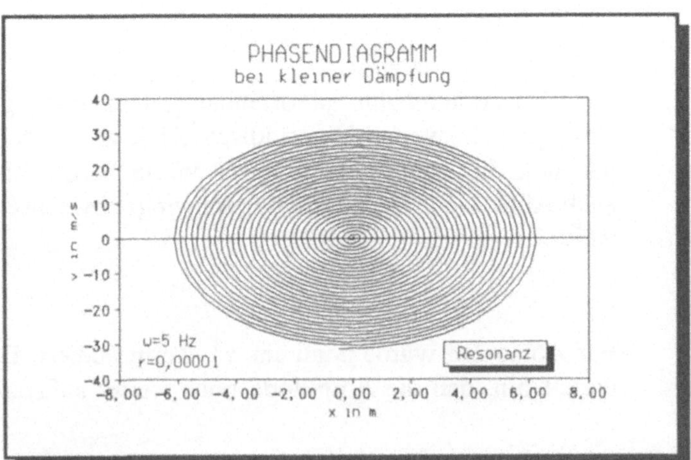

Abb.5–34

6 Simulation dynamischer Systeme

mit Differentialgleichungen 1.Ordnung

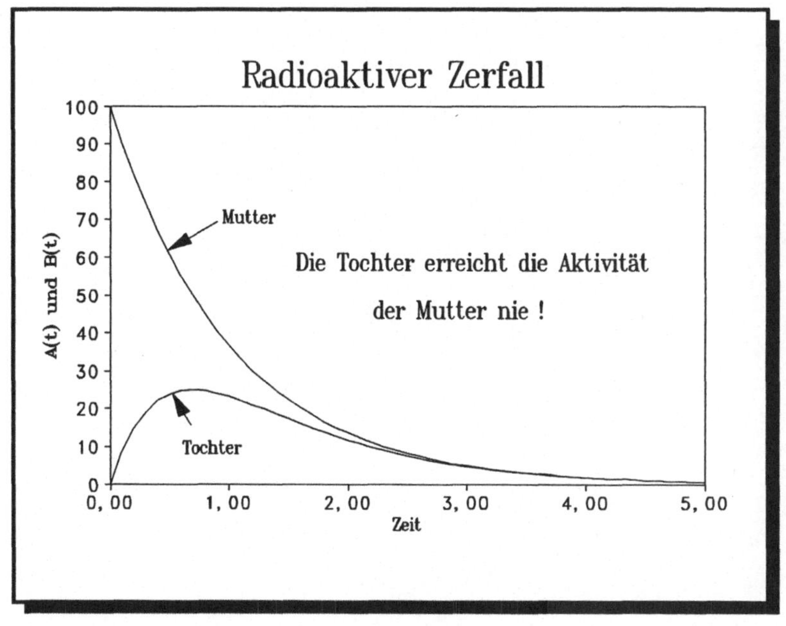

6.0 Einleitung

Das vorige Kapitel zeigte Modelle, die auf Differentialgleichungen
2.Ordnung führten. Ich sagte, sie seien beschleunigungsorientiert, da es
immer die *Beschleunigung* war, die die zweite Ableitung ins Spiel
brachte. Als Lösungsverfahren hatten wir die EULER–Methode (First–
Point–Method), die Last–Point–Method und schließlich das RUNGE–
KUTTA–Verfahren eingeführt.

Eine sehr große Zahl von dynamischen Systemen in Wirtschaft und
Naturwissenschaft wird jedoch von der *Geschwindigkeit* her modelliert.
D.h. die Frage lautet meist: wie *schnell* wächst oder zerfällt ein System.
Der *Zerfall* kann auch eine *Abnahme*, z.B. der Temperatur, des Luft-
drucks, des Waffenpotentials usw., bedeuten.
In vielen Fällen besteht das Modell aus einem *System* gekoppelter
linearer Differentialgleichungen 1.Ordnung. Man nennt diese Gleichun-
gen gelegentlich *Ratengleichungen*. Diese wohl nicht ganz glückliche
Bezeichnung stützt sich auf den englischen Terminus *rate equation*.
Unter *rate* ist immer eine Geschwindigkeit zu verstehen.

Hier sind einige Beispiele:

In der *Chemie* wird der zeitliche Konzentrationsverlauf bei einer einfachen Folgereaktion A–>B–>C mit Hilfe dreier Differentialgleichungen
erster Ordnung beschrieben.

In der *Wirtschaft* wird die Dynamik von Petroleumresourcen mit Modellen simuliert, die sich auf lineare Differentialgleichungen
(VERHULST–Gleichungen) stützen.

In der *Physik* führt die Berechnung der Besetzungsdichte von Laser-
Niveaus auf Systeme gekoppelter Differentialgleichungen 1.Ordnung.

Die folgenden Beispiele, fast alle aus der *Biologie*, geben eine Einführung in diese Simulationstechniken unter Verwendung eines Tabellenkalkulationsprogramms.

6.1 Logistisches Wachstum

Im ersten Beispiel geht es um das Wachstum von Populationen (z.B.von Hefepilzen, Wasserflöhen oder Menschen).
N0 ist die Populationsgröße zu Beginn der Zeitzählung. N(t) ist die Größe zur Zeit t. In erster Näherung könnte man annehmen, daß die Wachstumsgeschwindigkeit (=Wachstums–*Rate*) dN/dt proportional ist zur augenblicklichen Größe N(t), d.h. man könnte es mit dem folgenden Ansatz versuchen

$$\frac{dN(t)}{dt} = a\,N(t) \qquad (1)$$

a ist der Wachstumskoeffizient.
Man wird aber mit dieser Annahme i.a. wenig Glück haben, denn die Lösung dieser Differentialgleichung 1.Ordnung ist die ständig wachsen–de Exponentialfunktion

$$N(t) = N0\,e^{a(t-t_0)} \qquad (2)$$

Höchstens zu Beginn des Wachstums kann (2) zutreffen, denn nach einiger Zeit wird die Vergrößerung einer Population durch Umweltein–flüsse gebremst. (Dennoch ist es erstaunlich, wie gut sich die Zunahme der Weltbevölkerung mit (2) beschreiben läßt. Auch der kleine Nager microtus arvallis pall, vergl. [BRAUN91], vermehrt sich nach einem Exponentialgesetz. Man darf nicht aus den Augen verlieren, daß ein naturwissenschaftliches Gesetz nur solange gilt, –wie es gilt.)
P.F.VERHULST (1844) und später PEARL und REED (1924) führten einen Verzögerungsterm in (1) ein, der tatsächlich zu einer Wachstumssätti–gung führt.
Das bessere Modell sieht wie folgt aus:

$$\frac{dN(t)}{dt} = a\,N(t) - b\,N(t)^2 \qquad (3)$$

b=Umwelttragfähigkeit (a und b sind beide positiv).

Gleichung (3) heißt *logistisches Wachstumsgesetz*. (In 3.4 begegneten wir bereits einer diskreten Form dieses Gesetzes).

Man kann (3) exakt lösen und erhält:

$$N(t) = \frac{a}{b\left(1 + \dfrac{a - bN0}{bN0} e^{-at}\right)} \qquad (4)$$

Unsere Absicht ist es allerdings, eine numerische Lösung von (3) mit Hilfe eines Spreadsheets zu suchen.
Wir ersetzen die Differentialgleichung 1.Ordnung (3) durch eine Differenzengleichung:

$$\Delta N = N(a - bN)\Delta t \qquad (5)$$

oder mit $\Delta N = N^{\bullet}_{neu} - N_{alt}$ *und* $h := \Delta t$ als EULER–Gleichung:

$$N_{neu} = N_{alt} + N_{alt}(a - bN_{alt})h \qquad (6)$$

Gleichung (6) entspricht der Gleichung der First–Point–Methode aus Kapitel 5 bei den Differentialgleichungen 2.Ordnung.

Eingaben

1.   In G1 bis G4 speichern wir: h, N0, a und b
h=0,1; N0=10; a=2,5; b=0,025

2.   A10: 0; B10: +G$2; (in der B–Spalte stehen die N–Werte nach EULER, vergl. Gl(6))

3.   In der C–Spalte berechnen wir die Werte nach Gleichung (4):
C10: +G$3/(G$4*(1+(G$3–G$4*G$2)/
      (G$4*G$2)*@EXP(–G$3*A10)))
Bis C60 kopieren:
Strg+K: Q.B.: C10; Z.B.: C10..C60

4.   Die Spalte A ist die Zeitspalte:
A11: **+A10+G$1**

5.   B11: **+B10+B10*(G$3−G$4*B10)*G$1**
Strg+K: Q.B.: A11..B11; Z.B.: A11..B60

6.   **/GW**:   1.W.B.: B10..B60
               2.W.B.: C10..C60
               X−Achsenwerte: A10..A60
   X: *manuell*, von 0 bis 3,5, *Wertzuwachs*: 0,5
   Y: *manuell*, von 0 bis 110, *Wertzuwachs*: 10

7.   **F10**

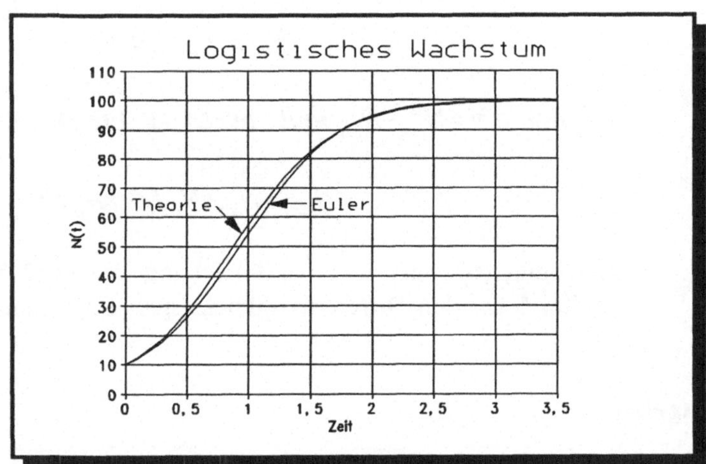

Abb.6−1

Mit h=0,1 stimmt die EULERsche Näherung ganz ordentlich mit der theoretischen Lösung überein. Im übrigen bestimmen die Werte von a und b die Schrittweite h. Wählt man a=0,25 und b=0,005, so liefert h=1 eine gute Lösung.
Die charakteristische S−Kurve kommt deutlich zum Vorschein. Sie strebt gegen den Wert a/b.

Aufgabe

Der Biologe E.F.GAUSE steckte 5 Protozoen (paramecium) in ein Reagenzglas mit 0,5 cm^3 Nährlösung. Sechs Tage lang wurde täglich die Zahl der Urtierchen bestimmt. Anfangs vermehrten sie sich um 230,9% täglich. Nach ca. 5 Tagen war ein Sättigungswert von 375 Tierchen erreicht.
GAUSE beobachtete ein logistisches Wachstum.

Zeichnen Sie die S–Kurve, die zu den vorgegebenen Daten paßt.

Hilfe

Setzen Sie im vorigen Arbeitsblatt: G1: 0,1; G2: 5; G3: 2,309 und G4: 2,309/375. **X**–Achse bis 5 und **Y**–Achse bis 400 einteilen.

Sie werden beobachten, daß die EULER–Kurve im mittleren Bereich beträchtlich vom theoretischen Verlauf abweicht. Die Theorie–Kurve stimmt recht gut mit den experimentellen Daten überein, vergl. [BRAUN91].

Offenbar ist es nötig, bessere numerische Verfahren einzusetzen.
Wir haben aber vorgesorgt. Denn in 5.11 haben wir bereits ein Arbeitsblatt mit dem RUNGE–KUTTA–Verfahren für eine Differentialgleichung 1.Ordnung entwickelt.

In unserem Falle lautet die Differentialgleichung **y'=y(a–by)**.
y steht für N, und y' steht für dN/dt. a speichern wir in G4, b in G5, vergl. Abb.6–2.

Die Gleichung **+B10*($G$4–$G$5*B10)** kommt in C10.

(Sie wird mit dem Kopiermakro \K einmal bis C100 und dann auch in die Spalten F, I und L –jeweils bis Zeile 100– übertragen. Mit **F2** muß das Makro, das in Spalte AA steht, eventuell so editiert werden, daß 100 die letzte Zeilenzahl wird. Es ist darauf zu achten, daß sich auch das übrige Arbeitsblatt bis Zeile 100 erstreckt. Mit **Strg+K**: Q.B.: A11.. L11; Z.B.: A11..L100 können Sie die Erweiterung vornehmen.)

Jetzt aktivieren Sie mit **ALT+K** das Kopiermakro. Aber Sie sind noch nicht fertig, da auch Gleichung (4) ausgewertet werden soll: tragen Sie sie in N10 ein, und kopieren Sie sie bis N100.

Jetzt zur grafischen Darstellung:

/GW: geben Sie für den 1.Wertebreich B10..B100 ein. Der 2.Wertebereich, N10..N100, ist für die theoretische Lösung (4) gedacht.
X–Achsenwerte: A10..A100.

Sie werden feststellen: die Graphen der numerischen und der analytischen Lösung sind nicht voneinander zu trennen. Die Werte stimmen, bei h=0,1, bis auf zwei Dezimalstellen überein.

Hier ist noch ein Ausschnitt aus dem Arbeitsblatt:

```
 Datei Bearbeiten Layout Grafik Ausdruck Datenbank Zusätze Optionen Fenster  ↑↓
B5: [B13] 'logistische Gl.:y'=y(a-by)                                          ?
     A          B            C         D        E         F         G
1                                                        h=       0,5       End
2              RUNGE-KUTTA-Methode                       t0=        0
3              für eine Diff.Gl.1.Ordnung               y0=        5
4              dy/dt=f(t,y); Kopier-Makro:ALT-K          a=    2,309
5              logistische Gl.:y'=y(a-by)                b= 0,006157
6                                                                          Esc
7       t          y          y'        t2       y2       y'2       t3
8
9
10      0          5      11,39107     0,25  7,847767  17,74128    0,25    Del
11    0,5  15,325981595  33,94142     0,75  23,81134  51,48929    0,75
12      1  44,454550811  90,47739     1,25   67,0739  127,1724    1,25     @
13    1,5   111,8771914  181,2561     1,75  157,1912  210,8125    1,75
14      2  215,20246623  211,7434     2,25  268,1383  176,4304    2,25     5
15    2,5   303,6817794  133,3558     2,75  337,0207  78,81265    2,75
16      3  348,69057469   56,48644    3,25  362,8122  27,22704    3,25    WYS
17    3,5   365,9931873   20,29723    3,75  371,0675  8,984933    3,75
18      4  371,99428675    6,884565   4,25  373,7154  2,955917    4,25    ZEI
19    4,5  374,00546058    2,290301   4,75   374,578  0,973219    4,75
20      5  374,67185183    0,757031   5,25  374,8611  0,320579    5,25
LOGISTI2.WQ1 [2] 26.08.91   17.07                          NUM        BEREIT
```

Abb.6–2

6.2 Der radioaktive Zerfall

Der radioaktive Zerfall ist das Gegenstück zum exponentiellen Wachstum.

Eine radioaktive Substanz bestehe zum Zeitpunkt t=0 aus einer Anzahl A(0):= A0 von Atomen. Nach Ablauf der Zeit t sei von der Muttersubstanz A eine gewisse Anzahl von Atomen zerfallen, die ihrerseits eine Tochtersubstanz B bilden, die abermals in C zerfällt. (Die Reaktionskinetik stellt diese "Folgereaktionen" mit folgender Symbolik dar:

$$A \xrightarrow{\quad k1 \quad} B \xrightarrow{\quad k2 \quad} C$$

A,B,C sind die Konzentrationen der Reaktionspartner (Reaktanden), k1 und k2 sind die Reaktionsgeschwindigkeiten (rate constants). Beim radioaktiven Zerfall sagt man statt k1, k2 vornehmer λ_a, λ_B).

A(t)=Anzahl der Atome der Muttersubstanz zur Zeit t.

B(t)=Anzahl der Atome der Tochtersubstanz zur Zeit t.

Die Menge der in der Zeiteinheit zerfallenden Atome ist proportional der jeweilig vorhandenen Menge, d.h. es gilt:

$$\frac{dA(t)}{dt} = -\lambda_A A(t) \tag{1}$$

λ_A=Zerfallskonstante der Muttersubstanz

In derselben Zeitspanne t vollzieht sich auch in der Tochtersubstanz ein Zerfallsprozeß, der durch

$$\frac{dB(t)}{dt} = -\lambda_B B(t) \tag{2}$$

gegeben ist.

λ_B = Zerfallskonstante der Tochtersubstanz

Während die Tochter zerfällt, erhält sie fortwährend die Teilchen, die aus dem Zerfall der Muttersubstanz stammen:

$$\frac{dB(t)}{dt} = -\lambda_B B(t) + \lambda_A A(t) \qquad\qquad (3)$$

Die Differentialgleichungen (1) und (3) beschreiben den radioaktiven Zerfall von Mutter- und Tochtersubstanz, sie müssen *gemeinsam* gelöst werden. Wir werden das einfache EULER-Verfahren einsetzen, aber auch das RUNGE-KUTTA-Verfahren aus 5.11 derart modifizieren, daß es die Lösung eines *Systems* zweier gekoppelter Differentialgleichungen erlaubt.

I. Das EULER-Verfahren:

Eingaben

1. G1: h (=0,1); G2: A0 (=100); G3: B0 (=0)
    G5: Lambda_A (=1); G6: Lambda_B (=0,5);
    G4 ist hier nicht besetzt

2. A10: 0 (Zeit)
    B10: **+G\$2**   (A(t)); C10: **+G\$3**

3. A11: **+A10+G\$1**; bis A100 kopieren:
    Strg+K: Q.B.: A11; Z.B.: A11.A100

4. B11: **+B10-G\$5*B10*G\$1**
    C11: **+C10+(-G\$6*C10+G\$5*B10)*G\$1**
    Strg+K: Q.B.: B11..C11; Z.B.: B11..C100

5. /GW   1.W.B.:   B10..B100
            2.W.B.:   C10..C100
            X-Achsenwerte: A10..A100
            X-Achse: *Größter Wert*: 5
                            Wertzuwachs: 1

7. **F10**

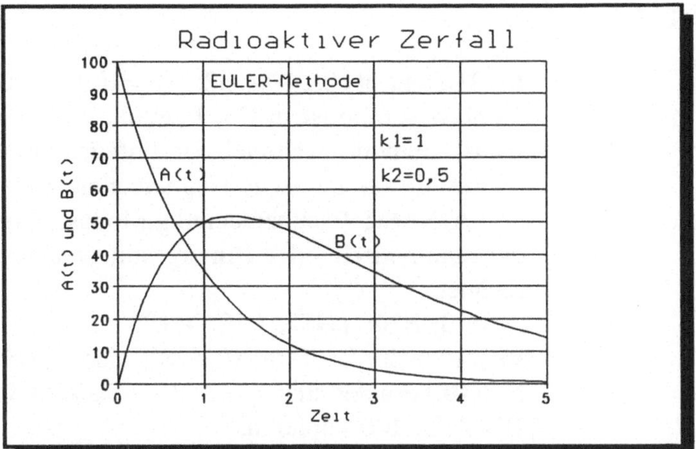

Abb.6-3

Die B-Kurve sollte den Wert 50 nur soeben erreichen. Man erkennt jedoch, daß er überschritten wird. Wir werden gleich das RUNGE-KUTTA-Verfahren einsetzen, um bessere Ergebnisse zu erhalten. Vorher sollen aber die *analytischen* Lösungen mitgeteilt werden, mit denen wir die Genauigkeit der *numerischen* Lösung überprüfen können.

$$A(t)=A_0 e^{-\lambda_A t}$$
$$B(t)=\frac{A_0 \lambda_A}{\lambda_B - \lambda_A}\left(e^{-\lambda_A t}-e^{-\lambda_B t}\right) \qquad (4)$$

II. Das RUNGE-KUTTA-Verfahren.

In Beispiel 5.11 habe ich das RUNGE-KUTTA-Verfahren für den Fall einer einzigen Differentialgleichung 1.Ordnung erklärt. Diesmal haben wir zwei gekoppelte Differentialgleichungen 1.Ordnung: **x'=f(t,x,y)** und **y'=g(t,x,y)**. In unserem Falle ist x:=A und y:=B. t bedeutet die Zeit. Das Arbeitsblatt muß gegenüber Beispiel 5.11 um die Einträge für die g-Funktion erweitert werden:

Eingaben

1. In G1 steht h(=0,1), in G2: A0(=100), in G3: B0(=0).
    Lambda_a (=1) ist in G5, Lambda_B (=0,5) in G6.

2. Es ist sinnvoll, während der Entwicklungsphase des Arbeits-
    blattes die automatische Neuberechnung abzustellen. Geben Sie
    ein: **/ONMM** (Neuberechnung,Modus,Manuell). Später wieder
    auf automatisch oder Hintergrund stellen oder mit **F9** durch-
    rechnen.

3. A10: 0; B10: **+G$2**; C10: **+G$3**
    In **D10** steht der Term f(t,A,B), also **−$G$5*B10** ;
    in **E10** befindet sich g(t,A,B): **−$G$6*C10+$G$5*B10**
    Bis Zeile 100 kopieren:
    Strg+K: Q.B.: D10..E10; Z.B.: D10..E100
    (Am Ende dieses Beispiels wird ein *Kopiermakro* aufgelistet.)

4. In F10..J10 ist die 2. R−K−Gruppe einzutragen:
    F10: **+A10+G$1/2** (=t+h/2)
    G10: **+B10+D10*$G$1/2** (=x+f1*h/2)
    H10: **+C10+E10*$G$1/2** (=y+g1*h/2)
    Kopieren:
    Strg+K: Q.B.:F10..H10;   Z.B.:F10..H100
    Die Spalten I und J für f2 und g2 füllen wir durch Kopieren der
    Spalten D und E:
    Strg+K: Q.B.: D10..E100; Z.B.:I10..J100

5. In K10..O10 ist die 3. R−K−Gruppe einzutragen:
    K10: **+A10+$G$1/2** (=t+h/2)
    L10: **+B10+I10*$G$1/2** (=x+f2*h/2)
    M10: **+C10+J10*$G$1/2** (=y+g2*h/2)
    Kopieren:
    Strg+K: Q.B.: K10..M10; Z.B.: K10..M100
    Strg+K: Q.B.: D10..E100; Z.B.: N10..O100

6. In P10..T10 tragen wir die letzte R−K−Gruppe ein:
    P10: **+A10+$G$1** (=t+h)
    Q10: **+B10+N10*$G$1** (=x+f3*h)
    R10: **+C10+O10*$G$1** (=y+g3*h)
    Kopieren:
    Strg+K: Q.B.: P10..R10; Z.B.: P10..R100
    Strg+K: Q.B.: D10..E100; Z.B.: S10..T100

7. A11: **+A10+G$1**
    B11: **+B10+G$1*(D10+2*I10+2*N10+S10)/6** (das ist der neue
    x–Wert, der zu t=t0+h=h gehört)
    C11: **+C10+G$1*(E10+2*J10+2*O10+T10)/6** (das ist der neue
    y–Wert).
8. Kopieren:
    Strg+K: Q.B.: A11..C11; Z.B.: A11..C100
9. **/GW**: 1.W.B.: B10..B100
              2.W.B.: C10..C100
              X–Achsenwerte: A10..A100
    F9 drücken oder auf automatische Neuberechnung umschalten:
    /ONMA;   **F10**

10. *Das Arbeitsblatt unbedingt speichern!*

(Andere Differentialgleichgungen sind nur in die Zellen D10 und E10
einzutragen und bis zur gewünschten Zeilenzahl zu kopieren, etwa bis
100.
Anschließend hat man den Block D10..E100 dreimal zu kopieren:
D10..E100 bis I10..J100 (N10..O100 und bis S10..T100).
Am besten fertigt man sich dafür ein Makro an, vergl. weiter unten.)

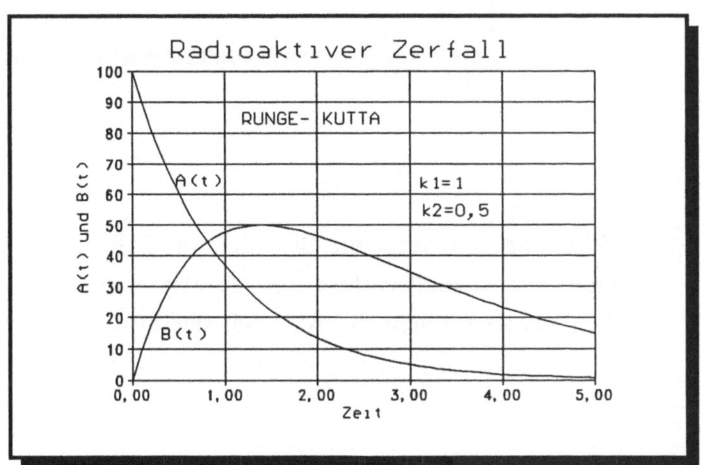

Abb.6–4

Vergleicht man die mit diesem Arbeitsblatt errechneten Werte mit den theoretischen Werten nach Gl.(4), so wird man sehr gute Übereinstimmung finden (bis auf 4 Dezimalen).
Im Maximum der Aktivität der Tochtersubstanz B ist dB/dt=0, d.h.
$\lambda_A = \lambda_B$.

Wie die folgende Abbildung 6–5 zeigt, schneiden sich in diesem Falle die Graphen im Maximum von B (hier ist A=B).

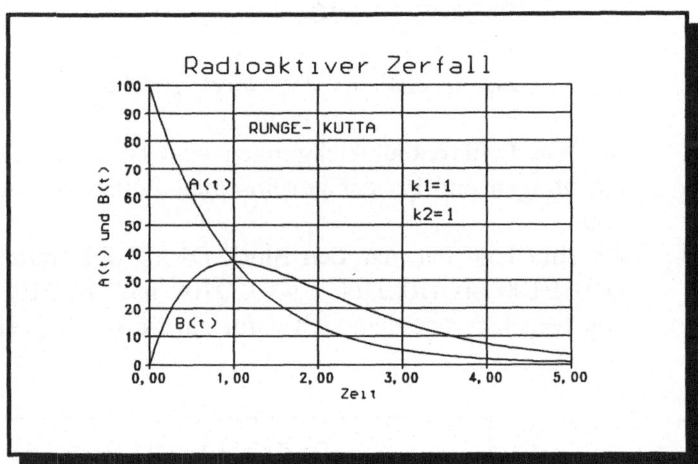

Abb.6–5

Abbildung 6–6 zeigt die Situation im Falle einer Tochtersubstanz, die doppelt so schnell zerfällt wie die Muttersubstanz A ($\lambda_B = 2\lambda_A$).
Die Tochter erreicht die Aktivität der Mutter nie.

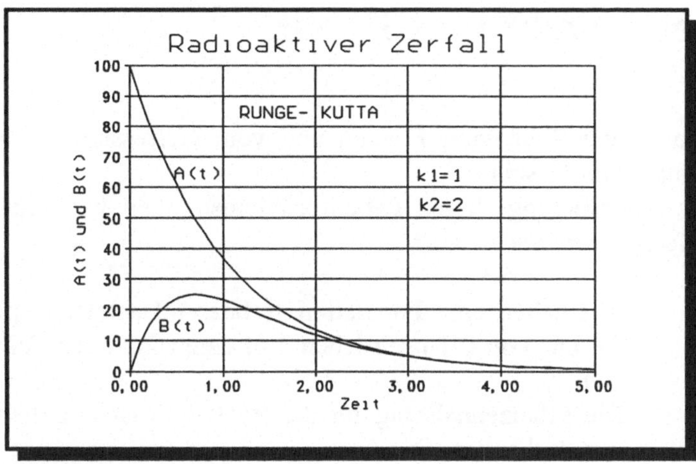

Abb.6–6

Nun schreiben wir noch schnell das mehrfach angesprochene *Kopier–makro*:

/ZMM (Makroaufzeichnung **an**). Tippen Sie ein:

    /BK D10˜D10..D100˜
    /BK E10˜E10..E100˜
    /BK D10..E100˜I10..J100˜
    /BK D10..E100˜N10..O100˜
    /BK D10..E100˜S10..T100˜

/ZMK Makronamen: **\K**
      Makroblock: **AA1**

6.3　Der Kampf ums Dasein

Nun ist die Rede vom Fressen und vom Gefressenwerden oder vom Kampf ums Dasein.
Zur Modellierung dieses Lebensproblems gehen wir zunächst von 3 einfachen *Annahmen* aus:

1.　Wir haben eine Population freßbarer Beutetiere (prey, Wirte), die nur von Pflanzen leben und deren Zahl zur Zeit t gleich ist x(t).
2.　Die Pflanzennahrung für die Beutetiere ist in beliebigen Mengen vorhanden.
3.　Es gibt ferner eine Population von Räubern (predator, Parasiten), die sich nur von den Beutetieren ernähren. Zur Zeit t ist ihre Anzahl y(t).

Diese Annahmen könnten sich, natürlich sehr vereinfacht, auf das Zusammenleben von Hasen und Füchsen beziehen.
In einem ersten Versuch, ein mathematisches Modell für diese Wechselbeziehung aufzustellen, wollen wir das folgende Gleichungspaar anschreiben:

$$\dot{x} = ax - by$$
$$\dot{y} = cx - ay \tag{1}$$

Die erste Gleichung beschreibt die Wachstumsrate der Hasen, die zweite die der Füchse. Alle Parameter sind positiv, und es soll gelten: $D := bc - a^2 > 0$
Das System (1) ist linear und analytisch lösbar. Die Lösungen (x(t), y(t)) von (1) sind Ellipsen. Stellt man x(t) und y(t) einzeln als Funktionen der Zeit dar, so erhält man harmonische Schwingungen, die gegeneinander phasenverschoben sind.
Der italienische Mathematiker V.VOLTERRA (1860–1940) –und unabhängig von ihm auch A.J.LOTKA (1925)– schlug das folgende, realistischere Modell vor:

$$\dot{x} = ax - bxy$$
$$\dot{y} = -cy + dxy \tag{2}$$

Es handelt sich um ein nichtlineares Modell, das sich mit Hilfe einfacher Funktionen nicht lösen läßt. Wir lösen diese gekoppelten Gleichungen numerisch. Die Konstanten a,b,c und d sind positiv. (Wenn es auch keine elementaren Lösungen für (2) gibt, so kann man doch voraussagen, daß sich die Lösungen als Schar geschlossener Kurven darstellen lassen. Die Form dieser Kurven hängt von den Anfangswerten x(0) und y(0) ab.
Das Kurvenzentrum hat die Koordinaten (c/d;a/b). In Zentrumsnähe haben die Lösungskurven fast Ellipsenform, und die x(t)–, y(t)–Diagramme sind praktisch harmonische Schwingungen mit der Periodendauer

$$T=\frac{2\pi}{\sqrt{ad}} \tag{3}$$

Mit (3) kann man die nötige Rechenzeit grob abschätzen.)

Für a=2; b=0,01; c=1; d=b soll die Lösung von (2) mit Hilfe des RUNGE–KUTTA–Arbeitsblattes des vorigen Beispiels 6.2 gefunden werden.

Eingaben

Laden Sie das Arbeitsblatt von Beispiel 6.2.

Zu ändern sind die Konstanten, die Gleichungen und die Größe des Arbeitsblattes.
Wenn wir, wie Abbildung 6–7 zeigt, drei Kurven auf einmal zeichnen wollen, benötigen wir *3 Sätze von Anfangswerten*:

In G1 steht die Schrittweite h (=0,05).
In G2 soll x(0) (=100) stehen und in G3 y(0) (=60).
Ferner:
J2: 100; J3: 80 und   K2: 100; K3: 120

Die Werte von a(=2), b(=0,01), c(=1) und d(=b) stehen in I1 bis I4

(Für die *1.Kurve* (100,60) reservieren wir die Zeilen 10..198; in Zeile 199 setzen wir @NV.
Die *2.Kurve* verwendet die Zeilen 200..398; in 399 kommt @NV. Die *3.Kurve* erhält die Zeilen 400..600.)

Nun zu den *Einzelheiten*:

1.   **/ONMM** (Abschaltung des automatischen Rechenmodus)
     Erweitern Sie zuerst das Arbeitsblatt bis Zeile 600.
     Strg+K: Q.B.: A100..T100; Z.B.: A100..T600

2.   Tragen Sie in D10 die x–Gleichung ein:
     D10:   **+$I$1*B10–$I$2*B10*C10**
     In E10 kommt die y–Gleichung:
     E10:   **–$I$3*C10+$I$4*B10*C10**

3.   Mit **F2** ändern Sie die Zeilenzahl des *Kopiermakros*, vergl. 6.2, auf maximal 600 Zeilen.
     Alt+K   (Kopiermakro aktivieren; Geduld!)

4.   **F5** :   A199; tragen Sie @NV ein.
     Strg+K: A199 bis A199..T199 kopieren.
     F5 :   A299; @NV eintragen.
     Strg+K: A299 bis A299..T299 kopieren.

5.   In A200 und A400 den Wert 0 eintragen.
     In B200 **+J$2**, in C200: **+J$3** einsetzen.
     In B400 **+K$2**, in C400: **+K$3** einsetzen.

6.   **/GW**: 1.W.B.: C10..C600
              X–Achsenwerte: B10..B600
         X: *automatisch*, ebenso die **Y–Achse**; **Esc**; **Esc**

7.   Mit **F9** manuelle Berechnung einleiten (oder mit **/ONMA** wieder auf *automatisch* stellen); dann **F10** drücken.
     Der Rechenvorgang dauert einige Zeit, also erneut Geduld!

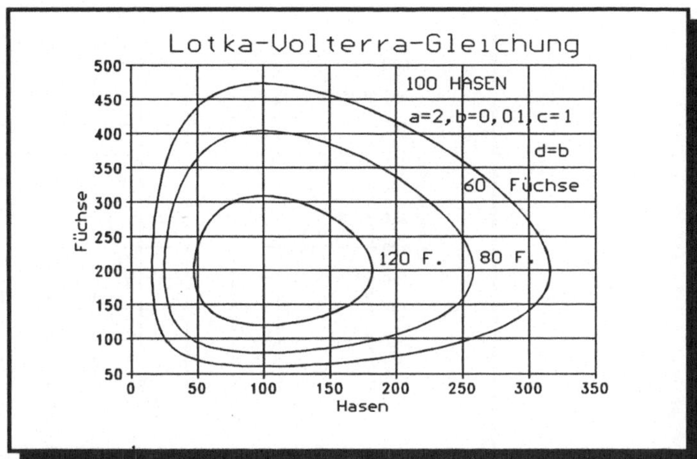

Abb.6-7

Der äußere Orbit beginnt bei 100 Hasen und 60 Füchsen und wird im mathematisch positiven Sinn durchlaufen.

Die Zahl beider Tiersorten nimmt zu, bis die Hasen sich auf etwa 310 vermehrt haben. Die Zahl der Füchse wächst weiterhin, und die Zahl der Hasen schrumpft. Die Füchse erreichen ein Maximum mit etwa 470 Tieren. Dann macht sich der Hasenmangel in einer drastischen Abnahme der Fuchs-Population bemerkbar usw.

Bei gleicher Hasenzahl wird der Durchmesser des Orbits mit wachsender Fuchszahl immer kleiner. Bei 100 Hasen und 200 Füchsen besteht der Orbit aus einem einzigen (Gleichgewichts-) Punkt.

Abbildung 6-8 stellt den *zeitlichen* Verlauf der Tieranzahlen dar. Man erkennt deutlich den Phasenunterschied zwischen beiden Populationen. Offenbar stellen die Füchse erst spät fest, daß ihr Hasenvorrat dahin schwindet.

(Man hat nur den Wertebreich neu einzustellen: 1.W.B.: B10..B198; 2.W.B.: C10..C198; X-Achsenwerte: A10..A198)

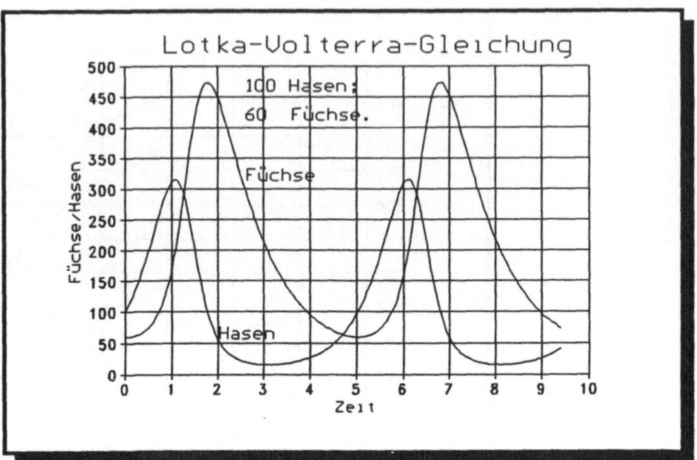

Abb.6–8

Aufgabe

Lösen Sie das vorige Problem mit Hilfe des EULER–Verfahrens.

Hilfen

Für die EULER–Lösung erinnern Sie sich bitte an die Definition der Geschwindigkeit, denn die Gleichungen (2) haben ja die Bedeutung von Geschwindigkeiten (Wachstumsgeschwindigkeiten). Für den Wert von x (=Zahl der Hasen) zur Zeit t+h schreiben wir angenähert

$$x(t+h)=x(t) + hv(t) \text{ mit } v(t)=dx/dt:=F$$

Die Ableitung F(t,x,y) ist **F(t,x,y)=ax–bxy**.
Die Fuchszahl zur Zeit t+h ist entsprechend

$$y(t+h)=y(t) + hG \text{ ; mit } G(t,x,y)=-cy+dxy$$

Die F–Werte werden wir in der Spalte D berechnen, die G–Werte in Spalte E. Wenn wir die G–Formel in E10 eintragen, so ist für x der *aktualisierte* Wert zu nehmen, also nicht B10, sondern B11. Andernfalls erhält man nur für sehr kleine Schrittweiten h geschlossene Kurven. Vergleichen Sie für den Aufbau des Arbeitsblattes die folgende Abbildung 6–9. Der Graph ist in Abbildung 6–10 dargestellt.

Stellt man keine allzugroßen Anforderungen an die Exaktheit der numerischen Lösung, so ist man mit dem einfachen EULER–Arbeitsblatt gut bedient.

```
-G$6*C10+G$7*B11*C10
      A         B          C          D         E        F          G          H

                                                        h=        0,02
              EULER-Methode                             x0=        100
für ein System von Diffgln. 1.Ordnung                  y0=         60
                                                        A=          2
                                                        B=        0,01
                                                        C=          1
                                                        D=        0,01

      t         x          y          F         G

      0       100         60        140        1,68
   0,02     102,8    60,0336   143,8855   3,408533
   0,04  105,6777   60,10177   147,8412   5,189508
   0,06  108,6345   60,20556    151,865   7,027094
   0,08  111,6718    60,3461   155,9541   8,925741
    0,1  114,7909   60,52462   160,1051   10,89021
   0,12   117,993   60,74242   164,3142   12,92556
   0,14  121,2793   61,00093   168,5771   15,03724
   0,16  124,6508   61,30168   172,8886   17,23105
   0,18  128,1086    61,6463    177,243    19,5132
    0,2  131,6535   62,03656   181,6337   21,89031
```

Abb.6–9

Eingaben

1. Zeile 10:

    A10: 0; B10: **+G$2**; C10: **+G$3**;
    D10: **+G$4*B10−G$5*B10*C10**
    E10: **−G$6*C10+G$7*B11*C10**
    Kopieren:
    Strg+K: Q.B.: D10..E10; Z.B.: D10..E500

2. Zeile 11:

    A11: **+A10+G$1**
    B11: **+B10+G$1*D10**
    C11: **+C10+G$1*E10**
    Kopieren:
    Strg+K: Q.B.: A11..C11; Z.B.: A11..C500

3. **/GW**: 1.W.B.: C10..C500
             X−Achsenwerte: B10..B500
             X− und **Y−**Achse: *automatisch*

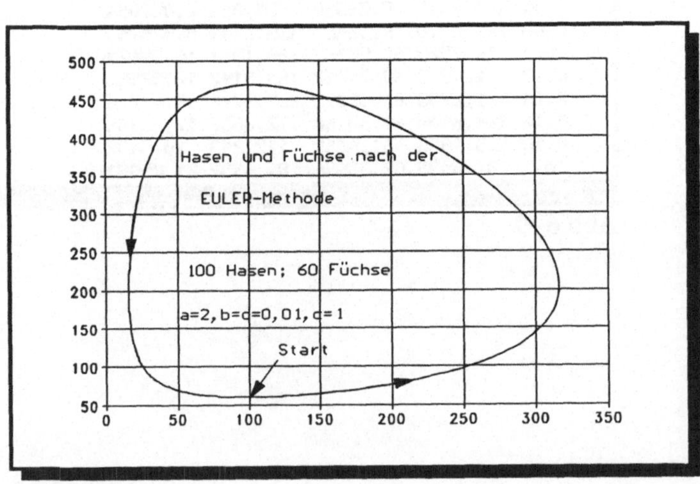

Abb.6−10

6.4 Attraktoren und Grenzzyklen (SCOTT–Gleichung)

In der Elektronik kennt man die Gleichung von SCOTT:

$$\dot{x}_1 = x_2$$

$$\dot{x}_2 = -p_1 x_2 + p_2 \frac{x_2}{1+x_1^2} - x_1 \tag{1}$$

Diese sogenannten Zustandsgleichungen sind wegen des Auftretens von x_1^2 nicht linear.

Das System (1) soll mit Hilfe des RUNGE–KUTTA–Verfahrens, vergl. die vorigen Beispiele 6.2 und 6.3, gelöst werden. In dieselbe Grafik sollen zwei Orbits gezeichnet werden (d.h. man verwende zwei verschiedene Anfangsbedingungen).

Anfangsbedingungen: x1=1; x2=0 und x1=4; x2=0; p1=1 und p2=2.

Eingaben

Wir verwenden erneut das Arbeitsblatt aus Beispiel 6.2.

G1: h(=0,1); G2: x1(=1); G3: x2(=0); G5: p1(=1); G6: p2(=2)
H2: x1(=4); H3: x2(=0)

1. **/ONMM** (Rechenmodus *manuell*)
    Das Arbeitsblatt aus 6.2 wird bis Zeile 1510 erweitert.
    (Orbit 1 geht von Zeile 10 bis Zeile 749, Orbit 2 von Zeile 751 bis Zeile 1510.)
    Strg+K: Q.B.: A100..T100;   Z.B.: A100..T1510 (Geduld!)

2. In **D10** steht die Gleichung für x1, also **+C10** (x'1=x2);
    in **E10** befindet sich die Gleichung für x2:
    –$G$5*C10+$G$6*(C10/(1+B10*B10))–B10

3.   Mit **F2** ändern Sie die Zeilenzahl des *Kopiermakros*, vergl.6.2,
      auf maximal 1510 Zeilen.
      Alt+K   (Kopiermakro aktivieren; Geduld!)
4.   **F5**:   A750; tragen Sie @NV ein.
      Strg+K: Q.B.: A750; Z.B.: A750..T750
5.   In A751,B751 und C751 neue Anfangswerte eintragen:
      A751: 0; B751: **+H$2**; C751: **+H$3**.
6.   **/GW**: 1.W.B.: C10..C1510
              X–Achsenwerte: B10..B1510
              X– und **Y**–Achse sind automatisch eingeteilt worden.

7.   **F9** (warten!) und **F10**

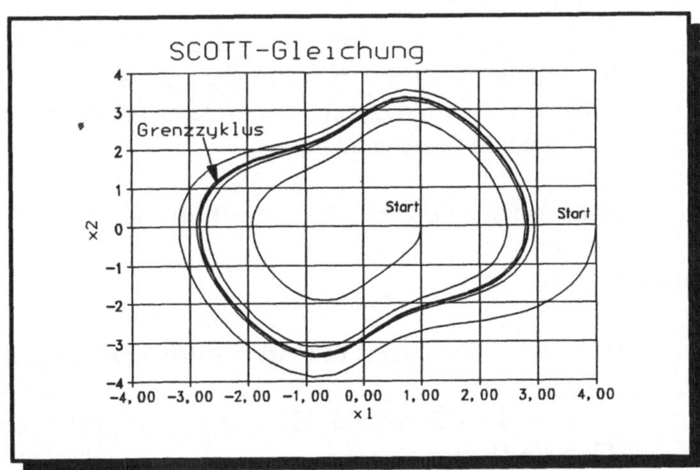

Abb.6–11

Anmerkung   Mit den Anfangswerten (x1=1;x2=0) strebt der Zustandsgraph
von innen her gegen den sogenannten **Grenzzyklus** (limit
cycle). Bei Wahl von (x1=4;x2=0) kommt es zu einer Annähe–
rung *von außen* her. Der Grenzzyklus wird in keinem Falle
überschritten.
Trägt man x1 (oder x2) gegen t auf, so sieht man Schwingun–
gen mit schließlich konstanter Amplitude. (Es gibt auch Syste–
me mit mehreren Grenzzyklen).

Aufgabe   Untersuchen Sie mit a=2,0 die VAN DER POL-Gleichung:

$$\dot{x}_1 = x_2 - (x_1^3 - ax_1)$$
$$\dot{x}_2 = -x_1$$

(2)

Wählen Sie verschiedene Anfangsbedingungen:
(0,2;0) in G2;G3; (2;2) in H2;H3; (−2;−2) in I2;I3
und (−2;2) in J2;J3;   G5: a(=2)
Gleichung (2): D10: **+C10−(B10^3−$G$5*b10)**; E10: **−B10**

Hilfen   Sie teilen das vorige Arbeitsblatt am besten in 4 Teilbereiche
                   auf, die Sie mit **@NV** separieren:
                   Zeilen 10..398, @NV in 399 ; Zeilen 400..798, @NV in 799
                   Zeilen 800..1198, @NV in 1199; Zeilen 1200..1510
Anfangswerte:
                   B10: **+G$2**; C10: **+G$3**; B400: **+H$2**; C400: **+H$3**;
                   B800: **+I$2**; C800: **+I$3**; B1200: **+J$2**; C1200: **+J$3**;
                   Die A−Zellen mit Null belegen: A10=A400=A800=A1200=0

Die Abbildung 6−12 zeigt, daß alle Orbits dem Grenzzyklus zustreben.
Ein derart stabiler Grenzzyklus wird **Attraktor** genannt.

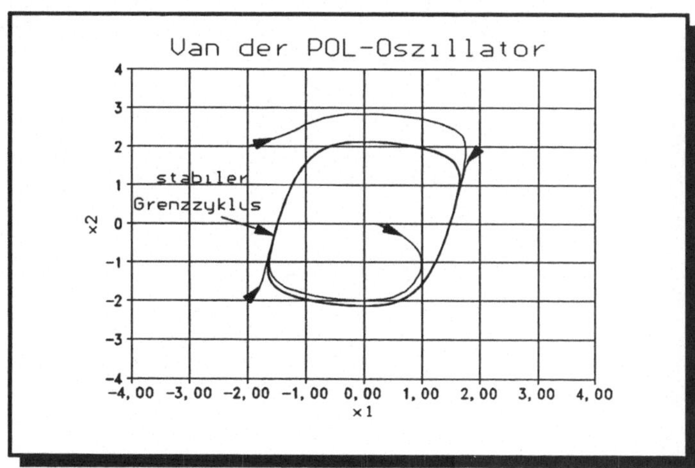

Abb.6−12

7 Anhang

7.1 Arbeitsblätter auf Disketten

Für QUATTRO PRO–Benutzer, die sich das Eintippen der Daten ersparen wollen, wurde eine Auswahl von 50 Arbeitsblättern auf einer 3.5–Zoll Diskette zusammengestellt. Die Diskette kann beim Autor bezogen werden. Die Dateien mit der Endung **WK!** sind komprimiert und haben keine mit dem Grafikeditor erstellten Grafikobjekte mehr, vergl. S.XXI. Die Dateien **r–k–1–1** usw. enthalten die RUNGE–KUTTA–Algorithmen.

abb0–1.wq1	abb2–3.wk!	abb5–22.wk!
abb1–1.wq1	abb2–4.wk!	abb5–25.wk!
abb1–2.wq1	abb2–10.wk!	abb5–27.wk!
abb1–3.wq1	abb2–13.wk!	abb5–29.wk!
abb1–5.wq1	abb2–17.wk!	abb5–31.wk!
abb1–8.wq1	abb3–1–0.wq1	abb6–3.wk!
abb1–9.wk!	abb3–1.wk!	abb6–6.wk!
abb1–10.wq1	abb3–3.wq1	abb6–7.wk!
abb1–11.wk!	abb3–4.wq1	abb6–10.wk!
abb1–12.wk!	abb3–9.wq1	abb6–11.wk!
abb1–13.wq1	abb3–15.wk!	heron.wq1
abb1–15.wk!	abb3–16.wq1	heron3.wk!
abb1–17.wk!	abb3–17.wk!	kap3–10.wk!
abb1–19.wq1	abb4–3.wq1	r–k–1–1.wk!
abb1–21.wq1	abb5–2.wk!	r–k–1–2.wk!
abb1–22.wk!	abb5–7.wk!	r–k–2–1.wk!
abb2–2.wk!	abb5–17.wq1	

 Eine weitere 3.5–Zoll Diskette enthält 34 Arbeitsblätter, ebenfalls ohne Grafikzusätze, die von EXCEL gelesen werden können. Diese Dateien haben die Kennung **WK1**. Sie enthalten die kompletten Zelleinträge. Das ursprüngliche Diagramm läßt sich damit leicht rekonstruieren.

Beispiel:

1. DATEI *öffnen*
2. Suchen Sie in *Verzeichnisse* das Laufwerk [–a–], und klicken Sie es an.
   Kursor in das Feld *Dateiname* stellen und XL löschen, sodaß nur a:*.* übrigbleibt. EINGABE–Taste drücken. Im Dateienfeld erscheint die Liste der Arbeitsblätter.
   Wählen Sie **Abb1–21.WK1** aus (anklicken und OK).
   EXCEL fragt Sie, ob es LOTUS 1–2–3 Diagramme erstellen soll. Sie antworten mit *Ja*.
3. *Markieren* Sie den Block A7..B33: mit **F5** nach A7, dann **F8** **F5** drücken und B33 als Ziel angeben. Die Markierung des Blocks A7..B33 mit UMSCHALT–Taste+**F8** verankern, vergleichen Sie auch S.53.
   Markieren des Blocks D7..D33: mit **F5** nach D7, **F8 F5** mit D33 als Ziel; wie vorhin verankern.
   Wiederholen Sie dies mit den Spalten F, H und J.
4. DATEI *Neu Diagramm* OK, MUSTER *Punkt* 2 OK, DIAGRAMM *Legende einfügen*. Dann DIAGRAMM *Text zuordnen*. Hier geben Sie zuerst den *Diagrammtitel* ein, dann die *Größenachse Y* und schließlich die *Rubrikenachse X* (der *Fett*–Knopf darf nicht gedrückt sein.)

Sollten Sie **Abb2–4.WK1** aussuchen –oder eine andere Abbildung aus dem 2.Kapitel–, so wird EXCEL nach Aufruf von <DATEI *Neu Diagramm* OK> verlangen, daß Sie die *X–Werte für X–Y–Diagramm* anklicken. Gehen Sie dann wieder nach MUSTER *Punkt* 2 OK.
Klicken Sie den Graphen an, und markieren Sie unter FORMAT *Muster* die Felder *keine* und *allen zuweisen*. Dann werden die Symbole von den Graphen entfernt.

Liste der EXCEL-
lesbaren Dateien

abb1-1.WK1	abb2-2.WK1	abb5-7.WK1
abb1-2.WK1	abb2-3.WK1	abb5-17.WK1
abb1-3.WK1	abb2-4.WK1	abb5-22.WK1
abb1-5.WK1	abb2-10.WK1	abb6-3.WK1
abb1-8.WK1	abb2-13.WK1	abb6-6.WK1
abb1-9.WK1	abb2-17.WK1	abb6-10.WK1
abb1-10.WK1	abb3-4.WK1	r-k-1-1.WK1
abb1-11.WK1	abb3-9.WK1	r-k-1-2.WK1
abb1-13.WK1	abb3-15.WK1	r-k-2-1.WK1
abb1-17.WK1	abb3-17.WK1	
abb1-19.WK1	abb4-3.WK1	
abb1-21.WK1	abb5-2.WK1	

Sollten Sie an einer dieser MS-DOS Disketten interessiert sein, so geben Sie
bitte an, welche Sie wünschen, und senden Sie DM 24.- pro Diskette an folgende Adresse:

Dr.F.J.Mehr, Römerstraße 15, 6711 Kleinniedesheim

Wenn Sie stattdessen 5.25-Zoll Disketten wünschen, so müssen Sie dies besonders vermerken.

7.2 Literaturverzeichnis

Braun 91
>   M. Braun
>   "Differentialgleichungen und ihre Anwendungen"
>   Springer–Verlag Berlin, 2.Auflage 1991

Becker–Dörfler 89
>   K.-H.Becker, M.Dörfler
>   "Dynamische Systeme und Fraktale"
>   Vieweg–Verlag Braunschweig/Wiesbaden, 3.Auflage 1989

Endl 87
>   K.Endl
>   "Analytische Geometrie und lineare Algebra; Aufgaben und Lösungen"
>   VDI–Verlag Düsseldorf, 1.Auflage 1987

Jefimenko 87
>   O.D.Jefimenko
>   "Scientific Graphics With Lotus 1–2–3"
>   Electret Scientific Company Star City,W.Virg. 1.Edition 1987

Kalide 76
>   W.Kalide
>   "Technische Strömungslehre"
>   Carl Hanser–Verlag München/Wien, 4.Auflage 1976

Rogers 90
>   D.F.Rogers, J.A.Adams
>   "Mathematical Elements for Computer Graphics"
>   McGraw–Hill Publishing Company New York, 2.Edition 1990

Taylor 82
>   J.R.Taylor
>   "An Introduction to Error Analysis"
>   University Science Books Mill Valley,CA, 1.Edition 1982

7.3 Sachwortverzeichnis

Statistik mit Framework IV

Einführung mit Anwendungen für Sozialwissenschaftler

von Achim Schrader und Gaby Krekeler

1991. 215 Seiten mit Diskette. Gebunden.
ISBN 3-528-05117-5

Das Buch ist klar gegliedert sowie verständlich und präzise geschrieben. Der Anwender wird direkt an die ihn speziell interessierenden Features von Framework (in der aktuellen Version) herangeführt. So geht es um: Anlegen einer Tabelle / Sortieren, Zählen, Durchschnitt / Prozentrechnung / Relationen / Index, Histogramm / Kurvendiagramm / Kreis- und Abschnittsbalken / Bivariate Analyse / Statistische Signifikanz / Kontingenzen / Rangkorrelation.

Verlag Vieweg · Postfach 58 29 · D-6200 Wiesbaden

von Uwe Grigoleit / Bernd Kretschmer

1991. XVII, 555 Seiten. Gebunden.
ISBN 3-528-05177-2

Das Buch hilft jedem Excel-Anwender, ob im privaten oder im professionellen Einsatz, seine Tabellen, Pläne und Berichte zu optimieren. Angefangen mit einfachen Beispielen zweidimensionaler Tabellengestaltung bringt das Buch dem Leser Schritt für Schritt fortgeschrittenere Techniken des „Tabellendesigns", der Business- und der Präsentationsgrafik nahe.

Verlag Vieweg · Postfach 58 29 · D-6200 Wiesbaden

Arbeiten mit Microsoft Excel 3.0

von The Cobb Group

1992. xviii, 943 Seiten. Gebunden.
ISBN 3-528-14683-4

Sorgfalt, Sachverstand und vielfältige Insidertips machen das Buch zu einem wichtigen Begleiter in der alltäglichen aber auch in der professionellen Arbeit mit Excel 3.0.

The Cobb Group ist ein bewährtes und erfolgreiches Autorenteam, dessen profundes Know-how direkt von „der Quelle" stammt.

Verlag Vieweg · Postfach 58 29 · D-6200 Wiesbaden

vieweg